Hueber Sprachführer

W0062491

Juliane Forßmann / Glória Soares de Oliveira Frank

Mit Portugiesisch unterwegs

Hueber Verlag

Umschlagfotos: © Thinkstock/PhotoObjects.net/Hemera; © iStock/danleap;
© iStock/rustycloud
Fotos Innenteil: Seite 1: © Thinkstock/PhotoObjects.net/Hemera; © iStock/danleap;
© iStock/rustycloud | Seite 11: © iStock/jocic | Seite 18: © Thinkstock/iStock
Editorial/filmfoto | Seite 25: unten © iStock/jmorse2000 | Seite 32: © G. Meier,
Mnchen | Seite 34: © iStock/photovideostock | Seite 36: © Thinkstock/iStock/
Stephen Meese | Seite 37: © irisblende.de | Seite 39: © Thinkstock/Goodshoot/
Jupiterimages | Seite 40: © fotolia/Zsolt Bota FinnaSeite 41: © Thinkstock/iStock/
mangostock | Seite 44: © iStock/peeterv | Seite 64: © iStock/zulufriend | Seite 66:
© fotolia/HLPhoto | Seite 76: © Thinkstock/iStock/varela | Seite 77: © fotolia/
silver-john | Seite 82: © fotolia/HLPhoto | Seite 88: © fotolia/homydesign |Seite 90:
unten © fotolia/ChantalS | Seite 94: © iStock/MoreISO | Seite 97: © iStock/aluxum |
Seite 100: © fotolia/Juan Alonso |Seite 107: © PantherMedia/artono9 | Seite 113:
© Thinkstock/iStock/SurkovDimitri | Seite 120: © Shotshop.com/Roland Gerth |
Seite 124: © Thinkstock/iStock/fotoimagic | Seite 125: © Thinkstock/iStock/
filipe varela | Seite 127: © Thinkstock/iStock/dallapozzam@virgilio.it | Seite 130:
© Thinkstock/iStock/Nisangha |Seite 131: © Thinkstock/iStock/LichtmalerSAD |
Seite 132: © Thinkstock/iStock/BargotiPhotography | Seite 138: © iStock/LeggNet|
Seite 149: © Thinkstock/iStock/arinahabich |Seite 174: © Thinkstock/iStock/
topdeq | Seite 219: © fotolia/pkazmierczak
Alle anderen Fotos: © Beate Schamp/Gabriele Zwingmann
Zeichnungen: © Gisela Specht, Weßling

Ein kostenloser MP3-Download zum Buch ist unter
www.hueber.de/audioservice erhältlich.

3. 2. 1. | Die letzten Ziffern
2019 18 17 16 15 | bezeichnen Zahl und Jahr des Druckes.
Alle Drucke dieser Auflage können, da unverändert,
nebeneinander benutzt werden.
1. Auflage
© 2015 Hueber Verlag GmbH & Co. KG, München, Deutschland
Umschlaggestaltung: wentzlaff | pfaff | güldenpfennig kommunikation gmbh
Zeichnungen: Gisela Specht, Weßling
Redaktion: Juliane Forßmann und Elisa Klüber, Hueber Verlag, München
Layout: Holger Latzel und Sarah-Vanessa Schäfer, Hueber Verlag, Ismaning
Satz: Memminger MedienCentrum AG, Memmingen
Druck und Bindung: Himmer AG, Augsburg
Printed in Germany
ISBN 978-3-19-009725-8

Art. 530_08830_001_01

A20 Ich würde gern ...	Eu gostaria de ... [e|u gußchta'ri|a de]
A21 Haben Sie ...?	Você tem ...? [wɔ'ße tẽ]
A22 Das da, bitte!	Isso aí, por favor! ['ißu a|'i pur ɸa'wor]
A23 Wo ist die Toilette?	Onde é a casa de banho? ['õde̯ä a 'kasa de 'baŋju]
A24 Wo ist die nächste Tankstelle?	Onde fica o próximo posto de gasolina? ['õde 'fika u 'prɔßimu 'poßchtu de gasu'lina]
A25 Wo ist das *deutsche/ österreichische/ Schweizer* Konsulat?	Onde fica o consulado *alemão/austríaco/ suíço*? ['õde 'fika u kõßu'ladu ale'mão/ au̯ßch'tri|aku/ßu|'ißu]
A26 Haben Sie noch ein Zimmer frei?	Ainda tem um quarto livre? [a'ĩda tẽ ũ 'ku̯artu 'liwre]
A27 Lassen Sie mich in Ruhe!	Deixe-me em paz! ['dejßche me ẽ paßch]
A28 Ich habe mich verlaufen.	Eu perdi-me. [e|u per'di me]
A29 Wie komme ich zum Bahnhof?	Por favor, para a estação ferroviária? [pur ɸa'wor 'para: ßchta'ßão färrɔwi'arja]
A30 Wie komme ich zur U-Bahn?	Por favor, para o metro? [pur ɸa'wor 'para u 'mätru]
A31 Hilfe!	Socorro! [ßu'korru]
A32 Bitte helfen Sie mir!	Por favor, ajude-me! [pur ɸa'wor a'schude me]
A33 Feuer!	Fogo! ['fogu]
A34 Rufen Sie einen Krankenwagen!	Chame uma ambulância! ['ßchãme 'uma ãbu'lãßi̯a]
A35 Rufen Sie einen Arzt!	Chame um médico! ['ßchãme ũ 'mädiku]
A36 Rufen Sie die Polizei!	Chame a polícia! ['ßchãme a pu'lißi̯a]
A37 Rufen Sie die Feuerwehr!	Chame os bombeiros! ['ßchãme ußch bõ'bejrußch]
A38 Ich rufe gleich die Polizei!	Eu vou chamar a polícia! [e|u wo ßcha'mar a pu'lißi̯a]

A39	was	o que [u ke]
A40	wer	quem [kẽ]
A41	wann	quando [ˈkuɐ̃du]
A42	wie	como [ˈkomu]
A43	warum	porque [ˈpurke]
A44	wo	onde [ˈõde]
A45	wessen	de quem [de ˈkẽ]
A46	Millimeter	milímetro [miˈlimetru]
A47	Zentimeter	centímetro [ßenˈtimetru]
A48	Meter	metro [ˈmätru]
A49	1,82 m	um metro e oitenta e dois [ũ ˈmätru i oiˈtenta i doißch]
A50	Kilometer	quilómetro [kiˈlɔmetru]
A51	50 Kilometer pro Stunde	50 quilómetros por hora [ßinˈkuenta kiˈlɔmetrußch pur ˈɔra]
A52	Gramm	grama [ˈgrãma]
A53	Pfund	meio quilo [ˈmeju ˈkilu]
A54	Kilogramm	quilograma [ˈkiluˈgrãma]
A55	Tonne	tonelada [ˈtuneˈlada]
A56	Liter	litro [ˈlitru]

Introdução
Einführung

Wenn Sie nach Portugal, nach Madeira oder auf die Azoren reisen wollen, ist dieser Sprachführer das Richtige für Sie. Auch in den portugiesischsprachigen Ländern Afrikas, wie z.B. Cabo Verde (Kapverden) kommen Sie damit sehr gut zurecht. Trotz kleiner Unterschiede in der Aussprache wird das hier verwendete Standardportugiesisch überall dort verstanden, wo Portugiesisch gesprochen wird.

Die Portugiesen sind freundliche, aufgeschlossene Menschen. Die allgemein verwendete höfliche Anrede unter Bekannten, die sich nicht duzen, oder unter gleichaltrigen Unbekannten ist die Form você. Für ältere oder sozial höher gestellte Personen verwendet man die respektvolle Anrede o senhor für einen Mann und a senhora für eine Frau. Aus diesem Grund wird hier die Anrede *Sie* situationsabhängig unterschiedlich übersetzt. Die Du-Form tu wird wie im Deutschen benutzt.

Der Sprachführer setzt sich aus fünf hilfreichen Komponenten zusammen: Die kompakte Einführung in die Aussprache macht Sie mit der vereinfachten Lautschrift vertraut; mit ihrer Hilfe können Sie alle Wörter und Sätze problemlos aussprechen. Die darauffolgenden Kapitel bieten Ihnen nützliche Formulierungen für alle typischen Reisesituationen. In der Kurzgrammatik können Sie nach Wunsch die Sprache besser kennenlernen, um sie noch effizienter zu nutzen. Wenn's mal ohne Worte gehen soll, helfen Ihnen die Zeigetafeln weiter. Das Wörterbuch für Reisende, in dem Sie Wörter von A bis Z nachschlagen können, vervollständigt Ihre Sprachausrüstung.

Aber es gibt noch mehr: Die zum Sprachführer passenden Audiodateien können Sie sich auf www.hueber.de/audioservice herunterladen und über 1000 Tracks anhören.

In der folgenden Tabelle sind alle Symbole und Abkürzungen aufgelistet, die Ihnen die Ver- wendung des Sprachführers erleichtern sollen:

🔊	Lautsprechersymbol, unter dem die Tracknummern der anhörbaren Sätze aufgelistet sind
C03	Tracknummer, mit deren Hilfe Sie den damit markierten Satz auf der Audiodatei finden können
?	Lücke, in die Sie die darunter folgenden Alternativen einsetzen können
☑	Wort/Wörter, das/die Sie in den Lückensatz oben einsetzen können
♂	das sagen Sie, wenn Ihr Gesprächspartner ein Mann ist
♀	das sagen Sie, wenn Ihr Gesprächspartner eine Frau ist
m.	das sagen Sie als Mann
f.	das sagen Sie als Frau
etw. (etwas)	algo (im Reisewörterbuch)
jd, jdn, jdm (jemand, jemanden, jemandem)	alguém (im Reisewörterbuch)
m.	männlich, maskulin
f.	weiblich, feminin

A pronúncia
Die richtige Aussprache
correta

Die portugiesische Aussprache unterscheidet sich wesentlich von der deutschen. Deshalb finden Sie nach jedem portugiesischen Wort und Satz eine einfache Umschreibung der Aussprache, die so weit wie möglich auf der deutschen Aussprache der Buchstaben beruht.

In Portugal wird das **r** mit der Zungenspitze gerollt. **R** am Wortanfang oder ein Doppel-**rr** im Wortinneren werden wie **Radio** im Deutschen ausgesprochen. Am Ende einer Silbe oder im Wortinneren wird **r** wie **r** in *Markt* gesprochen.

H ist immer stumm, d.h. es wird nicht gesprochen.

Die Ausprache von **s** am Ende einer Silbe variiert: Intervokalisch (zwischen zwei Vokalen stehend) wie **s** in *sehr*, sonst wie **ßch**.

Keine Angst vor dem **ç**. Es wird einfach stimmlos wie **ß** ausgesprochen.

Die Kombinationen **gue**, **gui** und **que**, **qui** werden wie **ge**, **gi** beziehungsweise **ke**, **ki** ausgesprochen. Bei **gua** und **guo** jedoch wird das **u** ausgesprochen; das gilt auch für **qua** und **quo**.

Gewöhnen Sie sich an die Melodie der Nasale: Das Portugiesische hat die Nasale **Ã**, **ã** und **Õ**, **õ**. Obendrein werden vor **m** und **n** die meisten Vokale nasaliert. Lassen Sie Ihren Mund geöffnet, wenn Sie diese Vokale aussprechen.

O wird am Wortende wie **u** im Deutschen ausgesprochen.

In der folgenden Tabelle erklären wir Ihnen einige Symbole, die eine genauere vereinfachte Lautschrift ermöglichen und Laute darstellen, die im Deutschen nicht existieren. Weitere Lautdarstellungen werden erklärt, damit keine Verwechslungen entstehen können.

B01	'	steht immer vor der Wortsilbe, die betont wird	**menina** [me'nina] Mädchen
B02	‿	verbindet Laute, die schnell hintereinander gesprochen werden und so nahezu zu einem etwas längerem Laut verschmelzen	**quatro** ['ku‿atru] vier
B03	~	Nasaltilde – sie zeigt die Nasalierung des Vokals an, über dem sie platziert ist; der Laut wird quasi durch die Nase ausgesprochen	**maçã** [ma'ßã] Apfel
B04	|	zeigt an, dass die Buchstaben nacheinander ausgesprochen werden und nicht zu einem Laut verschmelzen	**eu** [e|u] ich
B05	a	kurz und offen gesprochen wie **er** in *Meter*	**mala** ['mala] Koffer
B06	a‿u	**a**, das in **u** übergeht	**cacau** [ka'ka‿u] Kakao
B07	ä	wie **e** in **e**ssen	**América** [a'märika] Amerika
B08	ä‿u	offenes **e**, das in **u** übergeht	**chapéu** [ßcha'pä‿u] Hut
B09	ã	kurzes, durch die Nase gesprochenes **a**	**maçã** [ma'ßã] Apfel
B10	ã‿o	nasaliertes **a**, das in **o** übergeht	**não** [nã‿o] nein
B11	e	wie **e** in **e**wig	**moreno** [mu'renu] braunhaarig
B12	ẽ	nasaliertes **e**, das in **i** übergeht	**bem** [bẽ] gut
B13	i	offenes **i** wie in *finden*	**ir** [ir] gehen
B14	ĩ	**ing** wie in *Ring*	**fim** [fĩ] Ende
B15	l‿j	**l** und **j**, die miteinander verschmelzen, etwa wie in Ta*ille*	**olho** ['ol‿ju] Auge

9

B16	nj	**gn** wie in *Kognak*	**manhã** [ma'njã] Vor-mittag
B17	o	geschlossenes **o** wie im *Ofen*	**ovo** ['owu] Ei
B18	ɔ	offenes **o** wie in *offen*	**olhos** ['ɔljußch] Augen
B19	õ	wie **ong** in *Gong*	**com** [kõ] mit
B20	õi	nasaliertes **o**, das in **i** übergeht	**corações** [kura'ßõißch] Herzen
B21	ua	**u**, das in **a** übergeht	**quarenta** [kua'renta] vierzig
B22	uo	**u**, das in **o** übergeht	**ambíguo** [ã'biguo] zweideutig
B23	r	kurz mit der Zungenspitze gerollt	**três** [treßch] drei
B24	rr	länger gerollt	**carro** ['karru] Auto
B25	s	wie **s** in *Seite*	**zebra** ['sebra] Zebra
B26	sch	wie **g** in *Genie*	**garagem** [ga'raschẽ] Garage
B27	ß	stimmloses **s** wie in *Straße* oder *Verlust*	**circo** ['ßirku] Zirkus
B28	ßch	**sch** wie in *schön*	**chá** [ßcha] Tee
B29	u	wie **u** in *Mut*	**uma** ['uma] eine
B30	ũ	wie **ung** in *Achtung*	**um** [ũ] eins

Preparativos para a viagem

Reisevorbereitungen

Eine Unterkunft buchen

Reservar um alojamento

Ich möchte gern ☐ buchen.	Eu gostaria de reservar ☐. [e|u gußchta'ri|a de reser'war]
C01 ☑ eine Übernachtung mit Frühstück	☑ uma noite com pequeno-almoço ['uma 'noite kõ p'kenu al'moßu]
C02 ☑ eine Übernachtung mit Halbpension	☑ uma noite com meia-pensão ['uma 'noite kõ 'meja pen'ßãọ]
C03 ☑ eine Übernachtung mit Vollpension	☑ uma noite com pensão completa ['uma 'noite kõ pen'ßãọ kõ'pläta]
C04 ☑ ein Einzelzimmer	☑ um quarto individual [ũ 'kuartu ĩdiwi'dual]
C05 ☑ ein Doppelzimmer	☑ um quarto duplo [ũ 'kuartu 'duplu]
C06 ☑ sieben Nächte Halbpension	☑ sete noites com meia-pensão ['ßäte 'noiteßch kõ 'meja pen'ßãọ]
C07 ☑ sieben Nächte Vollpension	☑ sete noites com pensão completa ['ßäte 'noiteßch kõ pen'ßãọ kõ'pläta]
C08 ☑ eine Ferienwohnung für *zwei/drei/ vier* Personen	☑ um apartamento de férias para *duas/ três/quatro* pessoas [ũ aparta'mentu de 'färi̜aßch 'para 'du|aßch/treßch/'kuatru pe'ßoaßch]
C09 ☑ ein Ferienhaus	☑ uma casa de férias ['uma 'kasa de 'färi̜aßch]
C10 ☑ eine Privatunterkunft	☑ um quarto particular [ũ 'kuartu partiku'lar]
C11 mit einem Kinderbett	com uma cama de criança [kõ 'uma 'kãma de kri'äßa]
C12 für zwei Erwachsene und *ein Kind/zwei Kinder*	para dois adultos e *uma criança/duas crianças* ['para doịßch a'dultußch i 'uma kri'äßa/ 'duaßch kri'äßaßch]
C13 mit Toilette	com casa de banho [kõ 'kasa de 'bãnju]
C14 mit *Dusche/Bad*	com *duche/banheira* [kõ 'dußche/ba'njejra]

12

C15	für *eine Woche/zwei Wochen*	para *uma semana/duas semanas* ['para 'uma ßeˈmãna/ˈdu|aßch ßeˈmãnaßch]
C16	für die Zeit vom ... bis zum ...	do dia ... até ao dia ... [du ˈdi|a ... aˈtä au̯ ˈdi|a]
C17	in ruhiger Lage	num lugar calmo [nũ luˈgar ˈkalmu]
C18	in zentraler Lage	num lugar central [nũ luˈgar ßenˈtral]
C19	in Strandnähe	perto da praia [ˈpärtu da ˈprai̯a]
C20	Sind Haustiere erlaubt?	São permitidos animais de estimação? [ßãõ permiˈtidußch aniˈmai̯ßch de ßchtimaˈßãõ]
C21	Können wir unseren Hund mitbringen?	Nós podemos levar o nosso cão? [nɔßch puˈdemußch leˈwar u ˈnɔßu kãõ]
C22	Müssen wir Bettzeug und Handtücher selbst mitbringen?	Nós temos de levar roupa da cama e toalhas? [nɔßch ˈtemußch de leˈwar ˈropa da ˈkama i ˈtua̯ljaßch]
C23	Ich reise am ... um ca. ... Uhr an.	Eu chego no dia ... às ... horas. [e|u ˈßchegu nu ˈdi|a ... aßch ... ˈɔraßch]
C24	Wir reisen am ... ab.	Nós partimos no dia ... [nɔßch parˈtimußch nu ˈdi|a]

Ein Ticket buchen

Reservar um bilhete

	Ich möchte gern ☑ buchen.	Eu gostaria de reservar ☑. [e|u gußchtaˈri|a de reserˈwar]
C25	☑ einen Flug	☑ um voo [ũ ˈwo|u]
C26	☑ eine Fähre	☑ um barco [ũ ˈbarku]
C27	☑ eine Reise	☑ uma viagem [ˈuma wiˈaschẽ]
C28	Hin- und Rückfahrt, bitte.	Ida e volta, por favor. [ˈida i ˈvɔlta pur faˈwor]
C29	Die Hinreise ist am ...	A ida é no dia ... [a ˈida ä nu ˈdi|a]
C30	Die Rückreise ist am ...	A volta é no dia ... [a ˈvɔlta ä nu ˈdi|a]

C31 Ich würde gern einen Sitzplatz reservieren.	Eu gostaria de reservar um lugar. [eʊu gußchta'riɪa de reser'war ũ lu'gar]
C32 Ich möchte erster Klasse reisen.	Eu quero viajar em primeira classe. [eʊu 'käru wia'schar ẽ pri'mejra 'klaße]
Um wie viel Uhr geht ☐ nach ...?	A que horas sai ☐ para ...? [a ke 'ɔraßch ßai ... 'para]
C33 ☑ die Fähre	☑ o barco [u 'barku]
C34 ☑ der nächste Flug	☑ o próximo voo [u 'prɔßimu 'woɪu]
C35 ☑ der nächste Zug	☑ o próximo comboio [u 'prɔßimu kom'bɔju]
C36 Wann kommt der Zug an?	Quando chega o comboio? ['kuādu 'ßchega u kom'bɔju]
C37 Wann fährt der Bus ab?	Quando parte o autocarro? ['kuādu 'parte u autɔ'karru]
C38 Wie viel kostet das Ticket?	Quanto custa o bilhete? ['kuātu 'kußchta u bi'ljẹte]

Am Telefon
Ao telefone

C39 Hier ist ...	Aqui é ... [a'ki ä]
C40 Bin ich hier richtig beim ... Hotel?	É o hotel ...? [ä u ɔ'täl]
C41 Ich würde gern mit ... sprechen.	Eu gostaria de falar com ... [eɪu gußchta'riɪa de fa'lar kõ]

Sinto muito, *ela/ele* não está. ['ßĩtu 'muĩtu 'äla/'ele nãɔ ßchta]	*Sie/Er* ist leider nicht da.
♂ O senhor/♀ A senhora gostaria de deixar recado? [u ße'njor/a ße'njora gußchta'riɪa de dej'ßchar re'kadu]	Möchten Sie eine Nachricht hinterlassen?
C42 Könnten Sie *ihm/ihr* ausrichten, dass ...	♂ O senhor/♀ A senhora podia dizer-lhe que ... [u ße'njor/a ße'njora pu'diɪa di'serlje ke]

C43	Könnte *er/sie* mich zurückrufen?	*Ele/Ela* podia ligar-me? [ˈele/ˈäla puˈdiɐ liˈgar me]
C44	Meine Nummer ist 00 49 89 9602 474.	O meu número é 00 49 89 9602 474. [u meɐu ˈnumeru ä ˈsäru ˈsäru ˈku̯atru ˈnɔwe ˈoi̯tu ˈnɔwe ˈnɔwe ˈβejßch ˈsäru doi̯ßch ˈku̯atru ˈßäte ˈku̯atru]

Die Landesvorwahl von Portugal lautet **+351**. Wenn Sie aus Portugal anrufen, wählen Sie für Deutschland **+49**, für Österreich **+43** und für die Schweiz **+41**.
Geht man in Portugal ans Telefon, meldet man sich nie mit dem Namen, sondern mit estou sim? [ßchto sĩ] oder einfach sim? (*Ja, bitte?*). Vor dem Auflegen sagt man com licença [kõ liˈßenßa] (was ungefähr *mit Ihrer Erlaubnis* bedeutet). Die Antwort darauf lautet faz favor [faßch faˈwor] (*bitte sehr*).

C45	Könnten Sie mir die Nummer von ... geben?	Podia dar-me o número do telefone do m./ da f. ...? [puˈdiɐ dar me u ˈnumeru du teleˈfɔne du/da]

O número é ... [u ˈnumeru ä]	Die Nummer ist ...

C46	Auf Wiederhören!	Bom dia! [bõ ˈdiɐ]
	(abends / wenn es dunkel wird)	Boa tarde!/Boa noite! [ˈboa ˈtarde/ˈboa ˈnoi̯te]

Per E-Mail, Fax oder Brief
Por e-mail, fax ou carta

Sehr geehrter Herr ...,	Prezado Senhor ..., [preˈsadu ßeˈnjor]
Sehr geehrte Frau ...,	Prezada Senhora ..., [preˈsada ßeˈnjora]

15

Sehr geehrte Damen und Herren, …	Prezados Senhores, … [pre'sadußch ße'njoreßch]
Bitte lassen Sie mich wissen, ⍰.	Por favor informe-me ⍰. [pur fa'wor ĩ'fɔrme me]
☑ ob die Unterkunft noch frei ist	☑ se o alojamento está disponível [ße u aluscha'mentu ßchta dißchpu'niwäl]
☑ wie viel das kostet und was der Preis mit einschließt	☑ quanto custa e o que está incluído no preço ['kuãtu 'kußchta i u ke ßchta ĩ'kluidu nu 'preßu]
☑ ob eine Anzahlung erforderlich ist	☑ se é necessário fazer um depósito [ße ä neße'ßariu fa'ser ũ de'pɔsitu]
Mit freundlichen Grüßen *(wenn in der Grußformel der Name verwendet wurde)*	Atenciosamente [atenßiɔsa'mente]

Angaben zur Person machen
Dados pessoais

Qual é ⍰? [kual ä]	Wie lautet ⍰?
☑ o seu nome [u ßeu 'nome]	☑ Ihr Vorname
☑ o seu apelido [u ßeu ape'lidu]	☑ Ihr Nachname
☑ o seu endereço [u ßeu ende'reßu]	☑ Ihre Adresse
☑ o seu telefone [u ßeu tele'fɔne]	☑ Ihre Telefonnummer
☑ o seu telemóvel [u ßeu tälä'mɔwäl]	☑ Ihre Handynummer
☑ o seu e-mail [u ßeu i'mäil]	☑ Ihre E-Mail-Adresse

C47	Ich heiße …	Eu chamo-me … [eiu 'ßchãmu me]
C48	Meine Telefonnummer ist …	O meu número do telefone é … [u meiu 'numeru du tele'fɔne ä]

| C49 | Meine Handynummer ist ... | O número do meu telemóvel é ... [u 'numeru du me‌u tälä'mɔwäl ä] |
| C50 | Meine E-Mail-Adresse lautet ... | O meu e-mail é ... [me‌u i'mäịl ä] |

> Wenn man Internetseiten angibt, ist es üblich, **www** auf Englisch (*double u, double u, double u*) auszusprechen und danach den Namen der Seite zu nennen. Wenn Sie Ihre deutsche E-Mail-Adresse angeben, sprechen Sie @ als ['a'rroba] und **.de** als ['põtu de ä] aus. Für eine österreichische Adresse spricht man **.at** als ['põtu a te] aus und für eine Schweizer Adresse **.ch** als ['põtu ße a'ga].

| Qual é a sua nacionalidade? [ku‌al ä a 'ßu‌a naßiu‌nali'dade] | Welche Nationalität haben Sie? |

C51	Ich bin *Deutscher/ Deutsche.*	Eu sou *alemão/alemã.* [e‌u ßo ale'mão/ ale'mã]
C52	Ich bin *Österreicher/ Österreicherin.*	Eu sou *austríaco/austríaca.* [e‌u ßo außch'tria‌ku/außch'tria‌ka]
C53	Ich bin *Schweizer/ Schweizerin.*	Eu sou *suíço/suíça.* [e‌u ßo ßu'ißu/ßu'ißa]

De viagem
Auf der Reise

An der Grenze
Na fronteira

Os passaportes, por favor! [ußch paßa'pɔrteßch pur fa'wor]	Die Pässe, bitte!
Por favor, tenham os passaportes à mão! [pur fa'wor tenjão ußch paßa'pɔrteßch a mão]	Bitte halten Sie die Pässe bereit!

D01 Ich kann meinen Pass nicht finden.	Eu não encontro o meu passaporte. [eu não en'kõtru u meu paßa'pɔrte]

Por favor, dirija-se ao lado. [pur fa'wor di'rischaße au 'ladu]	Bitte treten Sie an die Seite.
Por favor, abra a mala do carro. [pur fa'wor 'abra a 'mala du 'karru]	Bitte öffnen Sie den Kofferraum.

Wo geht's lang?
Por onde se vai?

D02 Ich habe mich verfahren/verlaufen.	Eu perdi-me. [eu per'di me]
Wie komme ich ⬜?	Como chego ⬜? ['komu 'ßchegu]
D03 ☑ zur Autobahn	☑ à autoestrada [a autɔ'ßchtrada]
D04 ☑ zum Bahnhof	☑ à estação ferroviária [a ßchta'ßão färrɔwi'aria]
D05 ☑ zum Fährhafen	☑ ao porto [au 'portu]
D06 ☑ zum Flughafen	☑ ao aeroporto [au aärɔ'portu]

Continue ⬜. [kõti'nue]	Fahren Sie weiter ⬜.
☑ até ao próximo semáforo [a'tä au 'prɔßimu ße'mafuru]	☑ bis zur nächsten Ampel
☑ até ao fim da rua [a'tä au fĩ da 'rua]	☑ bis Sie zum Ende der Straße kommen

☑ até à segunda rotunda [a'tä a ße'gũda ru'tũda]	☑ bis zum zweiten Kreisverkehr
☑ até ao centro da cidade [a'tä au 'ßentru da ßi'dade]	☑ bis ins Stadtzentrum
Vire à *esquerda/direita*. ['wire a 'ßchkerda/di'rejta]	Biegen Sie *links/ rechts* ab.
Tome a segunda rua à *esquerda/direita*. ['tɔme a ße'gũda 'ruɹa a 'ßchkerda/di'rejta]	Nehmen Sie die zweite Straße *links/ rechts*.
Vire. ['wire]	Drehen Sie um.
Continue sempre em frente. [kõti'nuɹe 'ßempre ẽ 'frente]	Fahren Sie immer geradeaus.
Siga pela estrada. ['ßiga 'pela 'ßchtrada]	Folgen Sie dem Straßenverlauf.

D07	Wie weit ist es noch bis ...?	Quanto falta para chegar até ...? ['kuᶏtu 'falta 'para ßche'gar a'tä]
D08	Wie viele Kilometer ...?	Quantos quilómetros ...? ['kuᶏtußch ki'lɔmetrußch]

A rua está cortada. [a 'ruɹa ßchta kur'tada]	Die Straße ist gesperrt.
Vá pelo desvio. [wa 'pelu deßch'wiɹu]	Nehmen Sie die Umleitung.

D09	Gibt es eine alternative Route?	Há uma rota alternativa? [ah 'uma 'rɔta alterna'tiwa]
D10	Darf ich hier parken?	Posso estacionar aqui? ['pɔßu ßchtaßiᶢu'nar a'ki?]

Tanken und Rasten
Meter gasolina e descansar um pouco

Wo ist 🔲?	Onde é 🔲? ['õde ä]

D11 ☑ die nächste Tank-stelle	☑ o próximo posto de gasolina? [u 'prɔßimu 'poßchtu de gasu'lina]
D12 ☑ die nächste Rast-stätte	☑ a próxima estação de serviço? [a 'prɔßima ßchta'ßãu de ßer'wißu]
D13 Bitte volltanken.	Cheio, por favor. ['ßcheju pur fa'wor]
Ich tanke ☐.	O carro é a☐. [u 'karru ä a]
D14 ☑ Diesel/Benzin	☑ gasóleo/gasolina [ga'sɔliu/gasu'lina]
D15 ☑ Super	☑ gasolina super [gasu'lina 'ßupär]

Há oder é/fica?

Há (es gibt) und é (ist) bzw. fica (befindet sich) benutzt man, um anzugeben, wo sich etwas befindet. Há wird mit dem unbe-stimmten Artikel verwendet: Há **um** posto de gasolina aqui perto? *Gibt es eine Tankstelle hier in der Nähe?* É verwendet man mit dem bestimmten Artikel: Onde é **o** aeroporto? *Wo ist der Flughafen?* Fica bedeutet *sich befinden* und ist austausch-bar mit é: Onde fica **o** aeroporto?

Könnten Sie bitte ☐?	Você podia, por favor ☐? [wɔ'ße pu'diḁa pur fa'wor]
D16 ☑ das Wasser nach-sehen	☑ ver a água [wer a 'aguḁa]
D17 ☑ das Öl prüfen	☑ controlar o óleo [kõtru'lar u 'ɔliu]
D18 ☑ Öl nachfüllen	☑ encher o depósito do óleo [en'ßcher u de'pɔsitu du 'ɔliu]
D19 ☑ den Reifendruck prüfen	☑ controlar a pressão dos pneus [kõtru'lar a preßãu dußch 'pneḁ|ußch]
D20 Ich habe aus Verse-hen *Diesel/Benzin* getankt!	Sem querer, meti *gasóleo/gasolina*! [sẽ ke'rer me'ti ga'sɔliu/gasu'lina]

21

Panne und Unfall

Avaria e acidente

D21	Ich habe einen Platten.	Tenho um furo no pneu. ['tẽ̃ju ũ 'furu nu 'pneļu]
D22	Könnten Sie bitte den Reifen wechseln?	Podia trocar o pneu, por favor? [pu'diļa tru'kar u 'pneļu pur fa'wor]
	Ich brauche ☐.	Eu preciso de ☐. [eļu pre'ßisu de]
D23	☑ einen Abschleppdienst	☑ um reboque [ũ re'bɔke]
D24	☑ eine *VW®-/BMW®-Vertragswerkstatt*	☑ uma oficina autorizada da *VW®/BMW®* ['uma ofi'ßina aॖuturi'sada da wolks/be 'ãme 'dabļiॖu]
D25	Bitte schleppen Sie den Wagen bis zur nächsten Werkstatt.	Por favor leve o veículo até à oficina mais próxima. [pur fa'wor 'läwe u we'ikulu a'tä a ofi'ßina maॖißch 'prɔßima]
D26	Der Motor springt nicht an.	O motor não arranca. [u mu'tor nãɔ a'rräka]
D27	Die Kupplung ist kaputt.	A embraiagem está avariada. [a ẽbraॖi'aschẽ ßchta awari'ada]
D28	Der Tank ist leer.	O depósito está vazio. [u de'pɔsitu ßchta wa'siॖu]
D29	Bis wann können Sie es reparieren?	Quanto tempo leva a consertar? ['kuॖãtu 'tempu 'läwa a kõßer'tar]
D30	Es gab einen Unfall.	Houve um acidente. ['owe ũ aßi'dente]
D31	Bitte geben Sie mir die Anschrift Ihrer Versicherung.	Por favor dê-me o endereço do seu seguro. [pur fa'wor de me u ende'reßu du ßeļu ße'guru]
D32	Rufen Sie bitte *die Polizei/einen Krankenwagen!*	Chamem *a polícia/uma ambulância*, por favor! ['ßchamẽ a pu'lißiॖa/'uma ãbu'lãßiॖa pur fa'wor]
D33	Haben Sie den Unfall gesehen?	Você viu o acidente? [wɔ'ße wiॖu u aßi'dente]

D34 | Bitte geben Sie mir Ihre Anschrift. | Por favor dê-me o seu endereço. [pur fa'wor de me u ßelu ende'reßu]

Verkehrskontrolle
Controle de trânsito

> Portugal verfügt über ein gutes Autobahnnetz. Aber Achtung: Die Autobahnen sind mautpflichtig. Wie das mit der Maut funktioniert, erklärt man Ihnen in der Autovermietung. Wenn man nicht unter Zeitdruck steht, sollte man auch einmal die Landstraßen benutzen. Die abwechslungsreiche Landschaft und die kleinen Ortschaften auf dem Land laden zu einer Rast ein. Die kontaktfreudigen Portugiesen und die Schönheit der Natur werden Sie für den „Zeitverlust" entschädigen.

Posso ver a sua carta de condução, por favor? ['pɔßu wer a 'ßula kar'ta de kõdu'ßãᴐ pur fa'wor]	Kann ich bitte Ihren Führerschein sehen?
Posso ver o contrato de aluguer do carro, por favor? ['pɔßu wer u kõ'tratu de alu'gär du 'karru pur fa'wor]	Kann ich bitte Ihren Mietwagenvertrag sehen?

D35 | Bitte sehr. | Aqui está. [a'ki ßchta]

Muito ⓜ obrigado/ⓕ obrigada. ['muĩtu obri'gadu/obri'gada]	Vielen Dank.

D36 | Es tut mir sehr leid – ich habe meine Papiere nicht dabei. | Sinto muito – eu não tenho aqui os meus documentos. ['ßĩtu 'muĩtu – elu nãᴐ 'tẽɲu a'ki uß 'meluß duku'mentußch]

Faça favor de sair do carro. ['faßa fa'wor de salir du 'karru]	Bitte steigen Sie aus.
Eu tenho de lhe aplicar uma multa por excesso de velocidade. [elu 'tẽnju de lje apli'kar 'uma 'multa pur ejßch'ßäßu de welußi'dade]	Ich muss Sie wegen Geschwindigkeitsübertretung mit einem Bußgeld belangen.

D37	Ich möchte das Bußgeld gleich zahlen.	Eu prefiro pagar já a multa. [elu pre'firu pa'gar scha a 'multa]
D38	Ich habe kein Bargeld dabei.	Eu não tenho dinheiro nenhum comigo. [elu não 'tẽnju di'njejru nenjũ ku'migu]
D39	Ich habe nicht genug Bargeld dabei.	Eu não tenho dinheiro suficiente comigo. [elu não 'tẽnju di'njejru ßufißi'ente ku'migu]

Unterwegs mit Bus, U-Bahn und Zug
Viajar de autocarro, metro e comboio

D40	Ich möchte nach ... fahren.	Eu gostaria de ir para ... [elu gußchta'rila de ir 'para]
D41	Welcher Zug fährt nach/zu ...?	Qual comboio vai para ...? [kual kõ'bɔiju wai 'para]
D42	Fährt dieser Bus nach ...?	Este autocarro vai para ...? ['eßchte autɔ'karru wai 'para]
D43	An welcher Haltestelle muss ich aussteigen?	Em que paragem tenho de descer? [ẽ ke pa'raschẽ 'tẽnju de deßch'ßer]
D44	Können Sie mir Bescheid sagen, wenn ich aussteigen muss?	Pode-me avisar quando eu tiver de descer? ['pɔde me awi'sar 'kuãdu elu ti'wär de deßch'ßer]
D45	Muss ich hier umsteigen?	Eu tenho de mudar aqui? [elu 'tẽnju de mu'dar a'ki]

Portugal besitzt ein gutes Eisenbahn- und Linienbusnetz. Die Busse sind sehr komfortabel und relativ günstig. Für die Langstrecken nimmt man den expresso [ejßch'präßu], der nach einem festen Fahrplan fährt. Für kleine Strecken gibt es die camioneta [kamilo'näte], ein oft kleinerer, doch auch bequemer Bus. In Lissabon bringt Sie die U-Bahn schnell zu den Sehenswürdigkeiten, allerdings soll-ten Sie auch einmal die Straßenbahn wählen, den elétrico [i'lätriku]. Mit ihr kann man schaukelnd durch steile, kurvige Gassen und die gesamte Altstadt rattern. Ansonsten kann man sich auch für den Stadtbus autocarro [au̯tɔ'karru] ent-scheiden, der regelmäßig fährt, aber oft sehr voll ist.

D46	Wann kommt der nächste Bus nach ...?	Quando chega o próximo autocarro para ...? ['kuɐ̃du 'ʃʃega u 'prɔʃimu ɐutɔ'karru 'para]
D47	Wann kommt der nächste Zug?	Quando chega o próximo comboio? ['kuɐ̃du 'ʃʃega u 'prɔʃimu kõ'bɔju]
D48	Wann kommt die nächste U-Bahn?	Quando chega o próximo metro? ['kuɐ̃du 'ʃʃega u 'prɔʃimu 'mätro]
D49	Eine einfache Fahrt nach ..., bitte.	Um bilhete de ida para ..., faz favor. [ũ bi'ljete de 'ida 'para ... faʃʃ fa'wor]
D50	Hin und zurück nach ...	Ida e volta para ... ['ida i 'wɔlta 'para]
D51	Eine Tageskarte, bitte.	Um bilhete para um dia, faz favor. [ũ biljete 'para ũ diɐ faʃʃ fa'wor]
D52	Gilt diese Karte auch für ...?	Este bilhete também é válido para ...? ['eʃʃte bi'ljete tɐ̃'bẽ ä 'walidu 'para]
	Wo ist ⍰?	Onde fica ⍰? ['õde 'fika]
D53	☑ die nächste U-Bahnhaltestelle	☑ a estação de metro mais próxima [a ʃʃchta'ʃʃɐ̃u de 'mätru mɐiʃʃ 'prɔʃima]
D54	☑ die nächste Bushaltestelle	☑ a paragem de autocarro mais próxima [a pa'raʃʃe de ɐutɔ'karru mɐiʃʃ 'prɔʃima]
D55	☑ der Busbahnhof	☑ a estação rodoviária [a ʃʃchta'ʃʃɐ̃u rɔdɔwi'ariɐ]
	(für Reisebusse)	☑ o terminal rodoviário [u termi'nal rɔdɔwi'ariu]
D56	☑ der Bahnhof	☑ a estação de comboio [a 'ʃʃchtaʃʃɐ̃u de kõ'bɔju]
D57	Von welchem Gleis geht der Zug nach ...?	De que linha sai o comboio para ...? [de ke 'linja ßɐi u kõ'bɔju 'para]

Rund ums Gepäck
Tudo sobre a bagagem

Tem alguma bagagem (para despachar)? [tẽ al'guma ba'gaschẽ ('para deßchpa'ßchar)]	Haben Sie Gepäck (zum Einchecken)?
A sua bagagem tem excesso de peso. [a 'ßula ba'gaschẽ tẽ ejßch'ßäßu de 'pesu]	Ihr Gepäck hat Übergewicht.

D58	Ich möchte mein Gepäck aufgeben.	Eu queria despachar a minha bagagem. [eiu ke'rila deßchpa'ßchar a 'minja ba'gaschẽ]
D59	Ich habe nur Handgepäck.	Eu só tenho bagagem de mão. [eiu ßɔ 'tẽnju ba'gaschẽ de mãọ]
D60	Wo muss ich meinen Koffer abholen?	Onde devo ir buscar a minha mala? ['õde 'dewu ir bußch'kar a 'minja 'mala]
	Mein Gepäck ☑.	A minha bagagem ☑. [a 'minja ba'gaschẽ]
D61	☑ ist nicht angekommen	☑ não chegou [nãọ ßche'go]
D62	☑ ist beschädigt	☑ está danificada [ßchta danifi'kada]
D63	☑ ist nicht vollständig	☑ não está completa [nãọ ßchta kõ'pläta]
D64	Wo gibt es hier Schließfächer?	Onde há aqui armários para as malas? ['õde ah a'ki ar'mariußch 'para aßch 'malaßch]

Am Flughafen
No aeroporto

D65	Wie komme ich zu Terminal *eins/zwei*?	Como se chega ao terminal *um/dois*? ['komu ße 'ßchega aụ termi'nal ũ/doißch]
	Wo finde ich ☑?	Onde encontro ☑? ['õde en'kõtru]
D66	☑ einen Informationsstand der Lufthansa®	☑ um guiché de informações da Lufthansa® [ũ gi'ßche: de ĩfurma'ßõịßch da lu'ftansa]

27

D67 ☑ einen Schalter der TAP®	☑ um guiché da TAP® [ũ giˈʃːche: da tap]
D68 Wann geht der nächste Flug nach ...?	Quando é o próximo voo para ...? [ˈku̯ãdu ä u ˈprɔßimu ˈwoʟu ˈpara]
D69 Den nehme ich.	Escolho esse. [ˈßchkoʟju ˈeße]
Ich möchte ⍰.	Eu queria ⍰. [eʟu keˈriʟa]
D70 ☑ Economy Class fliegen	☑ voar na classe económica [wuˈar na ˈklaße ikuˈnɔmika]
D71 ☑ Business Class fliegen	☑ voar business classe [wuˈar biseˈnäße ˈklaße]
D72 ☑ erster Klasse fliegen	☑ voar na primeira classe [wuˈar na priˈmejra ˈklaße]
D73 ☑ am *Fenster/Gang* sitzen	☑ um lugar *à janela/no corredor* [ũ luˈgar a schaˈnäla/nu kurreˈdor]
D74 ☑ meinen Flug umbuchen	☑ alterar a data do meu voo [alteˈrar a ˈdata du meʟu ˈwoʟu]
D75 ☑ meinen Flug stornieren	☑ estornar o meu voo [ßchturˈnar u meʟu ˈwoʟu]

D76	Warum hat die Maschine Verspätung?	Por que é que o avião está atrasado? [pur ke ä ke u awi'ãõ ßchta atra'sadu]
D77	Wie viel Verspätung hat die Maschine?	Quanto tempo é que o avião tem de atraso? ['kuãtu 'tempu ä ke u awi'ãõ tẽ de a'trasu]

O voo número ... foi cancelado. [u 'woļu 'numeru ... foi käße'ladu]	Der Flug Nummer ... ist abgesagt.

Mit dem Schiff
De navio/barco

D78	Wann läuft das Schiff aus?	Quando sai o navio? ['kuãdu ßai u na'wiļu]
D79	Wann läuft die Fähre aus?	Quando sai o barco? ['kuãdu ßai u 'barku]
	Wo finde ich ☐?	Onde é ☐? ['õde ä]
D80	☑ die Kabine Nr. ...	☑ a cabine número ... [a ka'bine 'numeru]
D81	☑ das Bordrestaurant	☑ o restaurante de bordo [u reßchtau'rãte de 'bɔrdu]
D82	Ich muss mich übergeben.	Eu tenho de vomitar. [eļu 'tẽnju de wumi'tar]
D83	Ich brauche einen Brechbeutel.	Eu preciso de um saquinho para vomitar. [eļu pre'ßisu de ũ ßa'kinju 'para wumi'tar]

Ein Fahrzeug mieten
Alugar um carro

	Ich möchte ☐ mieten.	Eu queria alugar ☐. [eļu ke'riļa alu'gar]
D84	☑ ein Auto	☑ um carro [ũ 'karru]

D85 ☑ einen Automatik-wagen	☑ um carro automático [ũ 'karru a̬utu'matiku]
D86 ☑ ein Auto mit Allrad-antrieb	☑ um carro com tração nas quatro rodas [ũ 'karru kõ tra'ßã̱o naßch 'ku̬atru 'rↄdaßch]
D87 ☑ ein Cabrio	☑ um descapotável [ũ deßchkapu'tawäl]
D88 ☑ ein Motorrad	☑ uma mota ['uma 'mↄta]
D89 mit Klimaanlage	com ar condicionado [kõ ar kõdißi̬u'nadu]
D90 mit Navigator	com GPS [kõ sche pe äße]
D91 Wie viel kostet das pro *Tag/Woche*?	Quanto custa por *dia/semana*? ['ku̬atu 'kußchta pur 'di̱la/ße'mãna]
D92 Ist der Preis inklusive Versicherung?	O preço inclui o seguro? [u 'preßu ĩ'klu̱i u ße'guru]
D93 Ist der Preis inklusive Vollkasko?	O preço inclui o seguro contra todos os ris-cos? [u 'preßu ĩ'klu̱i u ße'guru 'kõtra 'todußch ußch 'rißchkußch]
D94 Wann muss ich das Fahrzeug zurück-bringen?	Quando tenho de devolver o carro? ['ku̬ã̱du 'tẽn̠ju de dewol'wer u 'karru]
D95 Wo sind die Fahrzeug-papiere/ist der Miet-vertrag?	Onde estão os documentos do veículo/está o contrato de aluguer? ['õde 'ßchtã̱o ußch duku'mentußch du we'íkulu/ßchta u kõ'tratu de alu'gär]

Ein Taxi nehmen
Tomar um táxi

D96 Bitte fahren Sie mich nach/zu ...!	Por favor leve-me até ...! [pur fa'wor 'läwe me a'tä]
D97 Könnten Sie *schnel-ler/langsamer* fahren?	Pode conduzir mais *rápido/devagar*? ['pↄde kõdu'sir ma̬ißch 'rapidu/dewa'gar]

Wenn Sie ein Taxi nehmen, achten Sie darauf, dass das Taxameter eingeschaltet ist. Sicherheitshalber können Sie auch vorher fragen, wie viel die Fahrt kosten wird. Für längere Strecken und ausgesuchte Routen kann man meistens einen Festpreis vereinbaren. Auf diese Art können Sie unbeschwert die bezaubernde Landschaft genießen.

D98	Was kostet die Fahrt nach ...?	Quanto custa para ir até ...? ['kŭãtu 'kußchta 'para ir a'tä]
D99	Bitte halten Sie dort!	Pare ali, faz favor! ['pare a'li faßch fa'wor]

Finalmente no destino: o alojamento

Endlich da: die Unterkunft

Beim Ankommen
À chegada

Können Sie mir sagen, wo ☐ ist?	Podia-me dizer onde fica ☐? [pu'diɹa me di'ser 'ŏde 'fika]
E01 ☑ die Rezeption	☑ a receção [a reßä'ßão]
E02 ☑ mein Zimmer	☑ o meu quarto [u meɹu 'kṷartu]
E03 ☑ unser Zeltplatz	☑ o nosso lugar de acampamento [u 'nɔßu lu'gar de akãpa'mentu]
E04 Wir haben reserviert.	Nós fizemos uma reserva. [nɔßch fi'sämußch 'uma re'särwa]
E05 Die Zimmerschlüssel, bitte.	As chaves do quarto, por favor. [aßch 'ßchaweßch du 'kṷartu pur ɹa'wor]

Sich nach dem Wichtigsten erkundigen
Informar-se sobre o essencial

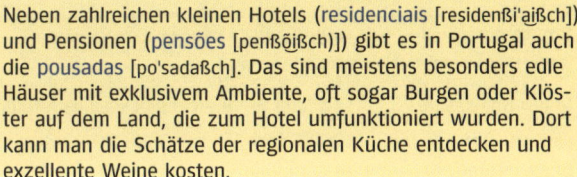

Neben zahlreichen kleinen Hotels (residenciais [residenßi'aiɹch]) und Pensionen (pensões [penßõiɹch)]) gibt es in Portugal auch die pousadas [po'sadaßch]. Das sind meistens besonders edle Häuser mit exklusivem Ambiente, oft sogar Burgen oder Klöster auf dem Land, die zum Hotel umfunktioniert wurden. Dort kann man die Schätze der regionalen Küche entdecken und exzellente Weine kosten.

Wo gibt es hier ☐?	Onde há por aqui ☐? ['õde ah pur a'ki]
E06 ☑ ein einfaches Hotel	☑ um hotel simples [ũ ɔ'täl 'ßĩpleßch]
E07 ☑ ein gutes Hotel	☑ um hotel bom [ũ ɔ'täl bõ]
E08 ☑ eine Pension	☑ uma pensão ['uma penßãõ]

E09 ☑ eine Jugendherberge	☑ um albergue da juventude [ũ al'bärge da schuwen'tude]
E10 ☑ einen Campingplatz	☑ um lugar para acampar [ũ lu'gar 'para akã'par]

Wo ist ☐?	Onde fica ☐? ['õde 'fika]
E11 ☑ die Bar	☑ o bar [u bar]
E12 ☑ der Speisesaal	☑ a sala de refeições [a 'ßala de refej'ßõĩßch]
Gibt es ☐?	Há ☐? [ah]
E13 ☑ ein Telefon	☑ um telefone [ũ tele'fɔne]
E14 ☑ einen Fernseher	☑ uma televisão ['uma telewi'sãọ]
E15 ☑ einen Zugang zum Internet	☑ acesso à internet [a'ßäßu a intär'näte]
E16 ☑ eine Waschmaschine	☑ uma máquina de lavar roupa ['uma 'makina de la'war 'ropa]
E17 ☑ einen Trockner	☑ um secador [ũ ßeka'dor]

Um etwas bitten

Pedir algo

	Ich möchte ⍰.	Eu queria ⍰. [e|u ke'ri|a]
E18	☑ ein anderes Zimmer	☑ outro quarto ['otru 'kuartu]
E19	☑ ein ruhiges Zimmer	☑ um quarto sossegado [ũ 'kuartu ßuße'gadu]
E20	☑ ein Nichtraucherzimmer	☑ um quarto para não fumadores [ũ 'kuartu 'para não fuma'doreßch]
E21	☑ eine zusätzliche Decke	☑ um cobertor extra [ũ kuber'tor 'ejßchtra]
E22	☑ noch ein Kissen	☑ mais uma almofada [maißch 'uma almu'fada]
E23	☑ sauberes Bettzeug	☑ roupa da cama limpa ['ropa da 'kãma 'lĩpa]

Sich beschweren

Fazer uma reclamação

E24	Das Zimmer riecht unangenehm.	O quarto tem um cheiro estranho. [u 'kuartu tẽ ũ 'ßchejru 'ßchtrãnju]
E25	Es ist zu laut in diesem Zimmer.	O quarto é muito barulhento. [u 'kuartu ä 'mũĩtu baru'ljentu]
E26	Ich möchte ein anderes Zimmer.	Eu gostaria de outro quarto. [e|u gußchta'ri|a de 'otru 'kuartu]
E27	Das Licht geht nicht.	A luz não funciona. [a lußch não fũ'ßiona]
E28	Die Dusche funktioniert nicht.	O chuveiro não funciona. [u ßchu'wejru não fũ'ßiona]
E29	Die Toilette ist verstopft.	A sanita está entupida. [a ßa'nita ßchta entu'pida]
E30	Der Abfluss ist verstopft.	O cano está entupido. [u 'kanu ßchta entu'pidu]

E31	Das Bettzeug ist schmutzig.	A roupa da cama está suja. [a ˈropa da ˈkãma ßchta ˈßuscha]
E32	Es gibt kein warmes Wasser.	Não há água quente. [nãọ ah ˈaguạ ˈkente]
E33	Das Schloss ist kaputt.	A fechadura está avariada. [a feßchaˈdura ßchta awariˈada]

Viajar com
Mit Kindern reisen
crianças

Ganz allgemein
Generalidades

F01	Wir sind mit _Kind/Kindern_ unterwegs.	Nós viajamos com _criança/crianças_. [nɔʃ wia'schãmuʃch kõ kri'ãßa/kri'ãßaßch]
F02	_Er/Sie_ ist … Jahre alt.	_Ele/Ela_ tem … anos. ['ele/'äla tẽ… 'anußch]
F03	Ist das für Kinder geeignet?	Isto é indicado para crianças? ['ißchtu ä ĩdi'kadu 'para kri'ãßaßch]
F04	Gibt es eine Kinderermäßigung?	Existe um desconto para crianças? [i'sißchte ũ deßch'kõtu 'para kri'ãßaßch]

Sicherheit
Segurança

F05	Ist das auch ungefährlich für Kinder?	Isto também é seguro para crianças? ['ißchtu tã'bẽ ä ße'guru 'para kri'ãßaßch]
	Wir brauchen ☐.	Nós precisamos de ☐. [nɔʃ preßi'sãmußch de]
F06	☑ einen Kindersitz für das Auto	☑ uma cadeira de crianças para o carro ['uma ka'dejra de kri'ãßaßch 'para u 'karru]
F07	☑ einen Kindersitz für das Fahrrad	☑ uma cadeira de crianças para a bicicleta ['uma ka'dejra de kri'ãßaßch 'para a bißi'kläta]
F08	☑ einen Gurt, um das Kind anzuschnallen	☑ um cinto de segurança para a criança [ũ 'ßĩtu de ßegu'rãßa 'para a kri'ãßa]

Unterhaltung
Diversão

	Gibt es hier ☐?	Existe por aqui ☐? [i'sißchte pur a'ki]
F09	☑ einen Spielplatz	☑ um parque infantil [ũ par'kĩfantil]
F10	☑ ein Planschbecken	☑ uma piscina para crianças ['uma pi'ßchina 'para kri'ãßaßch]

F11	☑ ein Spielwarenge-schäft	☑ uma loja de brinquedos ['uma 'lɔscha de brĩ'kedußch]
F12	☑ einen Freizeitpark	☑ um parque de diversões [ũ 'parke de diwer'ßõ̃ißch]
F13	Gibt es ein Programm mit Kinderunterhal-tung?	Existe um programa para crianças? [i'sißchte ũ pru'grãma 'para kri'ãßaßch]
F14	Wir brauchen einen Babysitter.	Nós precisamos dum babysitter. [nɔßch preßi'sãmußch dũ bejbi'ßiter]

Beim Essen
Ir comer

	Haben Sie ⬚?	Tem ⬚? [tẽ]
F15	☑ einen Hochstuhl	☑ uma cadeira de mesa para crianças ['uma ka'dejra de 'mesa 'para kri'ãßaßch]
F16	☑ ein Lätzchen	☑ um babete [ũ ba'bäte]

F17	☑ einen Stillraum	☑ uma salinha para dar o peito ['uma sa'liɲa 'para dar u 'pejtu]
F18	☑ eine Wickelmöglichkeit	☑ um fraldário [ũ fral'dariu̯]
F19	☑ ein Kindermenü	☑ uma ementa para crianças ['uma i'menta 'para kri'ãßaßch]
F20	Bieten Sie auch Kinderportionen an?	Também tem doses para crianças? [tã'bẽ tẽ 'dɔseßch 'para kri'ãßaßch]
F21	Könnten Sie das Fläschchen aufwärmen?	Podia aquecer o biberão? [pu'diɐ akä'ßer u bibe'rãu̯]

Necessidades especiais

Besondere Bedürfnisse

Nützliches für behinderte Reisende

Informações úteis para viajantes deficientes

Ich bin ☐.	Eu sou ☐. [e|u ßo]
G01 ☑ behindert	☑ deficiente [defißi'ente]
G02 ☑ sehbehindert	☑ deficiente visual [defißi'ente wisu'al]
G03 ☑ blind	☑ m. cego/f. cega ['ßägu/'ßäga]
G04 ☑ schwerhörig	☑ deficiente m. auditivo/f. auditiva [defißi'ente a̯udi'tiwu/a̯udi'tiwa]
G05 ☑ taub	☑ m. surdo/f. surda ['ßurdu/'ßurda]
G06 Könnten Sie bitte etwas lauter sprechen?	Podia falar mais alto, por favor? [pu'di|a fa'lar ma̯ißch 'altu pur fa'wor]
G07 Würden Sie das für mich aufschreiben?	Podia-me escrever isso? [pu'di|a me ßchkre'wer 'ißu]
Gibt es ☐?	Há ☐? [ah]
G08 ☑ Parkplätze für Behinderte	☑ um estacionamento para deficientes [ũ ßchtaßi̯una'mentu 'para defißi'enteßch]
G09 ☑ einen Rollstuhl	☑ uma cadeira de rodas ['uma ka'dejra de 'rɔdaßch]
G10 ☑ eine Rollstuhlauffahrt	☑ uma rampa ['uma 'rãpa]
G11 ☑ einen Behindertenzugang	☑ um acesso para deficientes [ũ a'ßäßu 'para defißi'enteßch]
G12 ☑ eine Behindertentoilette	☑ uma casa de banho para deficientes ['uma 'kasa de 'bãɲu 'para defißi'enteßch]
G13 ☑ eine Umkleidekabine für Behinderte	☑ um vestiário para deficientes [ũ weßchti'ari̯u 'para defißi'enteßch]
G14 Ich hätte gern den Schlüssel für die Behindertentoilette.	Queria a chave da casa de banho para deficientes. [ke'ri|a a 'ßchawe da 'kasa de 'bãɲu 'para defißi'enteßch]

Könnten Sie ☑?	Podia ☑? [pu'diɐ]
G15 ☑ mir helfen	☑ ajudar-me [aʃu'dar me]
G16 ☑ mir über die Straße helfen	☑ ajudar-me a atravessar a rua [aʃu'dar me a atrawe'ßar a 'ruɐ]
G17 ☑ mir die Tür aufhalten	☑ segurar-me a porta [ßegu'rar me a 'pɔrtɐ]
G18 Kann ich meinen Blindenhund mitnehmen?	Posso levar o meu cão-guia? ['pɔßu le'war u meu kɐ̃u 'giɐ]
G19 Kann ich meinen Blindenhund mit hineinnehmen?	O meu cão-guia pode entrar comigo? [u meu kɐ̃u 'giɐ 'pɔde en'trar ku'migu]
G20 Ist das für Behinderte geeignet?	Está adaptado para deficientes? [ßchta adap'tadu 'para defißi'enteßch]
G21 Vielen Dank für Ihre Hilfe.	Muito ⓜ obrigado/ⓕ obrigada pela sua ajuda. ['muĩtu obri'gadu/obri'gada 'pela 'ßuɐ a'ʃuda]
G22 Danke, aber das schaffe ich allein.	ⓜ Obrigado/ⓕ Obrigada, eu consigo fazer isso ⓜ sozinho/ⓜ sozinha. [obri'gadu/obri'gada eu kõ'ßigu fa'ser 'ißu ßɔ'sinju/ ßɔ'sinja]

Falar com alguém
Miteinander sprechen

Bitten und danken
Pedir e agradecer

H01	Danke (sehr).	(Muito) [m.] obrigado/[f.] obrigada. [('muĩtu) obri'gadu/obri'gada]
H02	Bitte sehr! *(wenn man jdm etw. anbietet)*	Faz favor! [faßch fa'wor]
H03	Gern geschehen.	De nada. [de 'nada]
H04	Nein, danke.	Não, [m.] obrigado/[f.] obrigada. [nãõ obri'gadu/obri'gada]
H05	Herzlichen Dank!	Muito [m.] obrigado/[f.] obrigada! ['muĩtu obri'gadu/obri'gada]
H06	Das war sehr nett von Ihnen/dir!	Foi muito gentil da sua/tua parte! [foi 'muĩtu schen'til da 'ßua/'tula 'parte]

Begrüßung und Verabschiedung
Saudação e despedida

In Portugal ist es üblich, sich bei der Begrüßung und Verabschiedung unter Freunden und Bekannten zwei Wangenküsse zu geben. Männer begrüßen sich untereinander mit Handschlag oder umarmen sich.
Boa noite kann sowohl *guten Abend* als auch *gute Nacht* bedeuten. Es wird ab der Abenddämmerung verwendet.

H07	Guten Morgen!	Bom dia! [bõ 'dila]
H08	Guten Tag!	Boa tarde! ['boa 'tarde]
H09	Hallo!	Olá! [ɔ'la]
H10	Guten Abend!	Boa noite! ['boa 'noite]
H11	Gute Nacht!	Boa noite! ['boa 'noite]

H12	Auf Wiedersehen!	Adeus! [a'delußch]
H13	Tschüss!	Tchau! [tßchau]
H14	Bis später!	Até logo! [a'tä 'lɔgu]
H15	Bis morgen!	Até amanhã! [a'tä amã'njã]

Sich vorstellen und von sich erzählen

Apresentar-se e falar sobre si mesmo

H16	Ich heiße ...	Eu chamo-me ... [elu 'ßchãmu me]
	Ich bin ☐.	Eu sou ☐. [elu ßo]
H17	☑ aus Deutschland	☑ da Alemanha [da ale'mãnja]
H18	☑ aus Österreich	☑ da Áustria [da 'außchtria]
H19	☑ aus der Schweiz	☑ da Suíça [da ßu'ißa]
H20	☑ verheiratet	☑ m. casado/f. casada [ka'sadu/ka'sada]
H21	☑ geschieden	☑ m. divorciado/f. divorciada [diwurßi'adu/ diwurßi'ada]
H22	☑ ledig	☑ m. solteiro/f. solteira [ßol'tejru/ßol'tejra]
H23	Ich bin ... Jahre alt.	Eu tenho ... anos. [elu 'tẽnju ... 'anußch]
H24	Ich mache hier Urlaub.	Eu estou aqui de férias. [elu ßchto a'ki de 'färiaßch]
H25	Ich wohne im ... Hotel.	Eu estou no hotel ... [elu ßchto nu ɔ'täl]
H26	Ich bleibe noch ... Tage.	Eu vou ficar mais ... dias. [elu wo fi'kar maißch ... 'dilaßch]
H27	Ich bleibe noch ... Wochen.	Eu vou ficar mais ... semanas. [elu wo fi'kar maißch ... ße'mãnaßch]
H28	Ich bin ... von Beruf.	Eu sou ... [elu ßo]
H29	Ich bin selbstständig.	Eu sou m. autónomo/f. autónoma. [elu ßo au'tɔnumu/au'tɔnuma]

H30 Ich bin *Student/Studentin*.	Eu sou estudante *universitário/universitária*. [e|u ßo ßchtu'däte uniwerßi'tariu/uniwerßi'tari̯a]
H31 Ich gehe noch zur Schule.	Eu ainda ando na escola. [e|u a'ĩda 'andu na 'ßchkɔla]
H32 Ich habe Kinder.	Eu tenho filhos. [e|u 'tẽnju 'fil̯jußch]
H33 Ich habe eine Tochter.	Eu tenho uma filha. [e|u 'tẽnju 'uma 'fil̯ja]
H34 Ich habe einen Sohn.	Eu tenho um filho. [e|u 'tẽnju ũ 'fil̯ju]
Das ist ☑.	Este é ☑. ['eßchte ä]
H35 ☑ mein Mann	☑ o meu marido [u me|u ma'ridu]
H36 ☑ mein Lebensgefährte	☑ o meu companheiro [u me|u kõpa'njejru]
H37 ☑ mein Freund	☑ o meu namorado [u me|u namu'radu]
H38 ☑ ein Freund	☑ um amigo [ũ a'migu]

Companheiro/Companheira (*Lebensgefährte/Lebensgefährtin*) wird fast ausschließlich auf Ämtern verwendet. Man stellt den Partner normalerweise als o meu namorado/a minha namorada (*mein Freund/meine Freundin*) vor.

Das ist ☑.	Esta é ☑. ['äßchta ä]
H39 ☑ meine Frau	☑ a minha esposa [a 'minja 'ßchposa]
H40 ☑ meine Lebensgefährtin	☑ a minha companheira [a 'minja kõpa'njejra]
H41 ☑ meine Freundin	☑ a minha namorada [a 'minja namu'rada]
H42 ☑ eine Freundin	☑ uma amiga ['uma a'miga]

Etwas über den anderen herausfinden

Obter informações sobre outras pessoas

Die Portugiesen vermeiden gern die Du-Form tu und verwenden stattdessen você, eine Art „halbförmliche Sie-Form". Das förmliche o senhor für einen Mann und a senhora für eine Frau zeigt Respekt gegenüber älteren oder hierarchisch höher gestellten Personen. Tipp: Sollten Sie unsicher sein, ob man lieber você oder o senhor/a senhora verwendet, machen Sie es wie die Portugiesen: Lassen Sie das Pronomen einfach weg. Das Verb bleibt in beiden Fällen in der dritten Person Singular.

H43 Darf ich fragen, wie *Sie heißen/du heißt*?	Posso perguntar como *você se chama/tu te chamas*? ['pɔßu pergũ'tar 'komu wɔ'ße ße 'ßchãma/tu te 'ßchämaßch]
H44 Wie geht es *Ihnen/dir*?	Como *vai/vais*? ['komu wai̯/wai̯ßch]
H45 Wie geht es Ihnen? *(förmlich)*	Como vai ♂ o senhor/♀ a senhora? ['komu wai̯ u ße'njor/a ße'njora]
H46 Danke, gut.	Bem, m. obrigado/f. obrigada. [bẽ obri'gadu/obri'gada]
H47 Gefällt es *Ihnen/dir* hier?	*Você gosta/Tu gostas* de estar aqui? [wɔ'ße 'gɔßchta/tu 'gɔßchtaßch de ßchtar a'ki]
H48 Gefällt es Ihnen hier? *(förmlich)*	♂ O senhor/♀ A senhora gosta de estar aqui? [u ße'njor/a ße'njora 'gɔßchta de ßchtar a'ki]
H49 Sehr gut.	Muito. ['mui̯tu]
H50 Geht schon.	Mais ou menos. ['mai̯so 'menußch]
H51 Wie alt *sind Sie/bist du*?	Quantos anos *tem/tens*? ['kuãtußch 'ãnußch tẽ/tẽßch]
H52 Wie alt sind Sie? *(förmlich)*	Quantos anos tem ♂ o senhor/♀ a senhora? ['kuãtußch 'ãnußch tẽ u ße'njor/a ße'njora]

H53	Woher *kommen Sie/ kommst du*?	De onde *é/és*? [de 'ôde ä/äßch]
H54	Woher kommen Sie? *(förmlich)*	De onde é ♂ o senhor/♀ a senhora? [de 'ôde ä u ße'njor/a ße'njora]
H55	*Sind Sie/Bist du* ver-heiratet?	*Você é/Tu és* ♂ casado/♀ casada? [wɔ'ße ä/ tu äßch ka'sadu/ka'sada]
H56	Sind Sie verheiratet? *(förmlich)*	♂ O senhor/♀ A senhora é ♂ casado/ ♀ casada? [u ße'njor/a ße'njora ä ka'sadu/ ka'sada]
H57	Was *machen Sie/ machst du* beruflich?	Qual é a *sua/tua* profissão? [ku̯al ä a 'ßula/ 'tula prufi'ßãͻ]
H58	*Machen Sie/Machst du* Urlaub hier?	*Você está/Tu estás* cá de férias? [wɔ'ße ßchta/tu 'ßchtaßch ka de'färi̯aßch]
H59	Machen Sie Urlaub hier? *(förmlich)*	♂ O senhor/♀ A senhora está cá de férias? [u ße'njor/a ße'njora ßchta ka de 'färi̯aßch]
H60	Wie lange *bleiben Sie/bleibst du* noch?	Quanto tempo ainda *vai/vais* ficar? ['ku̯ãtu 'tempu a'ĩda wai̯/wai̯ßch fi'kar]
H61	Wie lange bleiben Sie noch? *(förmlich)*	Quanto tempo ♂ o senhor/♀ a senhora ainda vai ficar? ['ku̯ãtu 'tempu u ße'njor/a ße'njora a'ĩda wai̯ fi'kar]
H62	Wo *wohnen Sie/ wohnst du*?	Onde *mora/moras*? ['ôde 'mͻra/'mͻraßch]
H63	Wo wohnen Sie? *(förmlich)*	Onde mora ♂ o senhor/♀ a senhora? ['ôde 'mͻra u ße'njor/a ße'njora]

Sich verabreden und jemanden einladen
Marcar um encontro e convidar alguém

I01	Darf ich *Sie/dich* zu einem Getränk einla-den?	*Gostaria/Gostarias* de tomar uma bebida comigo? [gußchta'ri̯a/gußchta'ri̯aßch de tu'mar 'uma be'bida ku'migu]
I02	*Möchten Sie/Möchtest du* etwas trinken?	*Você quer/Tu queres* beber qualquer coisa? [wɔ'ße kär/tu 'käreßch be'ber ku̯al'kär 'koi̯sa]

103	Sollen wir etwas essen gehen?	Vamos sair para comer qualquer coisa? ['wamußch ßa'ir 'para ku'mer ku̯al'kär 'ko̯isa]
104	*Hätten Sie Lust/Hättest du Lust*, heute Abend auszugehen?	*Você tem/Tu tens* vontade de sair hoje à noite? [wɔ'ße tẽ/tu tẽ̞ßch wõ'tade de ßa'ir 'osche a 'no̯ite]
105	Wir treffen uns um ... Uhr.	Nós encontramo-nos às ... horas. [nɔßch enkõ'tramu nußch aßch ... 'ɔraßch]
106	Wir treffen uns in einer Stunde.	Nós encontramo-nos daqui a uma hora. [nɔßch enkõ'tramu nußch da'ki a 'uma 'ɔra]
	Wir treffen uns ☐.	Nós encontramo-nos ☐. [nɔßch enkõ'tramu nußch]
107	☑ hier	☑ aqui [a'ki]
108	☑ im Hotel	☑ no hotel [nu ɔ'täl]
109	☑ an der Bar	☑ no bar [nu bar]
110	☑ am Eingang	☑ na entrada [na en'trada]
111	Ich begleite Sie noch nach Hause.	Eu ♂ acompanho-o/♀ acompanho-a até casa. [e̞u akõ'pãnju̯u/akõ'pãnju̯a a'tä 'kasa]
112	Ich begleite dich noch nach Hause.	Eu acompanho-te até casa. [e̞u akõ'pãnju te a'tä 'kasa]
113	Kann ich Sie irgendwo hinfahren?	Posso-o/-a levar até algum sítio? ['pɔßu̯u/a le'war a'tä al'gũ 'ßitiu̯]
114	Kann ich dich irgendwo hinfahren?	Posso-te levar até algum sítio? ['pɔßu te le'war a'tä al'gũ 'ßitiu̯]
115	Kann ich Sie irgendwo absetzen?	♂ Posso-o/♀ Posso-a deixar nalgum sítio? ['pɔßu̯u/'pɔßu̯a dej'ßchar nal'gũ 'ßitiu̯]
116	Ich hole Sie ab.	Eu ♂ vou-o/♀ vou-a buscar. [e̞u 'wo̯u/'wo̯a bußch'kar]
117	Ich hole dich ab.	Eu vou-te buscar. [e̞u wo te bußch'kar]
118	Nein danke. Das ist nicht notwendig.	Não, (m.) obrigado/(f.) obrigada. Não é preciso. [nãu̯ obri'gadu/obri'gada – nãu̯ ä pre'ßisu]
119	Ja bitte. Das ist sehr nett von Ihnen.	Sim, por favor. É muito gentil da sua parte. [ßĩ pur fa'wor ä 'mu̯itu schen'til da 'ßu̯a 'parte]

120	Danke für die Einladung.	m. Obrigado/f. Obrigada pelo convite. [obri'gadu/obri'gada 'pelu kõ'wite]
121	Können wir uns wiedersehen?	Podemo-nos voltar a ver? [pu'demu nußch wol'tar a wer]
122	Ja, sehr gern.	Sim, com muito gosto. [sĩ kõ 'muĩtu 'goßchtu]
123	Vielleicht.	Talvez. [tal'weßch]
124	Ich habe leider keine Zeit.	Infelizmente eu não tenho tempo. [ĩfelißch'mente e̯u nãõ 'tẽɲu 'tempu]
125	Lieber nicht.	É melhor não. [ä me'ljɔr nãõ]
126	Nein danke!	Não, m. obrigado/f. obrigada! [nãõ obri'gadu/obri'gada]

Komplimente und wie man darauf reagiert
Elogios e reações aos mesmos

127	Sie sehen/Du siehst toll aus!	Você está/Tu estás ♂ bonito/♀ bonita! [wɔ'ße ßchta/tu 'ßchtaßch bu'nitu/bu'nita]
128	Sie haben/Du hast ein nettes Lächeln.	Você tem/Tu tens um sorriso simpático. [wɔ'ße tẽ/tu tẽßch ũ ßu'rrisu ßĩ'patiku]
129	Sie haben/Du hast wunderschöne Augen.	Você tem/Tu tens uns olhos lindíssimos. [wɔ'ße tẽ/tu tẽßch ũßch 'ɔljußch lin'dißimußch]
130	Sie sind/Du bist wunderschön.	Você é/Tu és muito ♂ lindo/♀ linda. [wɔ'ße ä/tu äßch muĩtu 'lĩdu/'lĩda]
131	Danke für das Kompliment.	m. Obrigado/f. Obrigada pelo elogio. [obri'gadu/obri'gada 'pelu ilu'schiḻu]
132	Das war ein sehr schöner Abend.	Foi uma noite muito bem passada. [foi̯ 'uma 'noi̯te muĩtu bẽ pa'ßada]
133	Mit *Ihnen/dir* kann man sich gut unterhalten.	Dá gosto conversar *consigo/contigo*. [da 'goßchtu kõwer'ßar kõ'ßigu/kõ'tigu]
134	Du gefällst mir sehr.	Agradas-me muito. [a'gradaßch me 'muĩtu]

51

135	Übertreiben Sie/Übertreib nicht!	Não exagere/exageres! [nãọ isa'schäre/isa'schäreßch]
136	Hör bloß auf!	Acaba com isso! [a'kaba kõ 'ißu]
137	Ich bin leider schon vergeben.	Infelizmente já tenho (m.) namorada/(f.) namorado. [ĩfelißch'mente scha tẽņju namu'rada/namu'radu]
138	Tut mir leid, du bist nicht mein Typ!	Sinto muito, tu não és o meu tipo! ['ßĩtu 'muĩtu tu nãọ äßch u meḷu 'tipu]

Zustimmen und ablehnen
Estar de acordo e recusar

139	Das ist in Ordnung.	Está tudo bem. [ßchta 'tudu bẽ]
140	Ja, bitte.	Sim, por favor. [sĩ pur fa'wor]
141	Damit bin ich einverstanden.	Estou de acordo. [ßchto de a'kordu]
142	Das gefällt mir.	Gosto. ['gɔßchtu]
143	Das möchte ich gern tun.	Gostaria de fazer isso. [gußchta'riḷa de fa'ser 'ißu]
144	Das ist sehr gut.	Está muito bem. [ßchta 'muĩtu bẽ]
145	Das ist super!	Isso é ótimo! ['ißu ä 'ɔtimu]
146	Nein, danke!	Não, (m.) obrigado/(f.) obrigada! [nãọ obri'gadu/obri'gada]
147	Das gefällt mir nicht.	Não gosto. [nãọ 'gɔßchtu]
148	Das möchte ich nicht tun.	Não quero fazer isso. [nãọ 'käru fa'ser 'ißu]
149	Das sehe ich anders.	Sou de outra opinião. [ßo de 'otra opini'ãọ]
150	Das ist schlecht.	Está mal. [ßchta mal]
151	Das ist furchtbar.	Isso é horrível. ['ißu ä o'rriwäl]

152	Das kommt gar nicht in Frage!	Está fora de causa! [ßchta 'fɔra de 'kausa]
153	Auf keinen Fall!	De modo nenhum! [de 'mɔdu ne'njũ]

Bedauern ausdrücken und sich entschuldigen

Expressar pena e desculpar-se

154	Tut mir leid.	Tenho pena. ['těnju 'pena]
155	Das tut mir sehr leid.	Sinto muito. ['ßĩtu 'mũĩtu]
156	Ich möchte mich entschuldigen.	Eu queria pedir desculpa. [eḷu ke'riḷa pe'dir dßch'kulpa]
157	Das soll nicht mehr vorkommen.	Não vai acontecer outra vez. [nãọ waị akõte'ßer 'otra weßch]
158	Da habe ich Sie/dich falsch verstanden.	Eu não ♂ o/♀ a / te compreendi bem. [eḷu nãọ u/a/te kõpren'di bẽ]
159	Da habe ich Sie falsch verstanden. *(förmlich)*	Eu não compreendi ♂ o senhor/♀ a senhora bem. [eḷu nãọ kõpren'di u ße'njor/a ße'njora bẽ]
160	Das war ein Missverständnis.	Isso foi um mal-entendido. ['ißu foị ũ mal enten'didu]
161	Das war meine Schuld.	A culpa foi minha. [a 'kulpa foị 'minja]
162	Das macht doch nichts!	Não faz mal! [nãọ faßch mal]
163	Kein Problem.	Não há problema. [nãọ ah pru'blema]

Tudo sobre o tempo
Rund um die Zeit

Die Uhrzeit

As horas

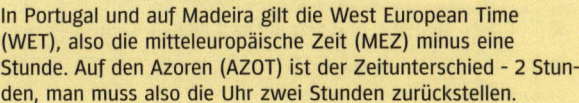

In Portugal und auf Madeira gilt die West European Time (WET), also die mitteleuropäische Zeit (MEZ) minus eine Stunde. Auf den Azoren (AZOT) ist der Zeitunterschied - 2 Stunden, man muss also die Uhr zwei Stunden zurückstellen.

J01	Wie spät ist es?	Que horas são? [ke ˈɔraßch ßãọ]
J02	Es ist ein Uhr.	É uma hora. [ä ˈuma ˈɔra]
	Es ist ☒.	São ☒. [ßãọ]
J03	☑ *zwei/drei* Uhr	☑ *duas/três* horas [ˈduˌaßch/treßch ˈɔraßch]
J04	☑ *sechs/sieben/acht* Uhr morgens	☑ *seis/sete/oito* horas da manhã [ßejßch/ˈßäte/ˈoitu ˈɔraßch da mãˈnjã]
J05	☑ *sechs/sieben/acht* Uhr abends	☑ *seis/sete/oito* horas da noite [ßejßch/ˈßäte/ˈoitu ˈɔraßch da ˈnoite]
J06	☑ *drei/vier* Uhr nachmittags	☑ *três/quatro* horas da tarde [treßch/ˈkuatru ˈɔraßch da ˈtarde]
J07	☑ *achtzehn/ neunzehn/zwanzig* Uhr	☑ *dezoito/dezanove/vinte* horas [deˈsoitu/ desaˈnɔwe/ˈwĩte ˈɔraßch]
J08	☑ halb zehn	☑ nove e meia [ˈnɔwe i ˈmeja]

Von der vollen Stunde an bis zur nächsten halben Stunde zählt man die Minuten hinzu. Für *halb zehn* sagt man *neun und eine halbe (Stunde)*: nove e meia. Danach werden die Minuten von der nächsten vollen Stunde abgezogen: Dez menos cinco, wörtlich *zehn minus fünf (Minuten)*, bedeutet *fünf vor zehn*.

J09	☑ Viertel vor fünf	☑ cinco menos um quarto ['ßĩku 'menußch ũ 'ku̯artu]
J10	☑ Viertel nach vier	☑ quatro e um quarto ['ku̯atru i ũ 'ku̯artu]
J11	☑ zwei Minuten vor sechs	☑ seis menos dois minutos [ßejßch 'menußch doi̯ßch mi'nutußch]
J12	☑ fünf nach sieben	☑ sete e cinco ['ßäte i 'ßĩku]
	Es ist ☑.	É ☑. [ä]
J13	☑ zu früh	☑ cedo demais ['ßedu de'mai̯ßch]
J14	☑ zu spät	☑ tarde demais ['tarde de'mai̯ßch]
J15	Wann treffen wir uns?	Quando nos encontramos? ['ku̯ãdu nußch enkõ'trãmußch]
J16	Um wie viel Uhr?	A que horas? [a ke 'ɔraßch]
J17	um 12 Uhr mittags	ao meio-dia [au̯ 'meju 'di̯a]
J18	um Mitternacht	à meia-noite [a 'meja 'noi̯te]
J19	in einer Stunde	daqui a uma hora [da'ki a 'uma 'ɔra]
J20	in einer halben Stunde	daqui a meia hora [da'ki a 'meja 'ɔra]
J21	in einer Viertelstunde	daqui a um quarto de hora [da'ki a ũ'ku̯artu de 'ɔra]
J22	in *fünf/zehn* Minuten	daqui a *cinco/dez* minutos [da'ki a 'ßĩku/ däßch mi'nutußch]
J23	Bis später.	Até mais tarde. [a'tä mai̯ßch 'tarde]
J24	Bis dann.	Até logo. [a'tä 'lɔgu]

Die Tageszeiten
As partes do dia

J25	am Morgen/am Vor-mittag	de manhã [de mã'njã]
J26	am Nachmittag	à tarde [a 'tarde]

J27	am Abend	à noite [a 'noite]
J28	in der Nacht	à noite [a 'noite]
J29	heute Morgen/Vormittag	hoje de manhã ['osche de mã'njã]
J30	heute Nachmittag	hoje à tarde ['osche a 'tarde]
J31	heute Mittag	hoje à hora do almoço ['osche a 'ɔra du al'moßu]
J32	heute Abend	hoje à noite ['osche a 'noite]
J33	heute Nacht	hoje à noite ['osche a noite]
J34	morgen früh/Vormittag	amanhã cedo/de manhã [amã'njã 'ßedu/de mã'njã]
J35	morgen Mittag	amanhã à hora do almoço [amã'njã a 'ɔra du al'moßu]
J36	morgen Nachmittag	amanhã à tarde [amã'njã a 'tarde]
J37	morgen Abend	amanhã à noite [amã'njã a 'noite]
J38	morgen Nacht	amanhã à noite [amã'njã a noite]
J39	morgens/vormittags	de manhã [de mã'njã]
J40	nachmittags	de tarde [de 'tarde]
J41	abends	de noite [de 'noite]
J42	nachts	de noite [de 'noite]
J43	tagsüber	durante o dia [du'rãte u 'dila]
J44	vorgestern	anteontem [ãte'õtẽ]
J45	gestern	ontem ['õtẽ]
J46	heute	hoje ['osche]
J47	morgen	amanhã [amã'njã]
J48	übermorgen	depois de amanhã [de'poißch de amã'njã]

Die Woche

A semana

J49 in einer Woche	**dentro de uma semana** [ˈdentru de ˈuma ße̞ˈmãna]
J50 in zwei Wochen	**dentro de duas semanas** [ˈdentru de ˈduǀaßch ße̞ˈmãnaßch]

Die Bezeichnung der Wochentage mag vielleicht einfallslos anmuten, aber das System dahinter ist eigentlich ganz praktisch. Von Montag bis Freitag wird einfach gezählt, aber Achtung – der Montag gilt als der zweite Wochentag: Montag heißt also **segunda-feira** (zweiter Wochentag), Dienstag dann **terça-feira** (dritter Wochentag) usw. Samstag und Sonntag sind Ausnahmen mit eigenen Namen: **sábado** und **domingo**. Das Wort **feira**, wörtlich *Markt*, lässt man in der gesprochenen Sprache allerdings meistens weg: Für Montag sagt man also einfach **segunda** – *zweiter*.

J51 Montag	**segunda-feira** [ße̞ˈgũda ˈfejra]
J52 Dienstag	**terça-feira** [ˈterßa ˈfejra]
J53 Mittwoch	**quarta-feira** [ˈku̯arta ˈfejra]
J54 Donnerstag	**quinta-feira** [ˈkĩta ˈfejra]
J55 Freitag	**sexta-feira** [ˈße̞jßchta ˈfejra]
J56 Samstag	**sábado** [ˈßabadu]
J57 Sonntag	**domingo** [duˈmĩgu]
J58 montags	**às segundas-feiras** [aßch ße̞ˈgũdaßch ˈfejraßch]
J59 am Dienstag	**na terça-feira** [na ˈterßa ˈfejra]
J60 jeden Mittwoch	**todas as quartas-feiras** [ˈtodaßch aßch ˈku̯artaßch ˈfejraßch]

J61	bis Donnerstag	até quinta-feira [a'tä 'kĩta 'fejra]
J62	Freitagabend	sexta-feira à noite ['ßejßchta 'fejra a 'nọite]
J63	nächsten Samstag	no próximo sábado [nu 'prɔßimu 'ßabadu]

Desde und há

Seit kann sowohl mit desde als auch há übersetzt werden. Bezogen auf einen **Zeitpunkt** benutzt man desde: Eu estudo português **desde 2011**. – *Ich lerne **seit 2011** Portugiesisch.* Wenn man einen **Zeitraum** angibt, verwendet man há: Eu estudo português **há dois anos**. – *Ich lerne **seit zwei Jahren** Portugiesisch.*

| J64 | seit Sonntag | desde domingo ['deßchde du'mĩgu] |
| J65 | seit zwei Tagen | há dois dias [ah dọißch 'di|aßch] |

Die Monate
Os meses

J66	In welchem Monat ...?	Em que mês ...? [ẽ ke meßch]
J67	im Januar	em janeiro [ẽ scha'nejru]
J68	Februar	fevereiro [fewe'rejru]
J69	März	março ['marßu]
J70	April	abril [a'bril]
J71	Mai	maio ['majju]
J72	Juni	junho ['schuŋju]
J73	Juli	julho ['schulju]
J74	August	agosto [a'goßchtu]
J75	September	setembro [ße'tembru]

J76	Oktober	outubro [oˈtubru]
J77	November	novembro [nuˈwembru]
J78	Dezember	dezembro [deˈsembru]

Die Jahreszeiten
As estações do ano

J79	im Frühling	na primavera [na primaˈwära]
J80	im Sommer	no verão [nu weˈrã̯o]
J81	im Herbst	no outono [nu oˈtonu]
J82	im Winter	no inverno [nu ĩˈwärnu]
J83	das ganze Jahr über	durante todo o ano [duˈrãte ˈtodu u ˈãnu]
J84	die Jahreszeit für …	a estação do ano para … [a ßchtaˈßã̯o du ˈãnu ˈpara]

Das Datum
A data

J85	Der Wievielte ist heute?	Quantos são hoje? [ˈku̯antußch ßã̯o ˈosche]
J86	Heute ist der Erste.	Hoje é o primeiro. [ˈosche ä u priˈmejru]

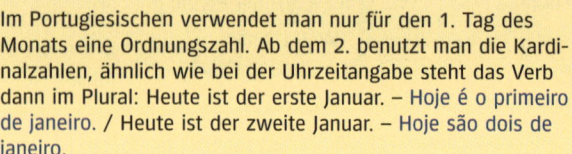

Im Portugiesischen verwendet man nur für den 1. Tag des Monats eine Ordnungszahl. Ab dem 2. benutzt man die Kardinalzahlen, ähnlich wie bei der Uhrzeitangabe steht das Verb dann im Plural: Heute ist der erste Januar. – Hoje é o primeiro de janeiro. / Heute ist der zweite Januar. – Hoje são dois de janeiro.

J87	Heute ist der vierte Januar.	Hoje são quatro de janeiro. [ˈosche ßã̯o ˈku̯atru de schaˈnejru]

J88 am fünften Februar	no dia cinco de fevereiro [nu 'diֿla 'ßĩku de fewe'rejru]
J89 bis zum sechsten März	até ao dia seis de março [a'tä au 'diֿla 'ßejßch de 'marßu]
Berlin, 7. April 2014 *(in Schriftstücken)*	Berlim, 7 de abril de 2014 [ber'lĩ 'ßäte de a'bril de doֿißch mil i ka'torse]

Feiertage
Feriados

J90 Heute ist ein Feiertag.	Hoje é feriado. ['osche ä feri'adu]

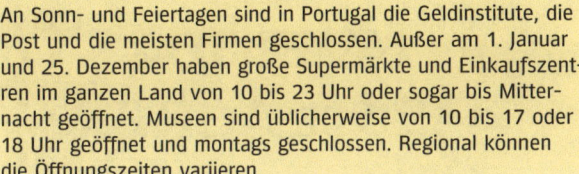

An Sonn- und Feiertagen sind in Portugal die Geldinstitute, die Post und die meisten Firmen geschlossen. Außer am 1. Januar und 25. Dezember haben große Supermärkte und Einkaufszentren im ganzen Land von 10 bis 23 Uhr oder sogar bis Mitternacht geöffnet. Museen sind üblicherweise von 10 bis 17 oder 18 Uhr geöffnet und montags geschlossen. Regional können die Öffnungszeiten variieren.

Dia de Ano Novo ['diֿla de 'ãnu 'nowu]	Neujahrstag, 1. Januar
Dia da Revolução [diֿla da rewulu'ßão]	Jahrestag der Revolution von 1974, 25. April
Sexta-feira Santa ['ßejßchta 'fejra 'ßäta]	Karfreitag, der Freitag vor dem Ostersonntag

Am 25. April, auch Dia da Liberdade (*Tag der Freiheit*) genannt, feiert man den Aufstand des Militärs gegen die von António de Oliveira Salazar eingeführte und von Marcelo Caetano weitergeführte Diktatur. Diese unblutige Revolution beendete die Diktatur sowie die Kolonialkriege u. a. in Angola und Mosambik und ging als Revolução dos Cravos (*Nelkenrevolution*) in die Geschichte ein. Die Bevölkerung steckte damals zum Dank rote Nelken in die Gewehrläufe der Soldaten.

Páscoa ['paßchkụa]	Ostern (Ostersonntag)
Dia do Trabalho ['diḷa du tra'baḷjụ]	Tag der Arbeit, 1. Mai
13 de Maio ['trese de 'maịu]	Mariä Erscheinung in Fatima
Pentecostes [pente'kɔßchteßch]	Pfingsten, 7. Sonntag nach Ostern

Auf den Azoren sind die Feste des Heiligen Geistes (Festas do Espírito Santo) berühmt. Sie finden zwischen Mai und September auf allen Inseln statt. Überhaupt nimmt der Heilige Geist eine wichtige Rolle im Leben der tiefgläubigen Azorer ein. Ihm zu Ehren hat man überall auf dem Archipel kleine farbenfrohe Kapellen (impérios) errichtet, die ausschließlich zum jährlichen Fest geöffnet werden.

Corpo de Cristo ['korpu de 'krißchtu]	Fronleichnam, 2. Donnerstag nach Pfingsten
Os Santos Populares [ußch 'ßantußch pupu'lareßch]	Feste der Schutzheiligen, ab dem 13. Juni

Os Santos Populares, die Volksheiligen Santo António (Antonius), São João (Johannes) und São Pedro (Petrus) feiert man traditionsgemäß im Juni. Lissabon feiert fast drei Wochen lang den Santo António de Lisboa. Die Festas de Lisboa fangen in der Nacht vom 12. Juni mit einem Umzug, dem Desfile das Marchas Populares, an. An den folgenden Tagen gibt es in den historischen Vierteln Straßenpartys, Konzerte, Musik und Sardinengrillen (sardinhas assadas).
Porto feiert in der Nacht vom 23. zum 24. Juni den Heiligen Johannes und beschließt die Feierlichkeiten mit einem grandiosen Feuerwerk am Fluss Douro.

Proclamação da República [pruklama'ßão da re'publika]	Tag der Verkündung der Republik Portugals, 5. Oktober 1910

Natal [na'tal]   Weihnachten,
                                            25. Dezember

In Portugal wird Weihnachten am Abend des 24. Dezembers
und am 25. Dezember, dem einzigen offiziellen Weihnachtsfeier-
tag, gefeiert.
Das traditionelle Weihnachtsgericht ist Stockfisch mit Kartoffeln
und Grünkohl. Für den süßen Gaumen gibt es rabanadas, eine
Art „Arme Ritter", die entweder in Milch oder in Wein einge-
taucht werden. Ein Muss des Weihnachtstisches ist der bolo-
rei, der Königskuchen, der aus Hefeteig mit kandierten Früch-
ten und Nüssen besteht.
Erst nach Mitternacht kommt der Weihnachtsmann durch den
Kamin ins Haus und bringt den Kindern die Geschenke.

| J91 | Frohe Weihnachten! | Feliz Natal [fe'lißch na'tal] |
| J92 | Frohes neues Jahr! | Feliz Ano Novo [fe'lißch 'anu 'nowu] |

| passagem do ano [pa'ßaschē du 'ānu] | Silvester, 31. Dezember |

Gastronomia e culinária

Gastronomisches und Kulinarisches

Guten Morgen – der Kaffee ist fertig!
Bom dia – o café está pronto!

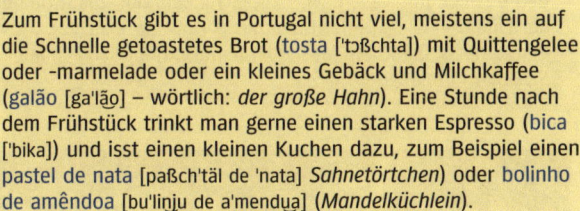

Zum Frühstück gibt es in Portugal nicht viel, meistens ein auf die Schnelle getoastetes Brot (tosta ['tɔʃchta]) mit Quittengelee oder -marmelade oder ein kleines Gebäck und Milchkaffee (galão [ga'lãọ] – wörtlich: *der große Hahn*). Eine Stunde nach dem Frühstück trinkt man gerne einen starken Espresso (bica ['bika]) und isst einen kleinen Kuchen dazu, zum Beispiel einen pastel de nata [paßch'täl de 'nata] *Sahnetörtchen*) oder bolinho de amêndoa [bu'linju de a'mendụa] (*Mandelküchlein*).

K01	Kann man hier früh-stücken?	Servem pequeno-almoço? ['ßärwẽ pe'kenụal'moßu]
K02	Wann gibt es Früh-stück?	Quando é o pequeno-almoço? ['kụãdu ä u pe'kenụal'moßu]

O pequeno-almoço é servido das 8 às 9:30. [u pe'kenụal'moßu ä ßer'widu daßch 'ọitu aßch 'nɔwi 'mejla]	Frühstück gibt es von 8 Uhr bis 9.30 Uhr.

	Ich nehme ☐.	Eu queria ☐. [eụu ke'riạa]
K03	☑ frisch gepressten Orangensaft	☑ sumo de laranja natural ['ßumu de la'räscha natu'ral]
K04	☑ Maracujasaft	☑ sumo de maracujá ['ßumu de maraku'scha]
K05	☑ warme Milch	☑ leite quente ['lejte 'kente]
K06	☑ kalte Milch	☑ leite frio ['lejte friụu]
K07	☑ (koffeinfreien) Kaf-fee	☑ café (descafeinado) [ka'fä (deßchkafej'nadu)]

Die Portugiesen sind zwar keine großen Teetrinker, aber der chá preto (*schwarzer Tee*) wird häufig und vor allem nachmittags getrunken. Dazu passt tosta ['tɔßchta] (Toast mit Butter), den es auch mit Käse bzw. Käse-Schinken gibt: tosta de queijo ['tɔßchta de 'kejschu] oder tosta mista ['tɔßchta 'mißchta]. Vegetarier sollten den Toast sem fiambre [ßẽ fi'äbre] (*ohne Schinken*) verlangen.

K08	☑ Tee	☑ chá [ßcha]
K09	☑ eine heiße Schoko-lade	☑ um leite com chocolate quente [ũ 'lejte kõ ßchuku'late 'kente]
K10	*mit/ohne* Zucker	*com/sem* açúcar [kõ/ßẽ a'ßukar]
K11	*mit/ohne* Milch	*com/sem* leite [kõ/ßẽ 'lejte]

K12	mit einem Löffel Zucker	com uma colher de açúcar [kõ 'uma ku'ljär de a'ßukar]
K13	mit *zwei/drei* Löffeln Zucker	com *duas/três* colheres de açúcar [kõ 'duaßch/treßch ku'ljäreßch de a'ßukar]
	Ich hätte gern ⍰ zum Frühstück.	Eu queria para o pequeno almoço ⍰. [e|u ke'ri|a para u pe'kenu al'moßu]
K14	☑ ein weich gekochtes Ei	☑ um ovo pouco cozido [ũ 'owu 'poku ku'sidu]
K15	☑ ein hart gekochtes Ei	☑ um ovo bem cozido [ũ 'owu bẽ ku'sidu]
K16	☑ Spiegelei	☑ ovo estrelado ['owu ßchtre'ladu]
K17	☑ Rührei mit Speck	☑ ovo mexido com bacon ['owu me'ßchidu kõ 'bejkon]
K18	☑ Honig	☑ mel [mäl]
K19	☑ Erdbeermarmelade	☑ doce de morango ['doße de mu'rãgu]
K20	☑ Himbeermarmelade	☑ doce de framboesa ['doße de frãbu'esa]
K21	☑ Orangenmarmelade	☑ doce de laranja ['doße de la'räscha]
K22	☑ Quittenmarmelade	☑ marmelada [marme'lada]

Marmelade ist nicht gleich marmelada

Marmelada wird aus marmelo (*Quitte*) hergestellt. Marmelade, bzw. Konfitüre, bezeichnet man als doce ['doße], was wörtlich *süß* heißt.

K23	☑ Joghurt mit frischen Früchten	☑ iogurte com fruta fresca [iɔ'gurte kõ 'fruta 'freßchka]
K24	☑ eine Schale Müsli	☑ uma tigela de cereais ['uma ti'schäla de ßere'aißch]
K25	☑ Haferflocken	☑ aveia [a'weja]

K26	☑ Cornflakes	☑ cereais [ßere'a̱i̱ßch]	
K27	☑ ein Croissant	☑ um croissant [ũ kru̱a̱'ßã]	
K28	☑ ein Brötchen	☑ um pãozinho [ũ pã̱o'si̱nju]	
K29	Könnte ich noch etwas Brot bekommen?	Pode trazer-me mais um pouco de pão? ['pɔde tra'serme ma̱i̱ßch ũ 'poku de pã̱o]	
K30	Könnte ich noch etwas Toast bekommen?	Pode trazer-me mais um pouco de pão torrado? ['pɔde tra'serme ma̱i̱ßch ũ 'poku de pã̱o tu'rradu]	
K31	Gibt es auch ungesalzene *Butter/Margarine*?	Também tem *manteiga/margarina* sem sal? [tã'bẽ tẽ mã'tejga/marga'rina ßẽ ßal]	

Zum Essen ausgehen

Ir comer fora

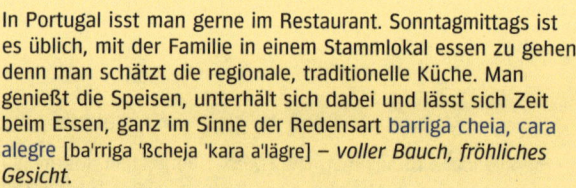

In Portugal isst man gerne im Restaurant. Sonntagmittags ist es üblich, mit der Familie in einem Stammlokal essen zu gehen, denn man schätzt die regionale, traditionelle Küche. Man genießt die Speisen, unterhält sich dabei und lässt sich Zeit beim Essen, ganz im Sinne der Redensart barriga cheia, cara alegre [ba'rriga 'ßcheja 'kara a'lägre] – *voller Bauch, fröhliches Gesicht*.

K32	Gibt es ein gutes Restaurant in der Nähe?	Há um restaurante bom aqui perto? [ah ũ reßchta̱u̱'rãte bõ a'ki 'pärtu]
K33	Wo kann ich typisch portugiesisch essen?	Onde posso comer comida típica portuguesa? ['õde 'pɔßu ku'mer ku'mida 'tipika purtu'gesa]
	Können Sie mir ☑ empfehlen?	Pode-me recomendar ☑? ['pɔdeme rekumen'dar]

K34 ☑ ein *französisches/ italienisches* Restaurant

☑ um restaurante *francês/italiano* [ũ reßchtau'räte frä'ßeßch/itali'änu]

O bacalhau

Die portugiesische Küche wäre ohne den bacalhau [baka'ljau] unvorstellbar. Gesalzener, getrockneter Kabeljau wird mehrere Stunden gewässert und verliert dabei den Salzgeschmack. Die Portugiesen nennen ihn liebevoll den *treuen Freund*: o fiel amigo [u fi'äl a'migu]. Man sagt, für jeden Tag des Jahres gibt es ein Rezept: Gekocht, gegrillt, gebraten, im Ofen überbacken, als Hauptgericht oder als Vorspeise, warm oder kalt – der Stockfisch schmeckt immer. Das Rezept à Brás [a braßch] gehört zu den Lieblingsrezepten der Portugiesen: Zerzupfter Stockfisch wird zusammen mit feinen Kartoffelstreifen, Zwiebeln und Eiern in der Pfanne angebraten.

K35 ☑ eine Pizzeria	☑ uma pizzaria ['uma pisa'riɐ]
K36 ☑ eine Kneipe	☑ uma tasca ['uma 'taßchka]
K37 ☑ eine Bar	☑ um bar [ũ bar]
K38 ☑ ein Café	☑ um café [ũ ka'fä]

Reservieren
Fazer uma reserva

K39 Ich möchte für *20/21* Uhr einen Tisch reservieren.	Eu queria reservar uma mesa para as *oito/nove* da noite. [eĮu ke'riɐ reser'war 'uma 'mesa 'para aßch 'oĮtu/'nɔwe da 'noĮte]
K40 Einen Tisch für *eine Person/fünf Personen*, bitte!	Uma mesa para *uma pessoa/cinco pessoas*, por favor! ['uma 'mesa 'para 'uma pe'ßoa/'ßĩku pe'ßoaßch pur fa'wor]
K41 Einen Tisch am Fenster, bitte.	Uma mesa à janela, por favor. ['uma 'mesa a scha'näla pur fa'wor]
K42 Könnten wir einen anderen Tisch haben?	Nós podemos trocar de mesa? [nɔßch pu'demußch tru'kar de 'mesa]
K43 Wir nehmen diesen da.	Queremos aquela. ['kremußch a'käla]
K44 Haben Sie einen Hochstuhl?	♂ O senhor/♀ A senhora tem uma cadeira para crianças? [u ße'njor/a ße'njora tẽ 'uma ka'dejra 'para kri'ãßaßch]
K45 Brauchen Sie diesen Stuhl?	♂ O senhor/♀ A senhora precisa desta cadeira? [u ße'njor/a ße'njora pre'ßisa 'däßchta ka'dejra]
K46 Ist dieser Tisch noch frei?	Esta mesa está livre? ['äßchta 'mesa ßchta 'liwre]

Bestellen
Pedir

♂ O senhor/♀ A senhora quer pedir agora? [u ßeˈnjor/a ßeˈnjora kär peˈdir aˈgɔra]	Möchten Sie jetzt bestellen?
O que deseja ♂ o senhor/♀ a senhora? [u ke deˈsescha u ßeˈnjor/a ßeˈnjora]	Was hätten Sie gern?
O que posso trazer ♂ ao senhor/♀ à senhora? [u ke ˈpɔßu traˈser au̯ ßeˈnjor/a ßeˈnjora]	Was darf ich Ihnen bringen?

Könnte ich bitte ⬚ sehen?	Pode-me trazer ⬚, por favor? [ˈpɔdeme traˈser … pur faˈwor]
K47 ☑ die Speisekarte	☑ a ementa [a iˈmenta]
K48 ☑ die Kinderkarte	☑ a ementa para crianças [a iˈmenta ˈpara kriˈäßaßch]
K49 ☑ die Dessertkarte	☑ a lista das sobremesas [a ˈlißchta daßch ßubreˈmesaßch]
K50 ☑ die Getränkekarte	☑ a lista das bebidas [a ˈlißchta daßch beˈbidaßch]
K51 ☑ die Weinkarte	☑ a lista dos vinhos [a ˈlißchta dußch ˈwinjußch]
K52 Wir möchten bestellen.	Queríamos pedir. [keˈrilamußch peˈdir]
K53 Ich hätte gern ein Glas …	Eu queria um copo de … [elu keˈrila ũ ˈkɔpu de]
K54 Wir nehmen eine Flasche …	Nós queremos uma garrafa de … [nɔßch keˈremußch ˈuma gaˈrrafa de]

Bebidas
Getränke

água mineral com gás a ['agua mine'ral kõ gaßch]	Mineralwasser mit Kohlensäure
água mineral sem gás a ['agua mine'ral ßẽ gaßch]	stilles Wasser
sumo de maracujá o ['ßumu de maraku'scha]	Maracujasaft
sumo de laranja o ['ßumu de la'rãscha]	Orangensaft
sumo de uva o ['ßumu de 'uwa]	Traubensaft
sumo de ananás o ['ßumu de ana'naßch]	Ananassaft
sumo de maçã o ['ßumu de ma'ßã]	Apfelsaft
Coca-Cola™ a ['kɔka 'kɔla]	Cola
laranjada a [larã'schada]	Orangenlimonade
limonada a [limu'nada]	Zitronenlimonade
energético o [ener'schätiku]	Energy Drink
cerveja a [ßer'wejscha]	Bier

Bier und grüner Wein

Wer gerne Bier trinkt, findet in Portugal eine Vielzahl an guten Bieren. Vor allem spätnachmittags oder abends trinkt man gerne ein frisch gezapftes Bier (vom Fass), uma imperial ['uma ĩpe'rial]. Dazu isst man tremoços [tre'mɔßußch] (*eingelegte Lupinensamen*). Zu Meeresfrüchten trinkt man am liebsten einen vinho verde ['winju 'werde], ein leichter, spritziger, junger Wein aus dem Minho ['minju]– ein Gebiet im Norden Portugals.

vinho seco o ['winju 'ßeku]	trockener Wein

vinho semiseco o ['vinju ße'mi 'ßeku]	halbtrockener Wein
vinho doce o ['vinju 'doße]	lieblicher Wein
vinho branco o ['vinju 'bräku]	Weißwein
vinho rosé o ['vinju rɔ'se]	Rosé
vinho tinto o ['vinju 'tĩtu]	Rotwein
espumante o [ßchpu'mãte]	Sekt
champanhe o [ßchã'pãnje]	Champagner
conhaque o [kɔ'njake]	Kognak
rum o [rũ]	Rum
aguardentes, bebidas brancas e licores as [aguar'denteßch be'bidaßch 'bräkaßch i li'koreßch]	Spirituosen
vodka a ['vɔdka]	Wodka
uísque o ['uißchke]	Whisky
gin o [schĩ]	Gin
vinho do Porto o ['vinju du 'portu]	Portwein
licor o [li'kor]	Likör
aguardente a [aguar'dente]	Schnaps
medronho o [me'dronju]	Schnaps aus der Frucht des Erdbeerbaumes
cocktails os [kɔke'tejls]	Cocktails
caipirinha a [kaipi'rinja]	Caipirinha
caipirosca a [kaipi'rɔßchka]	Caipirinha mit Wodka

Zeit für das Essen
Tempo para comer

K55	Gibt es noch warme Küche?	A cozinha ainda está aberta? [a ku'siɲɐ a'ĩda ßchta a'bärta]
K56	Ich möchte nur eine Kleinigkeit essen.	Eu só quero comer um petisco. [eͺu ßɔ 'käru ku'mer ũ pe'tißchku]
K57	Geben Sie mir noch zwei Minuten, bitte!	Por favor, dê-me mais dois minutinhos! [pur fa'wor de me maͺißch doͺißch minu'tiɲjußch]
K58	Was empfehlen Sie? *(förmlich)*	O que ♂ o senhor/♀ a senhora recomenda? [u ke u ße'ɲjor/a ße'ɲjora reku'menda]
K59	Als Vorspeise nehme ich ...	Para entrada, eu queria ... ['para en'trada eͺu ke'riͺa]
K60	Als Hauptgericht nehme ich ...	Como prato principal, eu queria ... ['komu 'pratu prĩßi'pal eͺu ke'riͺa]
K61	Als Nachspeise nehme ich ...	Para sobremesa, eu queria ... ['para ßubre'mesa eͺu ke'riͺa]

K62	Könnte ich noch etwas ... haben?	Queria mais um pouquinho de ... ? [ke'riɐ maißch ũ po'kinju de]
K63	Könnte ich noch *einen/eine/ein* ... haben?	Queria mais *um/uma* ... ? [ke'riɐ maißch ũ/'uma]
K64	Ist das scharf?	Isso é picante? ['ißu ä pi'kãte]
	Würden Sie mir bitte ☐ bringen? *(förm-lich)*	♂ O senhor/♀ A senhora pode-me trazer ☐, por favor? [u ße'njor/a ße'njora 'pɔde me tra'ser ... pur fa'wor]
K65	☑ ein Messer	☑ uma faca ['uma 'faka]
K66	☑ eine Gabel	☑ um garfo [ũ 'garfu]
K67	☑ einen Löffel	☑ uma colher ['uma ku'ljär]
K68	Guten Appetit!	Bom apetite! [bõ ape'tite]

A ementa
Die Speisekarte

Entradas

melão com presunto o [me'lã̱o kõ pre'sũtu]

Melone mit Schinken

cocktail de camarão o [kɔke'tejl de kama'rã̱o]

Krabbencocktail

salmão defumado o [ßal'mã̱o defu'madu]

Räucherlachs

entrada mista: polvo, presunto, chouriço, queijo e azeitonas a [en'trada 'mißchta 'polwu pre'sũtu ßcho'rißu 'kejschu i asej'tonaßch]

gemischte Vorspeise: gegrillter Krake, geräucherter Schinken, geräucherte Paprikawurst, Käse und Oliven

Vorspeisen

gambas com alho e piripíri as ['gãbaßch kõ aljṷ i piri'piri] — große Garnelen mit scharfer Knoblauchsoße

rissóis de peixe e de carne os [ri'ßɔjßch de 'pejßche i de 'karne] — Teigtaschen mit Fisch- und Fleischfüllung

queijinhos frescos de cabra e de ovelha os [kej'schinjußch 'freßchkußch de 'kabra i o'welja] — frische Ziegen- und Schafskäse

Saladas

Salate

salada de tomate a [ßa'lada de tu'mate] — Tomatensalat

salada de alface a [ßa'lada de al'faße] — grüner Salat

salada de pepino a [ßa'lada de pe'pinu] — Gurkensalat

salada grega com queijo de ovelha a [ßa'lada 'grega kõ 'kejschu de o'welja] — griechischer Salat mit Schafskäse

salada russa a [ßa'lada 'rußa] — Salat aus gekochten Kartoffeln, Eiern, Karotten, Thunfisch, Erbsen, Oliven und Mayonnaise

salada mista a [ßa'lada 'mißchta] — gemischter Salat

salada de batatas a [ßa'lada de ba'tataßch] — Kartoffelsalat

salada da estação com fatias de fiambre/queijo/carne de peru a [ßa'lada da ßchta'ßãọ kõ fa'tilaßch de fi'ãbre/'kejschu/'karne de pe'ru] — Salate der Saison mit Schinken-/Käse-/Putenfleischstreifen

salada de atum a [ßa'lada de a'tũ] — Thunfischsalat

molho de vinagrete o ['molju de wina'gräte] — Vinaigrette mit Essig, Öl, Salz, Pfeffer und Petersilie

molho de maionese o ['molju de majɔ'näse] — Mayonnaisedressing

molho de azeite e vinagre o ['molju de a'sejte i wi'nagre] — Dressing mit Essig und Olivenöl

molho de iogurte o ['molju de iɔ'gurte] — Joghurtdressing

Sopas

Suppen

caldo-verde o ['kaldu 'werde]	Suppe aus Kartoffeln, Zwiebeln, Knoblauch und dünnen Streifen Grünkohl; mit geräucherter Paprikawurst angerichtet
canja de galinha a ['kãscha de ga'linja]	Hühnersuppe
creme de camarão o ['kräme de kama'rãọ]	Krabbencremesuppe
creme de marisco o ['kräme de ma'rißchku]	Meeresfrüchtecremesuppe
creme de tomate o ['kräme de tu'mate]	Tomatencremesuppe
sopa de cebola a ['ßopa de ße'bola]	Zwiebelsuppe
sopa de feijão a ['ßopa de fej'schãọ]	Bohnensuppe
sopa de legumes a ['ßopa de le'gumeßch]	Gemüsesuppe
sopa de peixe a ['ßopa de 'pejßche]	Fischsuppe
sopa do dia a ['ßopa du 'dila]	Tagessuppe

Pratos rápidos

Leichte Gerichte

queijos variados os ['kejschußch wari'adußch]	Käseplatte
omelete com queijo/cogumelos/fiambre a [ɔme'läte kõ 'kejschu/kugu'mälußch/fi'äbre]	Omelett mit Käse/Pilzen/Schinken
prego no pão o ['prägu nu pãọ]	Naturschnitzel mit etwas Sauce, in einem Brötchen serviert

Carnes

Fleisch

vaca a ['waka]	Rind
vitela a [wi'täla]	Kalb
leitão o [lej'tãọ]	Spanferkel

porco o ['porku]	Schwein
costeleta de ... a [kußchte'leta de]	...kotelett
escalope de ... o [ßchka'lɔpe de]	...schnitzel
lombo de ... o ['lõbu de]	...filet
coxa de ... a ['koßcha de]	...keule
... assado [a'ßadu]	...braten
carne picada a ['karne pi'kada]	Gehacktes
bife o ['bife]	Steak
bem passado [bẽ pa'ßadu]	gut durchgebraten
médio ['mädiu̯]	medium, innen rosa
mal passado [mal pa'ßadu]	englisch, blutig
coelho o [ku'elju]	Kaninchen
carne de caça a ['karne de 'kaßa]	Wild
lebre a ['läbre]	Hase
javali o [schawa'li]	Wildschwein
lombo de veado o ['lõbu de wi'adu]	Rehrücken

Aves / Geflügel

frango o ['frãgu]	Hähnchen
coxa de frango a ['koßcha de 'frãgu]	Hähnchenkeule
faisão o [fai̯'sãu̯]	Fasan
galinha a [ga'linja]	Huhn
ganso o ['gãßu]	Gans
pato o ['patu]	Ente
peru o [pe'ru]	Truthahn, Pute
peito o ['pejtu]	Brust
coxa a ['koßcha]	Keule

Peixe e marisco

Fisch und Meeresfrüchte

atum o [a'tũ]	Thunfisch
bacalhau o [baka'ljau]	Stockfisch/Kabeljau
dourada a [do'rada]	Goldbrasse
sargo o ['ßargu]	Brasse
linguado o [lĩ'guadu]	Seezunge
peixe-espada o ['pejßche 'ßchpada]	Degenfisch
raia a ['raila]	Rochen
robalo o [ru'balu]	Seebarsch
salmão o [ßal'mãọ]	Lachs
sardinha a [ßar'dinja]	Sardine
solha a ['ßolja]	Scholle
tamboril o [tãbu'ril]	Seeteufel

truta a ['truta]	Forelle
polvo o ['polwu]	Krake
lula a ['lula]	Tintenfisch(tuben)
amêijoas as [a'mejschu̯aßch]	Venusmuscheln
mexilhão o [meßchi'li̯ão]	Miesmuscheln
ostras as ['oßchtraßch]	Austern
camarão o [kama'rão]	Garnelen, Shrimps
caranguejo o [karã'gejschu]	Krebs

Legumes e cogumelos

Gemüse und Pilze

abacate o [aba'kate]	Avocado
abobrinha a [abɔ'brinja]	Zucchini
abóbora a [a'bɔbura]	Kürbis
agrião o [agri'ão]	Brunnenkresse
alcachofra a [alka'ßchɔfra]	Artischocke
alho o ['alju]	Knoblauch
alho-porro o ['alju 'porru]	Lauch
berinjela a [berĩ'schäla]	Aubergine
brócolos os ['brɔkulußch]	Brokkoli
cebola a [ße'bola]	Zwiebel
cenoura a [ße'nora]	Karotten, Möhren
champignons os [ßschäpi'njõßch]	Champignons
couve a ['kowe]	Kohl
couve-de-bruxelas a ['kowe de bru'ßchälaßch]	Rosenkohl
couve-flor a ['kowe flor]	Blumenkohl
couve-galega a ['kowe ga'lega]	portugiesischer Blattkohl
ervilhas as [er'wiljaßch]	Erbsen

espargo o ['ßchpargu]	Spargel
espinafres os [ßchpi'nafreßch]	Blattspinat
favas as ['fawaßch]	Saubohnen
feijão o [fej'schão̯]	Bohnen
feijão-verde o [fej'schão̯ 'werde]	grüne Stangenbohnen
grão-de-bico o [grão̯ de 'biku]	Kichererbsen
grelos os ['grelußch]	Raps
pimento verde/amarelo/vermelho o [pimen'tu 'werde/ama'rälu/wer'melju]	grüne/gelbe/rote Paprika-schote
repolho o [re'polju]	Grünkohl

Modo de preparação

Zubereitungsart

assado [a'ßadu]	gebraten
assado no forno [a'ßadu nu 'fornu]	gebacken
caseiro [ka'sejru]	hausgemacht
com molho [kõ 'molju]	in Soße
cozido o [ku'sidu]	Fleischeintopf
cozido [ku'sidu]	gekocht
cozido a vapor [ku'sidu a wa'por]	gedämpft
defumado [defu'madu]	geräuchert
espetada a [ßchpe'tada]	Spieß
estufado [ßchtu'fadu]	geschmort
frito ['fritu]	frittiert
grelhado [gre'ljadu]	gegrillt
guisado o [gi'sadu]	Eintopf
marinado [mari'nado]	mariniert
panado [pa'nadu]	paniert
salgado [sal'gadu]	gesalzen

salteado [ßalte'adu]	mit wenig Fett in der Pfanne gebraten
suflé o [ßu'fle]	Soufflé
tostado no forno [tußch'tadu nu 'fornu]	geröstet, im Ofen gebraten

Acompanhamentos — Beilagen

batatas assadas no forno as [ba'tataßch a'ßadaßch nu 'fornu]	Ofenkartoffeln
batatas cozidas as [ba'tataßch ku'sidaßch]	Salzkartoffeln
batatas fritas as [ba'tataßch 'fritaßch]	Pommes frites
puré de batatas o [pu'rä de ba'tataßch]	Kartoffelbrei
massa a ['maßa]	Nudeln
arroz o [a'rroßch]	Reis
arroz integral o [a'rroßch ĩte'gral]	Naturreis

Ervas e temperos — Kräuter und Gewürze

açafrão o [aßa'frãọ]	Safran
alho o ['aljụ]	Knoblauch
canela a [ka'näla]	Zimt
cebolinha a [ßebu'linja]	Schnittlauch
cominho o [ku'minju]	Kümmel
cravo-da-índia o ['krawu da 'ĩdiạ]	Nelken
erva-doce a ['ärwa 'doße]	Fenchel
gengibre o [schen'schibre]	Ingwer
hortelã a [orte'lã]	Minze
louro o ['loru]	Lorbeer
manjericão o [mãscheri'kãọ]	Basilikum

manjerona a [mãsche'rona]	Majoran
mostarda a [mußch'tarda]	Senf
noz-moscada a [nɔßch mußch'kada]	Muskatnuss
pimenta preta/verde/branca a [pi'menta 'preta/'werde/'brãka]	schwarzer/grüner/weißer Pfeffer
piripíri o [piri'piri]	Chili
sal o [ßal]	Salz
sal marinho o [ßal ma'riɲju]	Meersalz
salsa a ['ßalßa]	Petersilie
tomilho o [to'miʎju]	Thymian

Sobremesas — Nachspeisen

morangos com chantilly os [mu'rãgußch kõ ßchãti'li]	frische Erdbeeren mit Sahne
salada de fruta a [ßa'lada de 'fruta]	Obstsalat
leite creme o ['lejte 'kräme]	Crème Brûlée
pudim flan o [pu'dĩ flã]	Karamellpudding
gelado de chocolate o [sche'ladu de ßchuku'late]	Schokoladeneis
gelado de baunilha o [sche'ladu de ba̯u'niʎja]	Vanilleeis
gelado de morango o [sche'ladu de mu'rãgu]	Erdbeereis
com chantilly [kõ ßchãti'li]	mit Sahne
tarte de amêndoa a ['tarte de a'mendu̯a]	Mandeltarte

Queijos — Käseauswahl

queijo de cabra o ['kejschu de 'kabra]	Ziegenkäse
queijo curado o ['kejschu ku'radu]	reifer Käse
queijo fresco o ['kejschu 'freßchku]	Frischkäse
queijo de ovelha o ['kejschu de o'weʎja]	Schafskäse

queijo de vaca o ['kejschu de 'waka]	Kuhmilchkäse
parmesão o [parme'são]	Parmesankäse
requeijão o [rekej'schão]	eine Art Quark

Chá, café e bolos

Tee, Kaffee und Kuchen

uma chávena (de ...) ['uma 'ßchawena (de)]	eine Tasse (...)
um bule (de ...) [ũ 'bule (de)]	eine Kanne (...)
chá preto o [ßcha 'pretu]	schwarzer Tee
chá verde o [ßcha 'werde]	grüner Tee
chá de ervas o [ßcha de 'ärwaßch]	Kräutertee
chá de tília o [ßcha de 'tilia]	Lindenblütentee
chá de camomila o [ßcha de kamu'mila]	Kamillentee
café descafeinado o [ka'fä deßchkafej'nadu]	koffeinfreier Kaffee
galão o [ga'lão]	Milchkaffee
bica a ['bika]	Espresso

Die Portugiesen trinken gerne und oft Kaffee, vor allem Espresso. Es ist ein tägliches Ritual, nach dem Mittag- und Abendessen und auch zwischendurch einen Espresso zu trinken. Anstatt bica kann man auch cafezinho [kafä'sinju] (*kleiner Kaffee*) oder nur café sagen. Ein Espresso mit etwas Milch heißt café com pingo [ka'fä kõ 'pĩgu] oder pingado [pĩ'gadu] (*Kaffee mit einem Tropfen*), nicht zu verwechseln mit café com cheirinho [kõ ßchej'riŋju] (*Kaffee mit "Düftchen"*) – Espresso mit einem Schuss Schnaps.

bolinho de arroz o [bu'liŋju de a'rroßch]	kleiner Reiskuchen
bolo de cenoura o ['bolu de ße'nora]	Karottenkuchen

bolo de chocolate o ['bolu de ßchuku'late]	Schokoladenkuchen
bolo de coco o ['bolu de 'koku]	Kokosnusskuchen
bolo de limão o ['bolu de li'mão]	Zitronenkuchen
pão de ló o [pão de lɔ]	Eierkuchen
pastel de nata o [paßch'täl de 'nata]	Sahnetörtchen
tarte de maçã a ['tarte de ma'ßã]	Apfeltarte
torta de laranja a ['tɔrta de la'räscha]	Orangenroulade
torta de morango a ['tɔrta de mo'rãgu]	Roulade mit Erdbeercreme

Ob tartes, tortas, bolos oder pastéis: Alle sind köstlich. Die bekanntesten Tarten sind tarte de maçã (*Apfeltarte*), tarte de amêndoa (*Mandeltarte*) und tarte de limão (*Zitronentarte*). Sie sind nicht zu verwechseln mit tortas, denn diese haben die Form einer Rolle. Sehr beliebt ist die torta de laranja (*Orangenroulade*). Für *Kuchen* sagt man bolo. Kleine Kuchen heißen bolinhos oder pastéis.

Especialidades portuguesas — Portugiesische Spezialitäten

amêijoas à Bulhão Pato as [a'mejschuaßch a bu'ljão 'patu]	Venusmuscheln in Weißweinsauce
arroz de marisco o [a'rroßch de ma'rißchku]	Reis mit Meeresfrüchten
bacalhau à Gomes de Sá o [baka'ljau a 'gomeßch de ßa]	Stockfisch mit Zwiebeln, Knoblauch und Kartoffeln schichtweise in einer Form im Ofen gebacken; mit Petersilie, hart gekochten Eiern und schwarzen Oliven dekoriert

caldeirada a [kaldej'rada]

Fisch, Garnelen und Muscheln mit Kartoffeln, Tomaten, Zwiebeln und Paprika gekocht; mit Koriander angerichtet und mit Salz, Pfeffer und Chili abgeschmeckt

Neben dem Nationalgericht bacalhau (Stockfisch) gibt es weitere Gerichte, die gleichermaßen geschätzt werden. Fisch und Olivenöl spielen dabei immer eine wichtige Rolle.
An der Küste findet man Meeresfrüchte und Muscheln in allen möglichen Variationen. In guten Fischlokalen genießt man sapateira [sapa'tejra] (*Taschenkrebs*) und lagosta [la'goßchta] (*Languste*).
Fleischliebhaber sollten den frango piripíri probieren – gegrilltes Hähnchen mit der teuflisch scharfen Chilisorte Piri-Piri.

cataplana a [kata'plana]

Fischeintopf, ähnlich wie die *caldeirada*; wird im Süden Portugals in einem Kupfertopf zubereitet

gambas à Guilho as ['gãbaßch a 'gilju]

mit Knoblauch und Chili in Olivenöl gebratene Garnelen

lulas recheadas as ['lulaßch reßche'adaßch]

mit kleingeschnittenen Tintenfischarmen, Reis und scharfer Paprikawurst gefüllte Tintenfischtuben; mit Reis und Tomatensoße serviert

polvo à lagareiro com batatas ao murro o ['polwu a laga'rejru kõ ba'tataßch a̯u 'murru]

gegrillter Krake, der mit Kartoffeln, die in der Küche mit einem Fausthieb (*murro*) „geschlagen" wurden, serviert wird

carne de porco à Alentejana a ['karne de 'porku a alente'schana]

gewürfeltes Schweinefleisch mit Kartoffeln und Venusmuscheln in einer scharfen Soße

Sonderwünsche
Desejos especiais

L01	Ich esse kein Fleisch.	Eu não como carne. [e̯u nãͦ 'komu 'karne]
L02	Ich esse kein Schweinefleisch.	Eu não como carne de porco. [e̯u nãͦ 'komu 'karne de 'porku]
L03	Haben Sie auch etwas *Vegetarisches/ Veganes*?	Você também tem alguma coisa *vegetariana/vegana*? [wͻ'ße tã'bẽ tẽ al'guma 'ko̯isa weschetari'ãna/we'gãna]
L04	Ich trinke keinen Alkohol.	Eu não bebo álcool. [e̯u nãͦ 'bebu 'alku̯ͻl]
	Ich habe eine Allergie gegen ▢.	Eu tenho uma alergia a ▢. [e̯u 'teꞑu 'uma aler'schila a]
L05	☑ Ei	☑ ovo ['owu]
L06	☑ Gluten	☑ glúten ['glutẽ]
L07	☑ Kuhmilch	☑ leite de vaca ['le̯ite de 'waka]
L08	☑ Nüsse	☑ nozes ['nͻseßch]
L09	☑ Tomaten	☑ tomate [tu'mate]
L10	☑ Weizenmehl	☑ farinha de trigo [fa'riꞑa de 'trigu]
L11	Sind da Nüsse drin?	Isso contem nozes? ['ißu kõ'tẽ 'nͻseßch]
L12	Ist das *koscher/halal*?	Isso é *cascher/halal*? ['ißu ä 'kaßcher/ha'lal]
L13	für Diabetiker geeignet	para diabéticos ['para di̯a'bätiku̯ßch]
L14	Verwenden Sie Biozutaten?	Usa ingredientes orgânicos? ['usa ĩgredi'enteßch or'gãniku̯ßch]

Beanstanden und loben
Reclamar e elogiar

L15	Wir warten schon länger.	Já estamos à espera há muito tempo. [scha 'ßchtãmußch a 'ßchpära ah mu̯ĩtu 'tempu]

L16	Das habe ich nicht bestellt.	Eu não pedi isso. [eɭu nɐ̃o pe'di 'ißu]
L17	Das schmeckt mir nicht.	Eu não gosto disso. [eɭu nɐ̃o 'goßchtu 'dißu]
L18	Das möchte ich zurückgehen lassen.	Pode levar isso de volta, por favor. ['pɔde le'war 'ißu de 'wɔlta pur fa'wor]
L19	Kann ich bitte etwas anderes haben?	Posso pedir outra coisa, por favor? ['pɔßu pe'dir 'otra 'koisa pur fa'wor]
	Das Essen ist ☑.	A comida está ☑. [a ku'mida ßchta]
L20	☑ versalzen	☑ muito salgada ['muĩtu ßal'gada]
L21	☑ angebrannt	☑ queimada [kej'mada]
L22	☑ kalt	☑ fria ['friɭa]
L23	☑ nicht richtig gar	☑ um pouco crua [ũ 'poku 'kruɭa]
L24	Der Fisch ist nicht frisch.	O peixe não é fresco. [u 'pejßche nɐ̃o ä 'freßchku]
L25	Das Geflügel ist zu trocken.	A carne (de ave) está muito seca. [a 'karne (de 'awe) ßchta 'muĩtu 'ßeka]
L26	Das Fleisch ist zu zäh.	A carne está muito dura. [a 'karne ßchta 'muĩtu 'dura]
L27	Es hat *gut/hervorragend* geschmeckt.	A comida estava *boa/deliciosa*. [a ku'mida 'ßchtawa 'boa/delißi'ɔsa]
L28	Das ist sehr lecker!	Isto é muito gostoso! ['ißchtu ä 'muĩtu gußch'tosu]

Bezahlen
Pagar

L29	Die Rechnung, bitte!	A conta, por favor! [a 'kõta pur fa'wor]
L30	Da ist ein Fehler auf der Rechnung.	Há um erro na conta. [ah ũ 'erru na 'kõta]

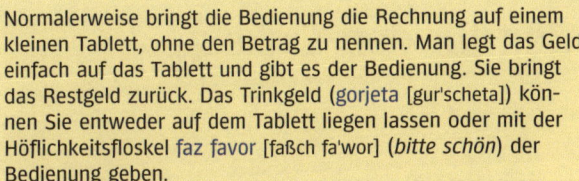

Normalerweise bringt die Bedienung die Rechnung auf einem kleinen Tablett, ohne den Betrag zu nennen. Man legt das Geld einfach auf das Tablett und gibt es der Bedienung. Sie bringt das Restgeld zurück. Das Trinkgeld (gorjeta [gur'scheta]) können Sie entweder auf dem Tablett liegen lassen oder mit der Höflichkeitsfloskel faz favor [faßch fa'wor] (*bitte schön*) der Bedienung geben.
Die Rechnung wird in der Regel im Ganzen abkassiert, vor allem auf dem Land. Wenn man getrennt bezahlen möchte, muss man es gleich am Anfang sagen. Man spricht dann von contas separadas ['kõtaßch ßepa'radaßch].
Für Trinkgeld gibt es keine festen Regeln, aber es ist üblich, den Betrag aufzurunden.

L31	Kann ich mit Kreditkarte zahlen?	Posso pagar com cartão de crédito? ['pɔßu pa'gar kõ kar'tɐ̃o de 'kräditu]
L32	Ich zahle mit Karte.	Eu vou pagar com cartão. [eu wo pa'gar kõ kar'tɐ̃o]
L33	Ich zahle in bar.	Eu vou pagar com dinheiro. [eu wo pa'gar kõ di'njejru]
L34	Kann ich bitte einen Beleg haben?	Passa-me um recibo, por favor? ['paßame ũ re'ßibu pur fa'wor]
L35	Der Rest ist für Sie.	O resto é para si. [u 'räßchtu ä 'para ßi]
L36	Ich bekomme noch Wechselgeld.	Eu ainda recebo troco. [eu a'ĩda re'ßebu 'troku]

Tempo para ir às compras

Zeit für den Einkauf

Ganz allgemein
No geral

Generell öffnen die Geschäfte in Portugal um 9 Uhr, machen Mittagspause von 13 bis 15 Uhr und schließen um 19 Uhr. Samstags schließen sie meistens schon um 13 Uhr. Regional und saisonal können die Öffnungszeiten allerdings variieren. Große Supermärkte und Einkaufszentren haben außer am 01. Januar und 25. Dezember von 10 bis 23 Uhr, manche sogar bis 24 Uhr geöffnet.

M01	Wann macht das Geschäft auf?	A que horas abre a loja? [a ke ˈɔraßch ˈabre a ˈlɔscha]
M02	Wann öffnen die Geschäfte?	Quando abrem as casas de comércio? [ˈkụandu ˈabrẽ aßch ˈkasaßch de kuˈmärßiụ]
M03	Wann schließen die Geschäfte?	A que horas fecha o comércio? [a ke ˈɔraßch ˈfäscha u kuˈmärßiụ]
	Gibt es ☐ in der Nähe?	Aqui perto há ☐? [aˈki ˈpärtu ah]
M04	☑ eine Bäckerei	☑ uma padaria [ˈuma padaˈriḷa]
M05	☑ einen Baumarkt	☑ uma loja de materiais de construção [ˈuma ˈlɔscha de materiˈạißch de kößchtruˈßãọ]
M06	☑ ein Geschäft mit Camping-Zubehör	☑ uma loja com equipamentos para campismo [ˈuma ˈlɔscha kõ ekipaˈmentußch ˈpara käˈpißchmu]
M07	☑ ein Fischgeschäft	☑ uma peixaria [ˈuma pejßchaˈriḷa]
M08	☑ ein Juweliergeschäft	☑ uma ourivesaria [ˈuma oriwesaˈriḷa]
M09	☑ ein Kaufhaus	☑ um armazém [ũ armaˈsẽ]
M10	☑ einen Markt	☑ um mercado [ũ merˈkadu]

M11	☑ eine Metzgerei	☑ um talho [ũ ˈtaʎu]
M12	☑ ein Obst- und Gemüsegeschäft	☑ uma loja de frutas e legumes [ˈuma ˈlɔʃca de ˈfrutaßch i leˈgumeßch]
M13	☑ ein Spielzeugge-schäft	☑ uma loja de brinquedos [ˈuma ˈlɔʃca de brĩˈkedußch]
M14	☑ ein Sportgeschäft	☑ uma loja de artigos de desporto [ˈuma ˈlɔʃca de arˈtigußch de deßchˈportu]
M15	☑ einen Supermarkt	☑ um supermercado [ũ ßupärmerˈkadu]
M16	☑ einen Zeitungs-händler	☑ um jornaleiro [ˈũ schurnaˈlejru]

Märkte haben in Portugal Tradition. Man unterscheidet zwischen dem mercado [merˈkadu], einem täglichen Markt, auf dem man vor allem Obst, Gemüse und Blumen kaufen kann und der feira [ˈfejra], einem Wochenmarkt mit großem Angebot an verschiedenen Artikeln wie Textilien, Lederwaren, Tonwaren, Spielsachen und vielem mehr. In manchen Städten gibt es außerdem einen Jahresmarkt (feira anual [ˈfejra aˈnu̯al]), auf dem typische Produkte aus der Region angeboten werden.

Em que posso ajudar? [ẽ ke ˈpɔßu aschuˈdar]	Kann ich Ihnen behilflich sein?

M17	Ich suche ...	Eu procuro ... [eɭu prɔˈkuru]
M18	Ich hätte gern ...	Eu queria ... [eɭu keˈriɭa]
M19	Verkaufen Sie ...?	♂ O senhor/♀ A senhora vende ...? [u ße'njor/a ße'njora 'wende]
M20	Ich nehme *diesen/ diese/dieses* hier.	Eu vou levar *este/esta* aqui. [eɭu wo le'war 'eßchte/'äßchta a'ki]
M21	*Diesen/Diese/Dieses* da.	*Esse/Essa* aí. ['eße/'äßa a'i]

Algo mais? ['algu maißch]	Darf es noch etwas sein?

M22	Nein danke, das wäre alles.	Não, m. obrigado/f. obrigada, é tudo. [não obri'gadu/obri'gada ä 'tudu]
M23	Könnte ich eine Tüte bekommen?	Pode-me dar um saco? ['pɔdeme dar ũ 'saku]

Lebensmittel
Alimentos

Milchprodukte	laticínios os [lati'ßiniu̜ßch]
Vollmilch	leite gordo o ['lejte 'gordu]
fettarme Milch	leite meio-gordo o ['lejte 'meju 'gordu]
Magermilch	leite magro o ['lejte 'magru]
Joghurt	iogurte o [iɔ'gurte]
Käseaufschnitt	queijo em fatias o ['kejschu ẽ fa'tilaßch]
gezuckerte Kondens-milch	leite condensado o ['lejte kõden'ßadu]
Schlagsahne	natas as ['nataßch]
Wurst- und Schinken-aufschnitt	carnes frias as ['karneßch 'frilaßch]
geräucherter Schin-ken	presunto defumado o [pre'ßũtu defu'madu]
gekochter Schinken	fiambre o [fi'ãbre]
Salami	salame o [ßa'lãme]
linguiça a [lĩgu'ißa]	pikante Wurst aus Schwei-nefleisch, mit Knoblauch und Pfeffer gewürzt
Brot und Gebäck	pão e pão doce o [pãͦ i pãͦ 'doße]
Vollkornbrot	pão integral o ['pãͦ ĩte'gral]
Roggenbrot	pão de centeio o [pãͦ de ßen'teju̜]
Weizenbrot	pão de farinha de trigo o [pãͦ de fa'rinja de 'trigu]

In Portugal gibt es keine so ausgeprägte Brotkultur wie im deutschsprachigen Raum. Die Portugiesen bevorzugen Brotsorten mit einem hohe Anteil an fein gemahlenem Weizen, die sie jeden Tag frisch kaufen. In den großen Bäckereien (padarias [pada'ri̩aßch]) und Supermarktketten findet man aber auch Schwarz- und Roggenbrot. Restaurants bieten oft selbstgebackenes Brot, das mit Oliven serviert wird, den sogenannten couvert [ku'wer], als eine Art Vorspeise an.

broa a [broa]	Maisbrot
pão de batata o [pão de ba'tata]	Kartoffelbrot
pão de aveia o [pão de a'weja]	Haferflockenbrot
pãozinho de leite o [pão'sinju de 'lejte]	Milchbrötchen

Kuchen	bolo o ['bolu]	
Sahnekuchen	bolo com chantilly o ['bolu kõ ßchäti'li]	
Gebäck	pães doces os [pẽßch 'doßeßch]	
Rührteig	massa de bolo a ['maßa de 'bolu]	
Blätterteig	massa folhada a ['maßa fu'ljada]	
Kuchen aus Rührteig	bolo de massa simples o ['bolu de 'maßa 'ßĩpleßch]	
Berliner/Krapfen	bola de Berlim a ['bɔla de ber'lĩ]	
Keks	bolacha a [bu'laßcha]	
Blätterteigteilchen	folhados os [fu'ljadußch]	
Obst	fruta a ['fruta]	
Apfel	maçã a [ma'ßã]	
Apfelsine	laranja a [la'rãscha]	

Ananas	ananás o	[ana'naßch]
Aprikose	alperce o	[al'pärße]
Banane	banana a	[ba'näna]
Birne	pera a	['pera]
Brombeere	amora silvestre a	[a'mɔra ßil'wäßchtre]
Erdbeere	morango o	[mu'rãgu]

Himbeere	framboesa a	[frãbu'esa]
Johannisbeere	groselha a	[grɔ'selja]
Kirsche	cereja a	[ße'rejscha]
Kiwi	kiwi o	[ki'wi]
Mango	manga a	['mãga]
Melone	melão o	[me'lãọ]
Nektarine	nectarina a	[näkta'rina]

Orange	laranja a [la'rãscha]
Passionsfrucht	maracujá o [maraku'scha]
Pfirsich	pêssego o ['peßegu]
Pflaume	ameixa a [a'mejscha]
Quitte	marmelo o [mar'mälu]
Trauben	uvas as ['uwaßch]
Zitrone	limão o [li'mão]

Eine umfassende Auflistung von Gemüsen, Kräutern, Käse-, Fisch- und Fleischsorten sowie Getränken finden Sie im Kapitel *Gastronomisches und Kulinarisches*.

Fertiggerichte	pratos pré-confecionados os ['pratußch 'prä kõfäßiu'nadußch]
Gefrierkost	congelados os [kõsche'ladußch]

Wo im Supermarkt ...?

No supermercado, onde ...?

M24 Wo finde ich ...?	Onde posso encontrar ...? ['õde 'pɔßu en'kõtrar]

na arca frigorífica [na 'arka frigu'rifika]	in der Kühltruhe
na queijaria [na kejscha'riɐ]	an der Käsetheke
no talho [nu 'talju]	an der Fleischtheke
no *segundo/terceiro* corredor [nu ße'gũdu/ ter'ßejru kurre'dor]	im *zweiten/letzten* Gang
na parte de cima/de baixo na prateleira [na 'parte de 'ßima/de 'baißchu na prate'lejra]	*ganz oben/unten* im Regal

M25 Könnten Sie mir bitte zeigen, wo?	Pode-me mostrar onde, por favor? ['pɔde me mußch'trar 'õde pur fa'wor]

Wie viel darf es sein?

Quanto deseja?

Ich hätte gern ☐.	Eu queria ☐. [eɪu ke'riɐ]
M26 ☑ ein Kilo/ein Pfund ...	☑ um quilo/meio quilo de ... [ũ 'kilu/'meju 'kilu de]
M27 ☑ hundert Gramm ...	☑ cem gramas de ... [ßẽ 'grãmaßch de]
M28 ☑ fünf Scheiben ...	☑ cinco fatias de ... ['ßĩku fa'tiɐßch de]
M29 ☑ ein *kleines/großes* Stück ...	☑ um pedaço *pequeno/grande* de ... [ũ pe'daßu pe'kenu/'grãde de]
M30 Noch etwas mehr, bitte.	Um pouco mais, por favor. [ũ 'poku maɪßch pur fa'wor]
M31 Das reicht.	Chega. ['ßchega]

In der Drogerie und der Apotheke

Na drogaria e na farmácia

farmácia a [far'maßi̱a]	Apotheke
drogaria a [druga'ri̱la]	Drogerie

Ich bräuchte ☐.	Eu preciso de ☐. [e̟|u pre'ßisu de]
M32 ☑ einige Zahnpflege-produkte	☑ alguns produtos de higiene bucal [al'gũßch pru'dutußch de ischi'äne bu'kal]
M33 ☑ eine *weiche/mittel-harte/harte* Zahn-bürste	☑ uma escova de dentes *macia/média/dura* ['uma 'ßchkowa de 'denteßch ma'ßi̱|a/'mädi̱a/'dura]

103

M34 ☑ Zahnpasta	☑ pasta dentífrica ['paßchta 'den'tifrika]
M35 ☑ Mundwasser	☑ desinfetante bucal [desĩfä'täte bu'kal]
M36 ☑ Zahnseide	☑ fio dental [fiu̯ den'tal]
M37 ☑ Haarpflegepro-dukte	☑ produtos para tratamento de cabelo [pru'dutußch 'para trata'mentu de ka'belu]
M38 ☑ ein Shampoo für *fettiges/trockenes* Haar	☑ um champô para cabelos *oleosos/secos* [ũ ßchä'po 'para ka'belußch ole'ɔsußch/ 'ßekußch]
M39 ☑ eine Pflegespülung	☑ um amaciador de cabelo [ũ amaßi̯a'dor de ka'belu]
M40 ☑ einen Kamm	☑ um pente [ũ 'pente]
M41 ☑ eine Haarbürste	☑ uma escova de cabelo ['uma 'ßchkowa de ka'belu]
M42 ☑ Haargummis	☑ elásticos para o cabelo [i'laßchtikußch 'para u ka'belu]
M43 ☑ Haarspray	☑ laca para o cabelo ['laka para u ka'belu]
M44 ☑ Haargel	☑ gel para o cabelo [schäl 'para u ka'belu]
M45 ☑ Hautpflegepro-dukte	☑ produtos de tratamento da pele [pru'dutußch de trata'mentu da 'päle]
M46 ☑ eine Körperlotion	☑ um creme hidratante para o corpo [ũ 'kräme idra'täte 'para u 'korpu]
M47 ☑ eine Gesichtscreme	☑ um creme hidratante para a cara [ũ 'kräme idra'täte 'para a 'kara]
M48 ☑ einen Lippenpflege-stift	☑ um protetor para os lábios [ũ prutä'tor para ußch 'labi̯ußch]
M49 ☑ Rasierschaum	☑ espuma de barbear ['ßchpuma de barbi'ar]
M50 ☑ Rasierwasser	☑ aftershave [after'ßchejwe]
M51 ☑ einen Einwegrasie-rer	☑ uma lâmina de barbear descartável ['uma 'lãmina de barbi'ar deßchkar'tawäl]
M52 ☑ eine Sonnencreme	☑ um protetor solar [ũ prutä'tor ßu'lar]
M53 ☑ Seife	☑ sabonete [ßabu'nete]

M54 ☑ Duschgel	☑ sabonete líquido para duche [ßabu'nete 'likidu 'para 'dußche]
M55 ☑ ein Deo	☑ um desodorizante [ũ desoduri'sãte]
M56 ☑ einen Nagelknipser	☑ um corta-unhas [ũ 'kɔrta 'uɲaßch]
M57 ☑ eine Schere	☑ uma tesoura ['uma te'sora]
M58 ☑ Kosmetik *(zum Schminken)*	☑ maquilhagem [maki'ljaschẽ]
M59 ☑ einen Lippenstift	☑ um batom [ũ ba'tõ]
M60 ☑ Wimperntusche	☑ rímel® ['rimäl]
M61 ☑ Make-up *(Fundierung)*	☑ base de maquelhagem ['base de make'ljaschẽ]
Verkaufen Sie ☐?	Vendem ☐? ['wendẽ]
M62 ☑ Schmerzmittel	☑ analgésicos [anal'schäsikußch]
M63 ☑ Aspirin®	☑ aspirina® [aßchpi'rina]
M64 ☑ Ibuprofen®	☑ ibuprofeno® [ibupro'fenu]
M65 ☑ Paracetamol®	☑ paracetamol® [paraßäta'mɔl]
M66 ☑ Pflaster	☑ pensos rápidos ['penßußch 'rapidußch]
M67 ☑ Kondome	☑ preservativos [preserwa'tiwußch]
M68 ☑ Damenbinden	☑ pensos higiénicos ['penßußch ischi'änikußch]
M69 ☑ Tampons	☑ tampões [tãpõißch]

Beim Optiker
Na ótica

M70 Können Sie das reparieren?	Podem consertar isto? ['pɔdẽ kõßer'tar 'ißchtu]
Ich brauche ☐.	Eu preciso de ☐. [eɭu pre'ßisu de]
M71 ☑ eine Brille zum Lesen	☑ uns óculos para ler [ũßch 'ɔkulußch 'para ler]

M72	☑ eine Sonnenbrille	☑ uns óculos de sol [ũßch 'ɔkulußch de ßɔl]
M73	☑ (weiche/harte) Kontaktlinsen	☑ lentes de contato (macias/rígidas) ['lenteßch de kõ'tatu (ma'ßiĭaßch/ 'rischidaßch)]
M74	☑ Einweglinsen	☑ lentes de contato descartáveis ['lenteßch de kõ'tatu deßchkar'tawejßch]
M75	☑ Kontaktlinsenlö-sung	☑ líquido para lentes de contato ['likidu 'para 'lenteßch de kõ'tatu]
M76	☑ Augentropfen	☑ gotas para os olhos ['gotaßch 'para ußch 'ɔlĭußch]
M77	Ich bin kurzsichtig.	Eu sou míope. [eĭu ßo 'miupe]
M78	Ich bin weitsichtig.	Eu sou hipermetrope. [eĭu ßo ipär'mätrupe]
M79	Ich möchte einen Seh-test machen.	Eu queria fazer um teste de visão. [eĭu ke'riĭa fa'ser ũ 'täßchte de wi'sãõ]

Kleidung und Mode
Roupa e moda

N01	Darf ich das anprobie-ren?	Posso provar isto? ['pɔßu pru'war 'ißchtu]
N02	Wo sind die Umklei-dekabinen?	Onde ficam as cabines? ['õde 'fikãõ aßch ka'bineßch]

Ele/Ela serve? ['ele/'äla 'ßärwe]	Passt er/sie/es?

Er/Sie/Es ist zu ☐.	Ele/Ela é muito ☐. ['ele/'äla ä 'muĭtu]	
N03	☑ klein	☑ pequeno/pequena [pe'kenu/pe'kena]
N04	☑ groß	☑ grande ['grãde]
N05	☑ eng	☑ apertado/apertada [aper'tadu/aper'tada]
N06	☑ weit	☑ largo/larga ['largu/'larga]
N07	☑ kurz	☑ curto/curta ['kurtu/'kurta]

N08 ☑ lang	☑ comprido/comprida [kõ'pridu/kõ'prida]
N09 *Er/Sie/Es* passt sehr gut.	*Ele/Ela* fica muito bem. ['ele/'äla 'fika 'mu͜itu bẽ]
N10 Ich nehme *diesen/ diese/dieses* hier.	Eu levo *este/esta*. [e͜u 'läwu 'eßchte/'äßchta]
N11 Leider nicht.	Infelizmente não. [ĩfelißch'mente nã͜o]
N12 Ich möchte *einen anderen/eine andere/ ein anderes* anprobieren.	Eu gostaria de provar *um outro/uma outra*. [e͜u gußchta'ri͜la de pru'war ũ 'otru/'uma 'otra]
N13 Der Schnitt gefällt mir nicht so gut.	O corte não me agrada muito. [u 'kɔrte nã͜o me a'grada 'mu͜itu]
N14 Ich suche etwas *Ele- gantes/Schickes/ Modernes*.	Eu procuro uma coisa *elegante/chique/ moderna*. [e͜u prɔ'kuru 'uma ko͜isa ile'gãte/ 'ßchike/mu'därna]

N15	Haben Sie das in einer anderen Farbe?	Tem esta peça noutra cor? [tẽ 'äßchta 'päßa 'notra kor]
N16	Haben Sie das mit einem anderen Muster?	Tem esta peça noutro padrão? [tẽ 'äßchta 'päßa 'notru pa'drãǫ]
N17	Ich überlege es mir noch.	Eu ainda vou pensar. [eǀu a'ĩda wo pen'ßar]

Qual é o seu tamanho? [kual ä u ßeǀu ta'mãnju]	Welche Größe haben Sie?

N18	Ich habe Größe ...	Eu visto o número ... [eǀu 'wißchtu u 'numeru]
N19	Haben Sie das in Größe ...?	Tem isto no número ...? [tẽ 'ißchtu nu 'numeru]
	Ich brauche ☑.	Eu preciso de ☑. [eǀu pre'ßisu de]
N20	☑ einen Mantel	☑ um casaco comprido [ũ ka'saku kõ'pridu]
N21	☑ eine Jacke	☑ um casaco [ũ ka'saku]
N22	☑ eine Regenjacke	☑ uma gabardina impermeável ['uma gabar'dina ĩper'miǫwäl]
N23	☑ eine Strickjacke	☑ um casaco de malha [ũ ka'saku de 'malja]
N24	☑ ein Kleid	☑ um vestido [ũ weßch'tidu]
N25	☑ eine Hose	☑ umas calças ['umaßch 'kalßaßch]
N26	☑ eine Jeans	☑ umas calças de ganga ['umaßch 'kalßaßch de 'gãga]
N27	☑ einen Pullover	☑ um pulôver [ũ pu'lowär]
N28	☑ ein Hemd	☑ uma camisa ['uma ka'misa]
N29	☑ eine Bluse	☑ uma blusa ['uma 'blusa]
N30	☑ ein Sweatshirt	☑ uma camisola ['uma kami'sɔla]
N31	☑ einen Rock	☑ uma saia ['uma 'ßaịa]
N32	☑ ein T-Shirt	☑ uma t-shirt ['uma ti ßchart]
N33	☑ Unterwäsche	☑ roupa interior ['ropa ĩteri'or]

N34	☑ einen BH	☑ um soutien [ũ ßuti'ã]
N35	☑ eine Unterhose *(für Frauen)*	☑ umas calcinhas ['umaßch kal'ßinjaßch]
N36	☑ eine Unterhose *(für Männer)*	☑ umas cuecas ['umaßch ku̯ä̱kaßch]
N37	☑ einen Badeanzug	☑ um fato de banho [ũ 'fatu de 'banju]
N38	☑ eine Badehose	☑ uns calções de banho [ũßch kal'ßõ̱ißch de 'banju]
N39	☑ einen Bademantel	☑ um roupão [ũ ro'pã̱o]
N40	☑ einen Hut	☑ um chapéu [ũ ßcha'pä̱u]
N41	☑ einen Sonnenhut	☑ um chapéu de sol [ũ ßcha'pä̱u de ßɔl]
N42	☑ eine Mütze	☑ um boné [ũ bɔ'nä]
N43	☑ einen Schal	☑ um cachecol [ũ kaßche'kɔl]
N44	☑ Handschuhe	☑ luvas ['luwaßch]
N45	☑ Socken	☑ meias ['mejaßch]
N46	☑ Kniestrümpfe	☑ meias até ao joelho ['mejaßch a'tä au schu'ejlju]
N47	☑ eine Strumpfhose	☑ umas meias-calças ['umaßch 'mejaßch 'kalßaßch]
N48	☑ Stiefel	☑ botas ['bɔtaßch]
N49	☑ Sportschuhe	☑ sapatilhas [ßapa'tiljaßch]
N50	☑ Wanderschuhe	☑ botas de montanha ['bɔtaßch de mõ'tãnja]
N51	☑ Sandalen	☑ sandálias [ßã'daliaßch]
N52	☑ Ballerinas	☑ sabrinas [ßa'brinaßch]
N53	☑ Pumps *(hochhackig)*	☑ sapatos de salto alto [ßa'patußch de 'ßaltu 'altu]
N54	☑ (ein Paar) Haus- schuhe	☑ (um par de) chinelos [(ũ par de) ßchi'nälußch]
N55	Aus welchem Material ist das?	De que material é isto? [de ke materi'al ä 'ißchtu]

Ist das 🔲?	Isto é de 🔲? ['ißchtu ä de]
N56 ☑ reine Baumwolle	☑ algodão puro [algu'dãọ 'puru]
N57 ☑ Wolle	☑ lã [lã]
N58 ☑ Seide	☑ seda ['ßeda]
N59 ☑ Kunstfaser	☑ fibra sintética ['fibra ßĩ'tätika]
N60 ☑ Leinen	☑ linho ['liɲu]

In der Reinigung
Na lavanderia

N61 Ich möchte das reinigen lassen.	Eu queria mandar limpar isto. [eịu ke'riịa mã'dar lĩ'par 'ißchtu]
N62 Bekommen Sie diese Flecken raus?	Consegue tirar estas nódoas? [kõ'ßäge ti'rar 'äßchtaßch 'nɔduạßch]
N63 Reinigen Sie auch Leder?	Também fazem limpeza a cabedal? [tã'bẽ 'faßẽ lĩ'pesa a kabe'dal]
N64 Das ist nicht richtig sauber geworden.	Isto não ficou completamente limpo. ['ißchtu nãọ fi'ko kõplä'ta'mente 'lĩpu]
N65 Der Fleck ist nicht rausgegangen.	A nódoa não saiu. [a 'nɔduạ nãọ ßa'iụ]

Beim Friseur
No cabeleireiro

Ich hätte gern 🔲.	Eu queria 🔲. [eịu ke'riịa]
N66 ☑ die Haare geschnitten	☑ cortar o cabelo [kur'tar u ka'belu]
N67 ☑ eine neue Frisur	☑ um novo corte de cabelo [ũ 'nowu 'kɔrte de ka'belu]
N68 ☑ einen Kurzhaarschnitt	☑ um corte de cabelo curto [ũ 'kɔrte de ka'belu 'kurtu]

110

N69 ☑ eine Dauerwelle	☑ uma permanente ['uma perma'nente]
N70 ☑ helle Strähnchen	☑ fazer madeixas claras [fa'ser ma'dejßchaßch 'klaraßch]
N71 ☑ dunkle Strähnchen	☑ fazer madeixas escuras [fa'ser ma'dejßchaßch 'ßchkuraßch]
N72 ☑ die Spitzen geschnitten	☑ cortar as pontas [kur'tar aßch 'põtaßch]
N73 ☑ eine Maniküre	☑ fazer manicure [fa'ser mani'kure]
N74 ☑ eine Pediküre	☑ fazer pedicure [fa'ser pädi'kure]
N75 ☑ die Wimpern gefärbt	☑ pintar as pestanas [pĩ'tar aßch peßch'tanaßch]
N76 ☑ die Augenbrauen gefärbt	☑ pintar as sobrancelhas [pĩ'tar aßch ßubrã'ßeljaßch]
N77 Bitte etwas kürzer.	Um pouco mais curto, por favor. [ũ 'poku majßch 'kurtu pur fa'wor]
N78 Bitte nicht ganz so kurz.	Não muito curto, por favor. [nãõ 'mũĩtu 'kurtu pur fa'wor]
N79 die Ohren frei	deixe as orelhas livres ['dejßche aßch o'reljaßch 'liwreßch]
N80 Ich habe Spliss.	Eu tenho as pontas espigadas. [eĩu 'tenju aßch 'põtaßch ßchpi'gadaßch]
N81 mit Waschen und Föhnen	com lavagem e secagem [kõ la'waschẽ i ße'kaschẽ]
N82 Tönen	dar tom [dar tõ]
N83 Färben	pintar [pĩ'tar]

Im Fotogeschäft
No fotógrafo

001 Ich möchte diese Aufnahmen entwickeln lassen.	Eu queria mandar revelar estas fotos. [eĩu ke'rila mã'dar rewe'lar 'äßchtaßch 'fɔtɔßch]

002 in matter Qualität	em papel opaco [ẽ pa'päl o'paku]
003 in Hochglanzqualität	em papel brilhante [ẽ pa'päl bri'ljãte]
004 Könnten Sie diese Bilder ausdrucken?	Pode imprimir estas fotos? ['pɔde ĩpri'mir 'äßchtaßch 'fɔtɔßch]
005 in Größe ... mal ...	em tamanho ... por ... [ẽ ta'mãnju ... pur]
Ich möchte ☐ kaufen.	Eu queria comprar ☐. [eļu ke'riļa kõ'prar]
006 ☑ einen Akku	☑ um acumulador [ũ akumula'dor]
007 ☑ eine Batterie	☑ uma pilha ['uma 'piļja]
008 ☑ eine Speicherkarte	☑ um cartão de memória [ũ kar'tãọ de me'mɔriạ]
009 ☑ ein Ladegerät	☑ um carregador [ũ karrega'dor]
010 ☑ ein USB-Kabel	☑ um cabo USB [ũ 'kabu u 'äße be]
011 ☑ eine Digitalkamera	☑ uma máquina fotográfica digital ['uma 'makina futu'grafika dischi'tal]
012 ☑ eine Spiegelreflexkamera	☑ uma máquina fotográfica reflex ['uma 'makina futu'grafika re'fläkß]
013 ☑ eine Einwegkamera (für Unterwasseraufnahmen)	☑ uma máquina fotográfica descartável (para fotografias submarinas) ['uma 'makina futu'grafika deßchkar'tawäl ('para futugra'fiạßch subma'rinaßch)]
014 ☑ ein Objektiv	☑ um objetivo [ũ obschä'tiwu]
015 ☑ einen Filter	☑ um filtro [ũ 'filtru]
016 ☑ ein Stativ	☑ um tripé [ũ tri'pä]
017 ☑ eine Kameratasche	☑ um saco para artigos fotográficos [ũ 'saku 'para ar'tigußch futu'grafikußch]
018 ☑ ein Fernglas	☑ um binóculo [ũ bi'nɔkulu]

Musik
Música

Fado, der Blues Portugals, ist mehr als ein musikalisches Genre oder nationale Folklore. Das Wort selbst bedeutet *Schicksal* und ist für Portugiesen symbolträchtig. Die Lieder handeln von unglücklicher Liebe, sozialen Problemen, vergangenen Tagen und unendlicher Sehnsucht. Der Fado, der viel über das Land und seine Kultur erzählt, ist ein immaterielles Weltkulturerbe der UNESCO. Das Leitmotiv des Fado ist die saudade [ßau'dade]; sie umfasst Sehnsucht, Fernweh, Heimweh, heitere Melancholie und ist ein schwer übersetzbares und rätselhaftes Wort. Die Musik geht direkt ins Herz und ermöglicht den Zuhörern einen kleinen Einblick in die Seele Portugals.

	Ich suche ☐.	Eu procuro ☐. [e|u prɔ'kuru]
019	☑ eine CD von ...	☑ um CD do/da ... [ũ ße de du/da]
020	☑ das neue Album von ...	☑ o novo álbum do/da ... [u 'nowu 'albũ du/da]
021	Gibt es dieses Lied auf CD?	Há esta música em CD? [ah 'äßchta 'musika ẽ ße de]
022	Kann ich mir das mal anhören?	Posso ouvir isto? ['pɔßu o'wir 'ißchtu]

Elektrische und elektronische Produkte
Produtos elétricos e eletrónicos

Ich möchte ☑ kaufen.	Eu gostaria de comprar ☑. [e̦lu gußchta'ri̦a de kõ'prar]
023 ☑ einen PC	☑ um computador [ũ kõputa'dor]
024 ☑ einen Laptop	☑ um portátil [ũ pur'tatil]
025 ☑ ein Notebook	☑ um notebook [ũ note'buke]
026 ☑ eine Maus	☑ um mouse [ũ 'ma̦use]
027 ☑ ein Netbook	☑ um netbook [ũ nät'buke]
028 ☑ einen MP3-Spieler	☑ um aparelho de mp3 [ũ apa'reḻu de 'äm pe treßch]
Ich brauche ☑.	Eu preciso de ☑. [e̦lu pre'ßisu de]
029 ☑ einen Adapter	☑ um adaptador [ũ adapta'dor]
030 ☑ einen Kopfhörer *(Ohrstöpsel)*	☑ uns auscultadores [ũßch außchkulta'doreßch]
(mit Bügel für den Kopf)	☑ uns auscultadores com headset [ũßch außchkulta'doreßch kõ 'hädßät]
031 ☑ einen Föhn	☑ um secador de cabelo [ũ ßeka'dor de ka'belu]
032 ☑ einen Rasierapparat	☑ uma máquina de barbear ['uma 'makina de barbi'ar]
033 ☑ ein Verlängerungskabel	☑ uma extensão ['uma e̦ißchten'ßão]
034 ☑ eine Tastatur	☑ um teclado [ũ tä'kladu]
035 ☑ einen neuen Akku	☑ um acumulador novo [ũ akumula'dor 'nowu]
036 Die passenden Batterien dafür, bitte.	As pilhas para isto, por favor. [aßch 'piḻaßch 'para 'ißchtu pur fa'wor]

Etwas zum Lesen
Algo para ler

037 Ich suche einen Buchladen.	Eu procuro uma livraria. [eɪu prɔ'kuru 'uma liwra'riɪa]
Verkaufen Sie ☐ in deutscher Sprache?	Vendem ☐ em língua alemã? ['wendẽ … ẽ 'lĩgua ale'mã]
038 ☑ Zeitungen	☑ jornais [schur'naɪßch]
039 ☑ Zeitschriften	☑ revistas [re'wißchtaßch]
040 ☑ Bücher	☑ livros ['liwrußch]

Etwas zum Schreiben
Algo para escrever

041 Gibt es hier ein Schreibwarengeschäft?	Há uma papelaria por aqui? [ah 'uma papela'riɪa pur a'ki]
Ich bräuchte ☐, bitte.	Eu preciso de ☐, por favor. [eɪu pre'ßisu de … pur fa'wor]
042 ☑ einen Bleistift	☑ um lápis [ũ 'lapißch]
043 ☑ einen Kugelschreiber	☑ uma lapiseira ['uma lapi'sejra]
044 ☑ einen Füller	☑ uma caneta ['uma ka'neta]
045 ☑ eine Tintenpatrone	☑ um cartucho de tinta para impressora [ũ kar'tußchu de 'tĩta 'para ĩpre'ßora]
046 ☑ eine Ersatzmine (für Kugelschreiber)	☑ uma carga para lapiseira ['uma 'karga para lapi'sejra]
047 ☑ einen Radiergummi	☑ uma borracha ['uma bu'rraßcha]
048 ☑ einen Anspitzer	☑ um afiador [ũ afia'dor]
049 ☑ einen linierten Block	☑ um bloco de folhas com linhas [ũ 'blɔku de 'folɪaßch kõ 'linɪaßch]

050 ☑ einen karierten Block	☑ um bloco de folhas quadriculado [ũ ˈblɔku de ˈfoʎaʃ ku̯adrikuˈladu]

Souvenirs und Geschenke
Lembranças e presentes

Ich suche ein Geschenk für ⍰.	Eu estou à procura de um presente para ⍰. [eu ʃchto a prɔˈkura de ũ preˈsente ˈpara]
051 ☑ meine Frau	☑ a minha esposa [a ˈmiɲa ˈʃchposa]
052 ☑ meinen Mann	☑ o meu marido [u meu maˈridu]
053 ☑ meine Mutter	☑ a minha mãe [a ˈmiɲa mẽ]
054 ☑ meinen Vater	☑ o meu pai [u meu pai̯]
055 ☑ ein Kind	☑ uma criança [ˈuma kriˈãßa]
056 ☑ einen Jungen	☑ um menino [ũ meˈninu]
057 ☑ ein Mädchen	☑ uma menina [ˈuma meˈnina]

058	Haben Sie etwas typisch Portugiesisches?	Tem alguma coisa típica de Portugal? [tẽ al'guma 'koisa 'tipika de purtu'gal]
059	Ist das Handarbeit?	Isto é feito à mão? ['ißchtu ä 'fejtu a mão̜]

Die Auswahl an schönen Mitbringseln ist groß. Aus dem Norden Portugals stammt die filigrana [fili'grãna] – filigraner Schmuck aus feinem Silberdrahtgeflecht. Kunstwerke sind auch die feinen Stickereien (bordados [bur'dadußch]) und Häkelarbeiten (rendas ['rendaßch]), die als Decken und Tücher angeboten werden. Sehr dekorativ sind die Töpferhandwerk- und Keramikartikel, insbesondere der portugiesische Hahn (galo de Barcelos ['galu de bar'ßälußch]) aus der Stadt Barcelos im Norden. Auch die Städte Coimbra und Alcobaça in Mittelportugal sind berühmt für ihre Keramikwaren. Außerdem bieten sich Spirituosen an: Ein Sauerkirschlikör (ginja ['schĩscha]), ein Portwein oder ein Wein aus dem Alentejo ist immer eine gute Wahl.

060	Haben Künstler aus der Region das gemacht?	Isto é feito por artistas da região? ['ißchtu ä 'fejtu pur ar'tißchtaßch da reschi'ão̜]
061	Ist das echtes Silber?	Isto é prata verdadeira? ['ißchtu ä 'prata werda'dejra]
062	Ist das echtes Gold?	Isto é ouro verdadeiro? ['ißchtu ä 'oru werda'dejru]
063	Wo ist der Stempel?	Onde está o carimbo? ['öde ßchta u ka'rĩbu]
064	Gibt es ein Echtheitszertifikat dafür?	Isto tem certificado de autenticidade? ['ißchtu tẽ ßertifi'kadu de a̲utentißi'dade]

Etwas bezahlen
Pagar qualquer coisa

065 Ich zahle in bar.	Eu vou pagar com dinheiro. [eʲu wo paˈgar kõ diˈnjejru]
066 Ich zahle mit Kredit-karte.	Eu vou pagar com cartão de crédito. [eʲu wo paˈgar kõ karˈtãõ de ˈkrädítu]
067 Akzeptieren Sie diese Debitkarte?	Aceitam este cartão de débito? [aˈßejtãõ ˈeßchte karˈtãõ de ˈdäbitu]

Assine aqui, por favor. [aˈßine aˈki pur faˈwor]	Bitte hier unterschrei-ben.
A sua *assinatura/o seu código*, por favor. [a ˈßuͺla aßinaˈtura/u ßeͺlu ˈkɔdigu pur faˈwor]	Ihre *Unterschrift/PIN*, bitte.

068 Ich sollte noch Wech-selgeld bekommen.	Eu ainda recebo troco. [eʲu aˈĩda reˈßebu ˈtroku]
069 Das Wechselgeld stimmt nicht.	O troco não está certo. [u ˈtroku nãͻ ßchta ˈßärtu]
070 Es *fehlt/fehlen* ...	*Falta/Faltam* ... [ˈfalta/ˈfaltãõ]
071 Kann ich bitte den Kassenbon haben?	Pode-me dar o talão da caixa? [ˈpɔdeme dar u taˈlãõ da ˈkaͺɪ̈ßcha]
072 Mit der Rechnung stimmt etwas nicht.	A conta não está certa. [a ˈkõta nãͻ ßchta ˈßärta]
073 Diesen Artikel habe ich nicht gekauft.	Eu não comprei este produto. [eʲu nãͻ kõˈprej ˈeßchte pruˈdutu]

Um den Preis handeln
Regatear o preço

074 Wie viel kostet das?	Quanto custa isto? [ˈkuͺãtu ˈkußchta ißchtu]
075 Es tut mir leid, aber das ist zu teuer.	Tenho pena, mas isto é muito caro. [ˈtẽnju ˈpena maßch ˈißchtu ä ˈmuͺɪ̈tu ˈkaru]

Während das Handeln in Geschäften unüblich ist, wird auf den regionalen Floh- und Antikmärkten (feiras das velharias ['fejraßch daßch welja'rilaßch]) gerne gefeilscht. Auf dem Campo de Santa Clara findet dienstags und samstags der beliebteste Flohmarkt Lissabons mit dem außergewöhnlichen Namen feira da ladra ['fejra da 'ladra] – *Markt der Diebin* – statt.

076 Könnte ich eine Ermäßigung bekommen?	Pode-me fazer um desconto? ['pɔdeme fa'ser ũ deßch'kõtu]
Que tal ...? [ke tal]	Wie wäre es mit ...?
077 Für ... nehme ich es.	Por ... eu levo. [pur ... eĺu 'läwu]
078 Das ist mein letztes Angebot.	É a minha última oferta. [ä a 'minja 'ultima o'färta]
079 Ich muss es mir noch einmal überlegen.	Eu ainda vou pensar. [eĺu a'ĩda wo pen'ßar]
080 Abgemacht!	Negócio feito! [ne'gɔßiu̯ 'fejtu]

Gekauftes umtauschen oder zurückgeben
Trocar ou devolver produtos comprados

Dieser Artikel ⬚.	Este artigo ⬚. ['eßchte ar'tigu]
081 ☑ ist beschädigt	☑ tem defeito [tẽ de'fejtu]
082 ☑ funktioniert nicht richtig	☑ não funciona bem [nã̯o fũ'ßiọna bẽ]
083 ☑ ist nicht, was ich wollte	☑ não é o que eu queria [nã̯o ä u ke eĺu ke'riḷa]
Ich möchte ⬚.	Eu queria ⬚. [eĺu ke'riḷa]
084 ☑ das umtauschen	☑ trocar isto [tru'kar 'ißchtu]

085 ☑ das zurückgeben	☑ devolver isto [dewol'wer 'ißchtu]
086 ☑ mein Geld zurück	☑ receber o meu dinheiro de volta [reße'ber u me|u di'njejru de 'wɔlta]
087 Ein Gutschein wäre auch in Ordnung.	Um vale também está bem. [ũ 'wale tã'bẽ ßchta bẽ]

Banco e correio
Bank und Post

Die Währung
A moeda

P01	Ich möchte das gern in Kap-Verde-Escudos umtauschen.	Eu gostaria de trocar isto em escudos de Cabo Verde. [e|u gußchta'ri|a de tru'kar 'ißchtu ē 'ßchkudußch de'kabu 'werde]
P02	Ich möchte Schweizer Franken in Euro umtauschen.	Eu gostaria de trocar francos suíços em euros. [e|u gußchta'ri|a de tru'kar 'fråkußch ßu'ißußch ē 'e|urußch]
P03	Wie ist der Wechsel-kurs heute?	A como está o câmbio hoje? [a 'komu ßchta u 'kãbi̯u 'osche]
P04	Wie hoch ist die Umrechnungsgebühr?	Qual é a taxa de câmbio? [ku̯al ä a 'taßcha de 'kãbi̯u]
	Ich hätte das Geld gern in ▯.	Eu queria o dinheiro em ▯. [e|u ke'ri|a u di'njejru ē]
P05	☑ kleinen Scheinen	☑ notas pequenas ['nɔtaßch pe'kenaßch]

P06	☑ Fünf- und Zehn-Euro-Scheinen	☑ notas de cinco e dez euros ['nɔtaßch de 'ßĩku i däßch 'eĩuruß]
P07	☑ Zwanzig- und Fünf-zig-Euro-Scheinen	☑ notas de vinte e cinquenta euros ['nɔtaßch de 'wĩte i ßĩ'ku̯enta 'eĩuruß]

Geld besorgen
Obter dinheiro

P08	Gibt es einen Geldau-tomaten in der Nähe?	Há uma caixa automática multibanco aqui perto? [ah 'uma 'kai̯ßcha autu'matika multi'bãku a'ki 'pärtu]
P09	Wo ist die nächste Bank?	Onde fica o próximo banco? ['õde 'fika u 'prɔßimu 'bãku]
P10	Ich möchte diesen Reisescheck einlösen.	Eu gostaria de trocar este cheque de via-gem. [eĩu gußchta'ri̯a de tru'kar 'eßchte 'ßchäke de 'wi̯aschẽ]

In der Post
Nos correios

	Ich bräuchte ☒.	Eu preciso de ☒, por favor. [eĩu pre'ßisu de ... pur fa'wor]
P11	☑ einen Briefum-schlag	☑ um envelope [ũ enwe'lɔpe]
P12	☑ eine Briefmarke	☑ um selo [ũ 'ßelu]
P13	☑ die passende Brief-marke	☑ o selo necessário [u 'ßelu neße'ßäri̯u]
	Ich möchte ☒ aufge-ben.	Queria mandar ☒. [ke'ri̯a man'dar]
P14	☑ diese Postkarte	☑ este cartão postal ['eßchte kar'tãu̯ pußch'tal]
P15	☑ diesen Brief	☑ esta carta ['äßchta 'karta]

P16	☑ dieses Päckchen	☑ esta encomenda ['äßchta enku'menda]
P17	nach Deutschland	para a Alemanha ['para a ale'mãnja]
P18	nach Österreich	para a Áustria ['para a 'außchtria]
P19	in die Schweiz	para a Suíça ['para a ßu'ißa]
P20	Welche Briefmarke brauche ich dafür?	De que selo necessito? [de_ke 'ßelu neße'ßitu]

Atividades de lazer
Freizeitaktivitäten

Ganz allgemein
Generalidades

Wie viel kostet der Eintritt für ⍰?	**Quanto custa a entrada para ⍰?** ['ku̯atu 'kußchta a en'trada 'para]
Q01 ☑ Kinder und Schüler	☑ crianças e alunos da escola [kri'ậßaßch i a'lunußch da 'ßchkɔla]
Q02 ☑ Studenten	☑ estudantes universitários [ßchtu'dăteßch uniwerßi'tariu̯ßch]
Q03 ☑ Erwachsene	☑ adultos [a'dultußch]
Q04 ☑ Senioren	☑ pessoas de terceira idade [pe'ßoaßch de ter'ßejra i'dade]
Q05 ☑ Gruppen	☑ grupos ['grupußch]
Q06 Gibt es eine Ermäßigung?	Existe algum desconto? [i'sißchte al'gũ deßch'kõtu]
Q07 Zwei Erwachsene und ein Kind, bitte.	Dois adultos e uma criança, por favor. [do̯ißch a'dultußch i 'uma kri'ậßa pur fa'wor]
Wann *öffnet/schließt* ⍰?	**Quando *abre/fecha* ⍰?** ['ku̯ădu 'abre/'fäßcha]
Q08 ☑ das Museum	☑ o museu [u mu'se̩u]
Q09 ☑ die Ausstellung	☑ a exposição [a ejßchpusi'ßão]
Q10 ☑ der Themenpark	☑ o parque temático [u 'parke te'matiku]
Q11 ☑ der Vergnügungspark	☑ o parque de diversões [u 'parke de diwer'ßõĩßch]
Gibt es ⍰?	**Há ⍰?** [ah]
Q12 ☑ einen Geschenkladen	☑ uma loja de presentes ['uma 'lɔscha de pre'senteßch]
Q13 ☑ ein Café	☑ um café [ũ ka'fä]
Q14 ☑ ein Restaurant	☑ um restaurante [ũ reßchtau̯'räte]
Q15 ☑ eine Garderobe	☑ um guarda-roupa [ũ 'gu̯arda 'ropa]

Neben den vielen hochkarätigen Museen und Gemäldesammlungen sind Ihnen möglicherweise die portugiesischen Keramikfliesen azulejos [asu'lejschußch] aufgefallen. In dieser feinen, dekorativen Kachelkunst spiegeln sich Szenen aus der Landesgeschichte und dem Alltag wider. Im Museu Nacional do Azulejo findet man einmalige Schätze dieser Kunst, wie z.B. ein riesiges Kachelgemälde mit einer Stadtansicht Lissabons vor dem Erdbeben 1755. Sonn- und feiertags ist der Eintritt bis 14 Uhr frei.
Empfehlenswert für mehrere Museumsbesuche ist der Museumspass (passe de museus e palácios) ['paße de mu'seiußch i pa'laßiußch], der für 2, 5 oder 7 Tage gilt. Erkundigen Sie sich im Fremdenverkehrsamt (turismo [tu'rißchmu]).

Acesso não permitido a crianças [a'ßäßu não permi'tidu a kri'äßaßch]	Kinder haben keinen Zutritt.
somente acompanhadas dos pais ou responsáveis [ßɔ'mente akõpa'njadaßch dußch pai̯ßch o reßchpõ'ßawejßch]	nur in Begleitung der Eltern oder Erziehungsberechtigten

Q16	Was kostet die Teilnahme?	Quando custa a inscrição? ['ku̯ãtu 'kußchta a ĩßchkri'ßão]
Q17	Was kostet der Kurs?	Quanto custa o curso? ['ku̯ãtu 'kußchta u 'kurßu]
Q18	Was kostet eine Stunde?	Quanto custa por hora? ['ku̯ãtu 'kußchta pur 'ɔra]
Q19	Ich möchte eine Stadtrundfahrt machen.	Eu gostaria de fazer um passeio turístico pela cidade. [ei̯u gußchta'ri̯a de fa'ser ũ pa'ßeju tu'rißchtiku 'pela ßi'dade]

| Q20 | Ich möchte eine Fahrt mit dem Segelschiff machen. | Eu gostaria de fazer um passeio de barco à vela. [e|u gußchta'ri|a de fa'ser ũ pa'ßeju de 'barku a 'wäla] |

Sport
Desporto

	Wo können wir ☐ spielen?	Onde podemos jogar ☐? ['õde pu'demußch schu'gar]
Q21	☐ Beach-Volleyball	☐ voleibol de praia [wɔlej'bɔl de 'praja]
Q22	☐ Fußball	☐ futebol [fute'bɔl]
Q23	☐ Golf	☐ golfe ['gɔlfe]
Q24	☐ Minigolf	☐ minigolfe [mini'gɔlfe]
Q25	☐ Tennis	☐ ténis ['tänißch]
Q26	Darf ich mitspielen?	Também posso jogar? [tambẽ 'pɔßu schu'gar?]
Q27	Wo ist das Fußballstadion?	Onde fica o estádio de futebol? ['õde 'fika u 'ßchtadiu de fute'bɔl]
Q28	Gibt es noch Karten für das Spiel?	Ainda há bilhetes para o jogo? [a'ĩda ah bi'ljeteßch 'para u 'schogu]
Q29	Ich würde gern eine Bergtour machen.	Eu gostaria de fazer um passeio pelas montanhas. [e|u gußchta'ri|a de fa'ser ũ pa'ßeju 'pelaßch mõ'tãnjaßch]
Q30	Können Sie uns einen *schönen/kurzen* Wanderweg empfehlen?	Pode-nos indicar um trajeto para uma caminhada *bonita/curta*? ['pɔdenußch ĩdi'kar ũ tra'schätu 'para 'uma kami'njada bu'nita/'kurta]
	Wo kann man ☐?	Onde se pode ☐? ['õde ße 'pɔde]
Q31	☐ eine Wanderkarte bekommen	☐ conseguir um mapa de trajetos de caminhadas? [kõße'gir ũ 'mapa de tra'schätußch de kami'njadaßch]
Q32	☐ angeln	☐ pescar [peßch'kar]

128

Q33	☑ ein Fahrrad mieten	☑ alugar uma bicicleta [alu'gar 'uma bißi'kläta]
Q34	☑ ein Mountainbike mieten	☑ alugar uma bicicleta de montanha [alu'gar 'uma bißi'kläta de mõ'tãnja]
Q35	☑ hier joggen gehen	☑ fazer jogging [fa'ser 'schɔgĩg]
Q36	☑ reiten	☑ andar a cavalo [ã'dar a ka'walu]
Q37	Gibt es in der Nähe eine Reitschule?	Existe aqui perto uma escola de hipismo? [i'sißchte a'ki 'pärtu 'uma 'ßchkɔla de i'pißchmu]

Wassersport
Desportos aquáticos

	Ich würde gern ☐.	Eu gostaria de ☐. [e|u gußchta'ri|a de]
Q38	☑ Kajak fahren	☑ andar de caiaque [ã'dar de kaj'ake]
Q39	☑ segeln	☑ velejar [wele'schar]
Q40	☑ tauchen	☑ mergulhar [mergu'ljar]
Q41	☑ Wasserski fahren	☑ fazer esqui aquático [fa'ser ßchki a'kuatiku]
Q42	☑ wellenreiten	☑ surfar [ßur'far]
Q43	☑ windsurfen	☑ praticar windsurf [prati'kar u|ind'ßurf]
	Ich möchte ☐ mieten.	Eu gostaria de alugar ☐. [e|u gußchta'ri|a de alu'gar]
Q44	☑ ein Motorboot	☑ um barco a motor [ũ 'barku a mu'tor]
Q45	☑ einen Katamaran	☑ um catamarã [ũ katama'rã]
Q46	☑ ein Segelboot	☑ um barco à vela [ũ 'barku a 'wäla]
Q47	☑ ein Ruderboot	☑ um barco a remos [ũ 'barku a 'rämußch]
Q48	☑ ein Tretboot	☑ um barco a pedais [ũ 'barku a pe'daißch]
Q49	☑ ein Kajak	☑ um caiaque [ũ kaj'ake]
Q50	☑ ein Surfbrett	☑ uma prancha de surf ['uma 'präßcha de 'ßurf]

129

| Q51 ☑ eine Taucheraus-rüstung | ☑ um equipamento para mergulho [ũ ekipa'mentu 'para mer'guḷu] |

Q52	Wie ist der Wellengang?	Como estão as ondas? ['komu ßchtãọ aßch 'õdaßch]
Q53	Ich möchte schwimmen gehen.	Eu quero ir nadar. [eụ 'käru ir na'dar]
Q54	Gibt es ein Freibad in der Nähe?	Há uma piscina ao ar livre aqui perto? [ah 'uma pißch'ßina aụ ar 'liwre a'ki 'pärtu]
Q55	Gibt es ein Hallenbad in der Nähe?	Há uma piscina coberta aqui perto? [ah 'uma pißch'ßina ku'bärta a'ki 'pärtu]
Q56	Ist das das Nichtschwimmerbecken?	Esta é a piscina para não nadadores? ['äßchta ä a pißch'ßina 'para nãọ nada'doreßch]
	Wo sind ⬚?	Onde são ⬚? ['õde ßãọ]
Q57	☑ die Duschen	☑ os balneários para duche [ußch balne'ariụßch 'para 'dußche]
Q58	☑ die Umkleideräume	☑ os vestiários [ußch weßchti'ariụßch]

Q59	☑ die Schließfächer	☑ os armários com chave [ußch ar'mari̯ußch kõ 'ßchawe]
Q60	Wo bekomme ich *die passende Münze/den Chip*?	Onde arranjo *a moeda adequada/o chipe*? ['õde a'rräschu a mu'äda ade'ku̯ada/u 'ßchipe]

Portugal wird bei Surfern immer beliebter. Ab Juni sind an vielen Stränden die Bedingungen zum Surfen sehr günstig. Vor allem in der Gegend von Lissabon und nördlich davon trifft man auf Surfer aus aller Welt. Das kleine Fischerdorf Nazaré [nasa'rä] ist berühmt für seine Riesenwellen, die bis 30 Meter Höhe erreichen können.

Auf den Azoren werden viele Bootsausflüge angeboten. Während der Fahrt in einem kleinen Boot wird man von freilebenden Delfinen begleitet. Taucher finden dort eine wunderbare Unterwasserwelt vor. Sandstrände gibt es zwar nicht viele, aber baden kann man trotzdem und zwar in den sogenannten piscinas naturais [pißch'ßinaßch natu'rai̯ßch]. Diese natürlich entstandenen Felsschwimmbecken gibt es auch auf Madeira.

Am Strand
Na praia

Q61	Wie komme ich zum Strand?	Como se vai para a praia? ['komu ße wai 'para a 'prai̯a]
Q62	Darf man hier schwimmen?	Pode-se nadar aqui? ['pɔdese na'dar a'ki]

A maré está alta. [a ma'rä ßchta 'alta]	Es ist Flut.
A maré está baixa. [a ma'rä ßchta 'bai̯ßcha]	Es ist Ebbe.

Q63 Gibt es gefährliche Strömungen?	Há correntes perigosas? [ah ku'rrenteßch peri'gɔsaßch]

Die Grenzen der portugiesischen Offenheit

Sich am Strand oder Schwimmbad in der Öffentlichkeit umzu-ziehen wird in Portugal als unangebracht empfunden. Man ver-wendet stattdessen die Umkleidekabinen oder dafür vorgesehe-nen Räume. „Oben-ohne" ist übrigens auch fast überall unerwünscht. FKK (nudismo) [nu'dißchmu] ist nur an entspre-chend ausgewiesenen Stränden erlaubt.

Q64 Gibt es gefährliche Quallen?	Há alforrecas perigosas? [ah alfu'rräkaßch peri'gɔsaßch]
Ich möchte ⬚ *kaufen/ mieten*.	Eu gostaria de *comprar/alugar* ⬚. [e|u gußchta'ri|a de kõ'prar/alu'gar]

Q65	☑ einen Sonnen-schirm	☑ um guarda-sol [ũ 'gu̯arda ßɔl]
Q66	☑ einen Strandstuhl	☑ uma cadeira de praia ['uma ka'dejra de 'praia]
Q67	☑ eine Liege	☑ uma espreguiçadeira ['uma ßchpregißa'dejra]
Q68	☑ einen Windschutz	☑ um guarda-vento [ũ 'gu̯arda 'wentu]

Wellness
Spa

	Ich möchte ⏹.	Eu queria ⏹. [elu ke'rila]
R01	☑ ein Dampfbad neh-men	☑ tomar um banho turco [tu'mar ũ 'bãnju 'turku]
R02	☑ eine Massage buchen	☑ marcar uma massagem [mar'kar 'uma ma'ßaschẽ]
R03	☑ ein Handtuch lei-hen	☑ alugar uma toalha [alu'gar 'uma 'tualja]
R04	☑ einen Bademantel leihen	☑ alugar um roupão [alu'gar ũ ro'pão]
R05	☑ die Sauna benut-zen	☑ usar a sauna [u'sar a 'ßauna]
R06	☑ in die Therme gehen	☑ ir aos banhos termais [ir außch 'bãnjußch ter'maißch]
	Ich hätte gern ⏹.	Eu gostaria de fazer ⏹. [elu gußchta'rila de fa'ser]
R07	☑ ein Gesichtspeeling	☑ um peeling facial [ũ 'pilĩg faßi'al]
R08	☑ ein Körperpeeling	☑ um peeling corporal [ũ'pilĩg kurpu'ral]
R09	☑ eine Maniküre	☑ manicure [mani'kure]
R10	☑ eine Pediküre	☑ pedicure [pädi'kure]
	Bieten Sie ⏹ an?	Oferecem ⏹? [ofe'räßẽ]

133

R11 ☑ Ayurveda-Anwendungen	☑ tratamentos de ayurveda [trata'mentußch de ai̯ur'weda]
R12 ☑ Anwendungen mit Naturkosmetik	☑ tratamentos com cosméticos naturais [trata'mentußch kõ koßch'mätikußch natu'rai̯ßch]
Ich würde gern ⬚ teilnehmen.	Eu gostaria de participar ⬚. [ei̯u gußchta'riɐ de partißi'par]
R13 ☑ am Yogaunterricht	☑ na aula de ioga [na 'au̯la de i'ɔga]
R14 ☑ am Pilatesunterricht	☑ na aula de pilates [na 'au̯la de pi'lateßch]
R15 ☑ an der Meditation	☑ na meditação [na medita'ßãu̯]

Museen und Ausstellungen
Museus e exposições

R16 Ich möchte mir diese Ausstellung ansehen.	Eu quero ver esta exposição. [ei̯u 'käru wer 'äßchta ßchpusi'ßãu̯]
Wir gehen ⬚.	Nós vamos ⬚. [nɔßch 'wãmußch]
R17 ☑ ins Museum	☑ ao museu [au̯ mu'sei̯u]
R18 ☑ in die Galerie	☑ à galeria de arte [a gale'riɐ de 'arte]
R19 ☑ in den Zoo	☑ ao jardim zoológico [au̯ schar'dĩ suu'lɔschiku]
R20 Muss man für die Sonderausstellung Eintritt bezahlen?	É preciso pagar entrada para a exposição temporária? [ä pre'ßisu pa'gar en'trada 'para a ßchpusi'ßãu̯ tempu'rariɐ]
R21 Verkaufen Sie zu dieser Ausstellung einen Katalog?	Vendem catálogos desta exposição? ['wendẽ ka'talugußch 'däßchta ßchpusi'ßãu̯]
R22 Ich möchte einen Ausstellungskatalog kaufen.	Eu queria comprar um catálogo da exposição. [ei̯u ke'riɐ kõ'prar ũ ka'talugu da ßchpusi'ßãu̯]

Ich interessiere mich für ☐.	Eu tenho interesse por ☐. [eḷu 'tẽ̱ju ĩte'reße pur]
R23 ☑ Gemälde	☑ pintura [pĩ'tura]
R24 ☑ Skulpturen	☑ escultura [ßchkul'tura]
R25 ☑ Geschichte	☑ História [ßch'tɔri̱a]
R26 ☑ naturwissenschaftliche Ausstellungen	☑ exposições sobre ciências naturais [eȷ̈ßchpusi'ßõĩ̈ßch 'ßobre ßi'enßia̱ßch natu'rai̱ßch]
R27 ☑ Technik	☑ técnica ['täknika]

Nachtleben
Vida noturna

Neben dem Fado haben vor allem brasilianische und afrikanische Rhythmen längst das Nachtleben von Lissabon und Porto erobert. Genau wie die morna ['mɔrna]: Sie ist eine Art Fado aus den Kapverden. Die Texte der Morna sind zwar voller Freude und Sonne, aber mit einer Prise Nostalgie – der saudade [ßa̱u'dade]. Anders als Fado ist Morna Musik zum Tanzen, was dem Geschmack der lebensfrohen Portugiesen sehr entgegenkommt. Überhaupt ist in Portugal ein Stückchen Afrika oder Brasilien immer präsent.

R28 Wir möchten tanzen gehen.	Nós queremos sair para dançar. [nɔßch ke'remußch ßa'ir 'para dã'ßar]
R29 Welche Musik läuft in diesem Club?	Que tipo de música há nesta discoteca? [ke 'tipu de 'musika ah 'näßchta dißchku'täka]
R30 Was für Leute gehen dorthin?	Que tipo de pessoas vão lá? [ke 'tipu de pe'ßoa̱ßch wã̱o la]
R31 Was zieht man da an?	O que se deve vestir lá? [u ke ße 'däwe weßch'tir la]

R32	Wann macht der Club auf?	A que horas abre a discoteca? [a ke ˈɔraßch ˈabre a dißchkuˈtäka]
R33	Hier ist nichts los.	Aqui está tudo parado. [aˈki ßchta ˈtudu paˈradu]
R34	Können wir woanders hingehen?	Vamos a outro sítio? [ˈwämußch a ˈotru ˈßitiu]
R35	Lass uns einen trinken gehen!	Vamos beber qualquer coisa! [ˈwämußch beˈber kuˈal̯kär ˈkoi̯sa]
R36	Kennen Sie/Kennst du eine nette Kneipe?	Conhece/Conheces uma boa tasca? [kuˈnjäße/kuˈnjäßeßch ˈuma ˈboa ˈtaßchka]
R37	Hier gefällt's mir.	Aqui agrada-me. [aki aˈgradame]

Kino, Theater, Konzert
Cinema, teatro, concerto

R38	Ich würde gern ins Theater gehen.	Eu gostaria de ir ao teatro. [elu gußchtaˈri̯a de ir au̯ ˈti̯atru]
R39	Lass uns ins Kino gehen.	Vamos ao cinema. [ˈwämußch au̯ ßiˈnema]
R40	Was läuft gerade?	O que está a passar? [u ke ßchta a paˈßar]
	Ich möchte ☐ sehen.	Eu quero ver ☐. [elu ˈkäru wer]
R41	☑ einen Abenteuer-film	☑ um filme de aventura [ũ ˈfilme de awenˈtura]
R42	☑ einen Horrorfilm	☑ um filme de terror [ũ ˈfilme de teˈrror]
R43	☑ eine Komödie	☑ uma comédia [ˈuma kuˈmädi̯a]
R44	☑ eine Liebesge-schichte	☑ um romance de amor [ũ roˈmäße de aˈmor]
R45	☑ einen Science-Fic-tion-Film	☑ um filme de ficção científica [ũ ˈfilme de fikˈßão ßienˈtifika]
R46	☑ einen Trickfilm	☑ um filme de desenhos animados [ũ ˈfilme de deˈsejnjußch aniˈmadußch]

R47	☑ etwas Lustiges	☑ uma coisa engraçada ['uma 'koi̯sa engra'ßada]
R48	☑ etwas Ernstes	☑ uma coisa séria ['uma koi̯sa 'ßäri̯a]
	Wann fängt ☒ an?	Quando começa ☒? ['ku̯ãdu ku'mäßa]
R49	☑ der Film	☑ o filme [u 'filme]
R50	☑ das Stück	☑ a peça [a 'päßa]
R51	☑ das Konzert	☑ o concerto [u kõ'ßertu]
R52	Wann ist *er/sie/es* zu Ende?	Quando é que *ele/ela* termina? ['ku̯ãdu ä ke 'ele/'äla ter'mina]
R53	Wir könnten in die Oper gehen.	Nós podíamos ir à ópera. [nɔßch pu'di̯amußch ir a 'ɔpera]
R54	Wir könnten zum Konzert gehen.	Nós podíamos ir ao concerto. [nɔßch pu'di̯amußch ir au̯ kõ'ßertu]
	Gibt es noch Karten für ☒?	Ainda há bilhetes para ☒? [a'ĩda ah bi'lje̯teßch 'para]
R55	☑ die Abendvorstellung	☑ a seção da noite [a ße'ßãͦ da 'noi̯te]
R56	☑ die Matinée	☑ a matiné [a mati'nä]
	Wie viel kosten Plätze ☒?	Quanto custa a entrada ☒? ['ku̯ãtu 'kußchta a en'trada]
R57	☑ in den vorderen Reihen	☑ nas primeiras filas [naßch pri'mejraßch 'filaßch]
R58	☑ in der Loge	☑ no camarote [nu kama'rɔte]
R59	☑ in der Mitte	☑ no meio [nu 'meju]
R60	☑ im Parkett	☑ na plateia [na pla'teja]
R61	☑ im ersten Rang	☑ no primeiro balcão [nu pri'mejru bal'kãͦ]
R62	Gibt es auch Stehplätze?	Também há lugares em pé? [tã'bẽ ah lu'gareßch ẽ pä]
R63	Ich hätte gern ein Programm.	Eu queria um programa. [e̯u ke'ri̯a ũ pru'grama]

Urgências e emergências

Notfälle

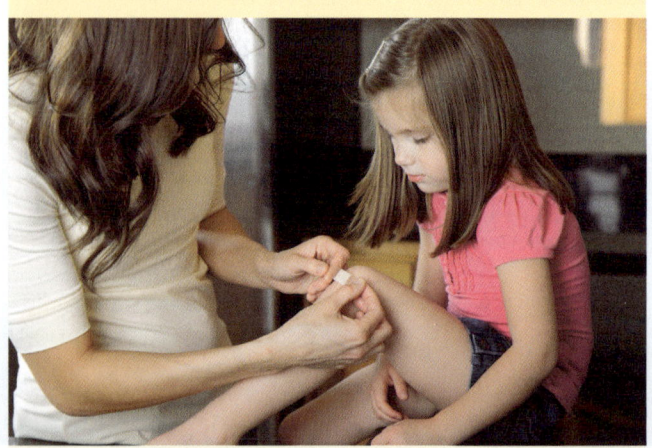

Notruf
Chamadas de emergência

Die wichtigsten Notrufnummern

Notruf (Polizei, Feuerwehr, Notarzt)	**112**
Polizei, Feuerwehr, Notdienst	**115**
Küstenrettung durch die Marine	MRCC Lisboa **+351 214 401 919**
	MRCC Ponta Delgada **+351 296 281 777**
	MRCC Funchal **+351 291 213 112**
Waldbrand	**117**

S01	Verbinden Sie mich mit dem Rettungs- dienst!	Ligue-me com os serviços de socorro! ['ligeme kõ ußch ßer'wißußch de ßu'korru]
S02	Die Polizei, bitte!	A polícia, por favor! [a pu'lißia pur fa'wor]
S03	Die Feuerwehr, bitte!	Os bombeiros, por favor! [ußch bõ'bejrußch pur fa'wor]
S04	Kommen Sie schnell zu ...	Venha rápido para ... ['wẽnja 'rapidu 'para]
S05	Es hat einen Unfall gegeben.	Deu-se um acidente. ['de∣uße ũ aßi'dente]
S06	Es hat eine Schlägerei gegeben.	Houve uma briga. ['owe 'uma 'briga]
S07	Es brennt!	Há fogo! [ah 'fogu]
S08	Hilfe!	Socorro! [ßu'korru]

Auf der Polizeiwache
Na Delegacia da Polícia

Ich möchte ⬚.	Eu queria ⬚. [eiu ke'riia]
S09 ☑ jemanden anzeigen	☑ denunciar uma pessoa [denũßi'ar 'uma pe'ßoa]
S10 ☑ eine Aussage machen	☑ fazer um depoimento [fa'ser ũ depoi'mentu]
S11 ☑ einen Diebstahl melden	☑ dar parte de um roubo [dar 'parte de ũ 'robu]
S12 ☑ eine Schlägerei melden	☑ dar parte de uma briga [dar 'parte de 'uma 'briga]
S13 ☑ eine Vermisstenanzeige machen	☑ dar parte de uma pessoa desaparecida [dar 'parte de 'uma pe'ßoa desapare'ßida]
S14 ☑ einen Anwalt sprechen	☑ falar com um advogado [fa'lar kõ ũ adwu'gadu]

S15	☑ telefonieren	☑ fazer um telefonema [faˈser ũ telefuˈnema]
	Mir wurde ☑ gestohlen.	☑ foi-me roubado. [ˈfoi̯me roˈbadu]
S16	☑ mein Auto	☑ O meu carro [u meu̯ ˈkarru]
S17	☑ meine Brieftasche	☑ A minha carteira [a ˈmiɲa karˈtejra]
S18	☑ mein Geldbeutel	☑ O meu porta-moedas [u meu̯ ˈpɔrta muˈädaßch]
S19	☑ mein Handy	☑ O meu telemóvel [u meu̯ täläˈmɔwäl]
S20	☑ meine Handtasche	☑ A minha bolsa [a ˈmiɲa ˈbolßa]
	Ich wurde ☑.	Eu fui ☑. [eu̯ fui̯]
S21	☑ ausgeraubt	☑ m. roubado/f. roubada [roˈbadu/roˈbada]
S22	☑ verprügelt	☑ m. atacado/f. atacada [ataˈkadu/ataˈkada]
S23	☑ vergewaltigt	☑ m. violado/f. violada [wi̯uˈlado/wi̯uˈlada]
S24	Es gibt einen Zeugen.	Existe uma testemunha. [iˈsißchte ˈuma teßchteˈmuɲa]
S25	Es gibt keinen Zeugen.	Não existem testemunhas. [nãu̯ iˈsißchtẽ teßchteˈmuɲaßch]

Beim Arzt und im Krankenhaus

No consultório médico e no hospital

In großen Städten ist die medizinische Versorgung gut. Das medizinische Fachpersonal spricht Englisch und oft auch Französisch. Wenn Sie einen Dolmetscher bzw. einen Übersetzer möchten, fragen Sie nach einem intérprete de alemão [ĩˈtärprete de aleˈmãu̯] oder tradutor [traduˈtor]. Am Strand gibt es außerdem Erste-Hilfe-Stellen (Primeiros Socorros [priˈmejrußch ßuˈkɔrrußch]). Sollten Sie einmal Hilfe brauchen, zögern Sie nicht, jemanden anzusprechen. Man ist hier sehr hilfsbereit.

S26 Ich brauche einen Arzt.	Eu preciso de um médico. [e|u pre'ßisu de ũ 'mädiku]
Wo ist 🔲?	Onde fica 🔲? ['õde 'fika]
S27 ☑ die nächste Arzt- praxis	☑ o consultório médico mais próximo [u kõßul'tɔriu̯ 'mädiku mai̯ßch 'prɔßimu]
S28 ☑ ein Krankenhaus	☑ um hospital [ũ oßchpi'tal]
S29 ☑ eine Unfallchirurgie	☑ o serviço de traumatologia [ũ ßer'wißu de trau̯matulu'schia̯]
S30 ☑ ein Allgemeinmedi- ziner/eine Allge- meinmedizinerin	☑ um médico/uma médica de clínica geral [ũ 'mädiku/uma 'mädika de 'klinika sche'ral]
S31 ☑ ein Augenarzt/eine Augenärztin	☑ um oftalmologista/uma oftalmologista [ũ ɔftalmulu'schißchta/'uma ɔftalmulu'schißchta]
S32 ☑ ein Hautarzt/eine Hautärztin	☑ um dermatologista/uma dermatologista [um därmatulu'schißchta/'uma därmatulu'schißchta]

S33	Das ist meine Versichertenkarte.	**Este é o cartão do meu seguro de assistência médica.** ['eßchte ä u kar'tãọ du meļu ße'guru de aßißch'tenßịạ 'mädika]
S34	Das ist meine Krankenversicherung.	**Este é meu seguro de saúde.** ['eßchte ä u meļu ße'guru de ßa'ude]

Por favor aguarde na sala de espera. [pur fa'wor a'guạrde na 'ßala de 'ßchpära]	Bitte nehmen Sie im Wartezimmer Platz.

S35	Ich würde lieber mit einer Ärztin sprechen.	**Eu prefiro falar com uma médica.** [eļu pre'firu fa'lar kõ 'uma 'mädika]
S36	Ich hatte einen Unfall.	**Eu tive um acidente.** [eļu 'tiwe ũ aßi'dente]
S37	Ich habe (starke) Schmerzen.	**Eu estou com dores (fortes).** [eļu ßchto kõ 'doreßch ('fọrteßch)]
	Es ist ein ☑ Schmerz.	**É uma dor ☑.** [ä 'uma dor]
S38	☑ andauernder	☑ **constante** [kõßch'täte]
S39	☑ wiederholt auftretender	☑ **que desaparece e volta** [ke desapa'räße i 'vọlta]
S40	☑ brennender	☑ **de ardor** [de ar'dor]
S41	☑ dumpfer	☑ **espalhada** [ßchpa'lịạda]
S42	☑ stechender	☑ **como uma pontada** ['komu 'uma põ'tada]

Dói aqui? [dọị a'ki]	Tut das weh?

S43	Hier tut es weh.	**Aqui dói.** [a'ki dọị]
S44	Das tut weh!	**Isto dói!** ['ißchtu dọị]
	Ich habe mir ☑ gebrochen.	**Eu parti ☑.** [eļu par'ti]
S45	☑ den *linken/rechten* Arm	☑ **o braço** *esquerdo/direito* [u 'braßu 'ßchkerdu/di'rejtu]
S46	☑ eine Rippe	☑ **uma costela** ['uma kußch'täla]
S47	☑ das Schlüsselbein	☑ **a clavícula** [a kla'wikula]

S48 ☑ die Schulter	☑ o ombro [u ' õbru]
S49 ☑ das Bein	☑ a perna [a 'pärna]
S50 ☑ den Fuß	☑ o pé [u pä]
S51 ☑ den Zeh	☑ o dedo do pé [u 'dedu du pä]
Ich habe mir ☑ ver- staucht.	Eu torci ☑. [e|u tur'ßi]
S52 ☑ die Hand	☑ a mão [a mãõ]
S53 ☑ den Finger	☑ o dedo [u 'dedu]
S54 ☑ den Daumen	☑ o polegar [u pule'gar]
S55 ☑ das Handgelenk	☑ o pulso [u 'pulßu]
S56 Ich möchte, dass das geröntgt wird.	Eu gostaria de tirar uma radiografia. [e|u gußchta'ri|a de ti'rar 'uma radi̯ugra'fi|a]

A senhora está grávida? [a ße'nj̯ora ßchta 'grawida]	Sind Sie schwanger?

S57 Ich fühle mich schwach.	Eu sinto fraqueza. [e|u 'ßĩtu fra'kesa]
S58 Mir ist schwindelig.	Eu estou com tonturas. [e|u ßchto kõ tõ'turaßch]
S59 Mir ist übel.	Eu estou [m.] enjoado/[f.] enjoada. [e|u ßchto enschu'adu/enschu'ada]
S60 Ich musste mich über- geben.	Eu tive de vomitar. [e|u 'tiwe de wumi'tar]
S61 Ich war ohnmächtig.	Eu desmaiei. [e|u deßchmai̯'ej]
S62 Mein Bauch tut weh.	Tenho dores de barriga. ['tẽnju 'doreßch de ba'rriga]
S63 Ich habe Rücken- schmerzen.	Eu estou com dores nas costas. [e|u ßchto kõ 'doreßch naßch 'kɔßchtaßch]

S64	Ich habe Kopfschmerzen.	Eu estou com dores de cabeça. [e|u ßchto kõ 'doreßch de ka'beßa]
S65	*Er/Sie* hat Fieber.	*Ele/Ela* está com febre. ['ele/'äla ßchta kõ 'fäbre]
	Können Sie mir ☒ geben/verschreiben?	Pode-me *dar/receitar* ☒? ['pɔdeme dar/ re'ßejtar]
S66	☑ Antibiotika	☑ antibióticos [ãtibi'ɔtikußch]
S67	☑ etwas gegen ...	☑ algo para ... ['algu 'para]
S68	☑ Schmerzmittel	☑ analgésicos [anal'schäsikußch]
S69	Ich habe Angst vor Spritzen.	Eu tenho medo de injeções. [e|u 'tẽnju 'medu de ĩschä'ßõĩßch]
S70	Ich möchte eine ungebrauchte Spritze.	Eu quero uma seringa nova. [e|u 'käru 'uma ße'rĩga 'nɔwa]
S71	Bitte waschen Sie sich die Hände.	Por favor lave as mãos. [pur fa'wor 'lawe aßch mãoßch]
S72	Ich bin *Diabetiker/ Diabetikerin.*	Eu sou *diabético/diabética.* [e|u ßo di|a'bätiku/di|a'bätika]
S73	Ich bin *Epileptiker/ Epileptikerin.*	Eu sou *epiléptico/epiléptica.* [e|u ßo epi'läptiku/epi'läptika]
S74	*Er/Sie* braucht dringend Medikamente.	*Ele/Ela* precisa urgentemente de medicamentos. ['ele/'äla pre'ßisa urschente'mente de medika'mentußch]
S75	*Er/Sie* braucht dringend Insulin.	*Ele/Ela* precisa urgentemente de insulina. ['ele/'äla pre'ßisa urschente'mente de ĩßu'lina]

♂ O senhor/♀ A senhora toma algum medicamento? [u ße'njor/a ße'njora 'tɔma al'gũ medika'mentu]	Nehmen Sie irgendwelche Medikamente ein?
Tomas algum medicamento? ['tɔmaßch al'gũ medika'mentu]	Nimmst du irgendwelche Medikamente ein?

T01	Ja, ich nehme ...	Sim, eu tomo ... [ßĩ e|u 'tɔmu]

♂ O senhor/♀ A senhora tem alguma alergia? [u ße'njor/a ße'njora tẽ al'guma aler'schila]	Haben Sie irgendwelche Allergien?
Tens alguma alergia? [tẽsch al'guma aler'schila]	Hast du irgendwelche Allergien?

	Ich bin allergisch gegen ☐.	Eu sou ⬛m.⬛ alérgico/⬛f.⬛ alérgica a ☐. [e|u ßo a'lärschiku/a'lärschika a]
T02	☑ Insektenstiche	☑ picadas de insetos [pi'kadaßch de i'ßätußch]
T03	☑ Penizillin	☑ penicilina [penißi'lina]
T04	Ich habe Asthma.	Eu tenho asma. [e|u 'tẽnju 'aßchma]
	Ich habe ☐.	Eu estou com ☐. [e|u ßchto kõ]
T05	☑ Atembeschwerden	☑ falta de ar ['falta de ar]
T06	☑ Durchfall	☑ diarreia [dia'rreja]
T07	☑ eine Entzündung	☑ uma infeção ['uma ĩfä'ßão]
T08	☑ eine Erkältung	☑ uma constipação ['uma kõßchtipa'ßão]
T09	☑ Grippe	☑ gripe ['gripe]
T10	☑ einen (schmerzhaften/brennenden) Hautausschlag	☑ uma alergia cutânea (dolorosa/ardente) ['uma aler'schila ku'tãnea (dulu'rɔsa/ar'dente)]
T11	☑ Heuschnupfen	☑ febre dos fenos ['fäbre dußch 'fenußch]
T12	☑ Husten	☑ tosse ['tɔße]
T13	☑ einen (tiefen) Schnitt	☑ um corte (profundo) [ũ 'kɔrte (pru'fũdu)]
T14	☑ einen Sonnenbrand	☑ uma queimadura do sol ['uma kejma'dura du ßɔl]
T15	☑ eine Verbrennung	☑ uma queimadura ['uma kejma'dura]
T16	☑ eine Wunde	☑ uma ferida ['uma fe'rida]
T17	Ich habe mich verbrannt.	Eu queimei-me. [e|u kej'mejme]

T18 Vielleicht habe ich einen Sonnenstich.	Eu acho que estou com uma insolação. [eļu 'aßchu ke ßchto kõ 'uma ĩßula'ßãọ]
T19 Ich bin erkältet.	Eu estou m. constipado/f. constipada. [eļu ßchto kõßchti'padu/kõßchti'pada]

Vai/Vais ter de dar entrada no hospital. [waị/waịßch ter de dar en'trada nu oßchpi'tal]	Ich muss Sie/dich ins Krankenhaus einweisen.
Será necessário fazer uma operação. [ße'ra neße'ßariụ fa'ser 'uma opera'ßãọ]	Sie müssen/Du musst operiert werden.

T20 Wann werde ich operiert?	Quando serei m. operado/f. operada? ['kụãdu ße'reị ope'radu/ope'rada]

Qual é o seu/teu grupo de sangue? [kụal ä u ße|u/te|u 'grupu de 'ßãge]	Welche Blutgruppe haben Sie/hast du?

T21 Meine Blutgruppe ist A/B/AB/O positiv.	O meu grupo de sangue é A/B/AB/O positivo. [u me|u 'grupu de 'ßãge ä a/be/a'be/ɔ pusi'tiwu]
T22 Meine Blutgruppe ist negativ.	O meu grupo de sangue é negativo. [u me|u 'grupu de 'ßãge ä nega'tiwu]
T23 Ich will keine Bluttransfusion.	Eu não quero uma transfusão de sangue. [eļu nãọ 'käru 'uma träßchfu'sãọ de 'ßãge]
T24 Wann darf ich aufstehen?	Quando me posso levantar? ['kụãdu me 'pɔßu lewã'tar]
T25 Schwester, ich brauche Hilfe!	Enfermeira, eu preciso de ajuda! [enfer'meịra eļu pre'ßisu de a'schuda]
T26 Wann werde ich entlassen?	Quando me dão alta? ['kụãdu me dãọ 'alta]
Ich bin gegen ☐ geimpft.	Eu estou m. vacinado/f. vacinada contra ☐. [eļu ßchto waßi'nadu/waßi'nada 'kõtra]
T27 ☑ Hepatitis A/B	☑ hepatite A/B [äpa'tite A/B]

147

T28	☑ Gelbfieber	☑ febre amarela ['fäbre ama'räla]
T29	☑ Tetanus	☑ tétano ['tätānu]
T30	☑ Tollwut	☑ raiva ['ra̲iwa]
T31	☑ Typhus	☑ tifo ['tifu]

Beim Zahnarzt
No dentista

T32	Kennen Sie *einen guten Zahnarzt/eine gute Zahnärztin*?	Conhece *um bom dentista/uma boa dentista*? [ku'njäße ũ bõ den'tißchta/'uma boa den'tißchta]
T33	Ich habe Zahnschmerzen.	Eu estou com dor de dentes. [e̲u ßchto kõ dor de 'denteßch]
T34	Das Zahnfleisch ist entzündet.	A gengiva está inflamada. [a schen'schiwa ßchta ĩfla'mada]
T35	Mir ist eine Füllung herausgefallen.	Saiu uma obturação do meu dente. [ßa'i̲u 'uma obtura'ßã̲o du me̲u 'dente]
T36	Mir ist ein Stück vom Zahn abgebrochen.	Partiu-se um bocado do meu dente. [par'ti̲use ũ bu'kadu du me̲u 'dente]
T37	Mir ist ein Stück von der Krone abgebrochen.	Partiu-se um bocado da coroa. [par'ti̲use ũ bu'kadu da ku'roa]
T38	Könnten Sie das provisorisch behandeln?	Pode fazer um tratamento provisório? ['pɔde fa'ser ũ trata'mentu pruwi'sɔri̲u]
T39	Ich möchte eine (lokale) Betäubung.	Eu quero uma anestesia (local). [e̲u 'käru 'uma aneßchte'si̲la (lu'kal)]

Gefährliche Tiere
Animais perigosos

Die hochgiftige Portugiesische Galeere

T40 *Ein Hund/Eine Schlange/Eine Ratte* hat mich gebissen.	*Um cão/Uma cobra/Uma ratazana mordeu--me.* [ũ kãͻ/'uma 'kͻbra/'uma rata'sãna mur'delume]
T41 *Eine Spinne/Eine Zecke* hat mich gebissen.	*Uma aranha/Uma carraça picou-me.* ['uma a'rãnja/'uma ka'rraßa pi'kome]
T42 Ich wurde von einem einem Insekt gestochen.	*Eu fui [m.] picado/[f.] picada por um inseto.* [elu fui pi'kadu/pi'kada pur ũ ĩ'ßätu]
T43 Ich bin mit einer Qualle in Berührung gekommen.	*Eu rocei numa medusa.* [elu ru'ßej 'numa me'dusa]

149

Ein wenig Grammatik

Nomen

Nomen werden immer kleingeschrieben, es sei denn, es handelt sich um Eigennamen.

GENUS

Im Portugiesischen gibt es nur zwei Genera (Geschlechter): maskulin (männlich) und feminin (weiblich). Der Artikel richtet sich immer nach Genus und Numerus (Zahl) des Nomens.

Bestimmte Artikel

	maskulin	feminin
Singular (Einzahl)	**o** sapato (**der** Schuh)	**a** blusa (**die** Bluse)
Plural (Mehrzahl)	**os** sapatos (**die** Schuhe)	**as** blusas (**die** Blusen)

Unbestimmte Artikel

	maskulin	feminin
Singular	**um** sapato (**ein** Schuh)	**uma** blusa (**eine** Bluse)
Plural	**uns** sapatos (**einige** Schuhe)	**umas** blusas (**einige** Blusen)

Männlich oder weiblich? Das lässt sich meistens leicht bestimmen:

Männliche Nomen

Endung	maskulin
-o	o sapato, o carro (der Schuh, das Auto)
-l	o hotel, o anel (das Hotel, der Ring)
-u	o pau, o museu (der Stock, das Museum)
-r	o jantar, o senhor (das Abendessen, der Herr)
-ema	o problema, o sistema (das Problem, das System)

Weibliche Nomen

Endung	feminin
-a	a escola, a comida (die Schule, das Essen)
-ade	a universidade, a cidade (die Universität, die Stadt)
-agem	a viagem, a garagem (die Reise, die Garage)
-ção	a informação, a reação (die Information, die Reaktion)
-iz	a atriz, a imperatriz (die Schauspielerin, die Kaiserin)

Ausnahmen: o dia, o coração (der Tag, das Herz).

Wichtig: Nomen auf -ista können männlich oder weiblich sein: o/a artista, o/a dentista (der Künstler/die Künstlerin, der Zahnarzt/die Zahnärztin). Bei der Endung auf -e gibt es leider keine Tipps. Hier muss man sich den Artikel merken:

151

Endung	Artikel
-e	**o** restaurant**e**, **a** font**e** (das Restaurant, die Quelle)

In der Regel stimmen die Artikel von Personen und Tieren mit ihrem biologischen Geschlecht überein.

Bei Personen, Berufen und Nationalitäten kann man aus der maskulinen Form sehr einfach die feminine Form ableiten:

Bei Nomen auf **-o** ersetzt man die Endung durch ein **-a**:

o menin**o**	**a** menin**a**
der Junge	das Mädchen

Endet ein Nomen auf **-or**, wird ein **-a** angehängt:

o pint**or**	**a** pint**ora**
der Maler	die Malerin

Bei Nomen auf **-ês** hängt man ein **-a** an, wobei der Akzent ˆ entfällt:

o ingl**ês**	**a** ingl**esa**
der Engländer	die Engländerin

Ist die Endung eines Nomens **-ão**, entfällt das **-o**:

o alem**ão**	**a** alem**ã**
der Deutsche	die Deutsche

PLURAL

Um die Pluralform eines Nomens zu bilden, hängt man in der Regel ein **-s** an. Der Artikel bekommt dabei immer ein **-s**:

o amigo	o**s** amigo**s**
der Freund	die Freunde

152

Endet ein Nomen auf **-r**, **-s** oder **-z**, wird **-es** angehängt:

a flor	as flor**es**
die Blume	die Blumen

o mês	os mes**es**
der Monat	die Monate

a ve**z**	as vez**es**
das Mal	die Male

Nomen auf die Endung **-ão** bilden die Pluralform auf drei unterschiedlichen Weisen (**-ões, -ãos, -ães**):

a emo**ção**	as emo**ções**
die Emotion	die Emotionen

a m**ão**	as m**ãos**
die Hand	die Hände

o alem**ão**	os alem**ães**
der Deutsche	die Deutschen

Bei Nomen auf **-s** (unbetont) ist die Pluralform mit der Singularform identisch:

o lápi**s**	os lápi**s**
der Bleistift	die Bleistifte

KASUS

Im Portugiesischen gibt es keinen Kasus für Nomen. Das heißt, sie haben immer die gleiche Form, unabhängig von ihrer Funktion im Satz (z.B. Subjekt oder Objekt).

Adjektive

Das Adjektiv richtet sich in Zahl und Geschlecht nach dem Nomen.

GENUS DER ADJEKTIVE

Wie bei den Nomen gibt es auch für Adjektive zwei Geschlechter. Die feminine Form lässt sich von der maskulinen Form ableiten. Ihre Bildung erfolgt in der Regel wie bei den Nomen:

-o → -a

maskulin	feminin	
pequeno	pequena	klein

-or, -ês, -ol → +a

maskulin	feminin	
trabalhador	trabalhadora	fleißig
inglês	inglesa (ohne Akzent)	englisch
espanhol	espanhola	spanisch

-ão → -ã

maskulin	feminin	
alemão	alemã	deutsch

Bei Adjektiven mit den folgenden Endungen gibt es nur eine Form, die gleichermaßen für maskuline und feminine Nomen gilt:

-e	grande	groß
-r	melhor	besser
-l	fácil	leicht
-s	simples	einfach
-m	comum	üblich
-z	feliz	glücklich

Ausnahmen

maskulin	feminin	
bom	boa	gut
mau	má	böse

PLURALBILDUNG DER ADJEKTIVE

Die Pluralformen der Adjektive werden nach denselben Regeln wie die Pluralformen der Nomen gebildet (siehe Abschnitt *Plural*):

Singular auf Vokal	Plural + s	
bonito	bonitos	hübsch
cara	caras	teuer
grande	grandes	groß
mau	maus	schlecht, böse
brasileira	brasileiras	brasilianisch
alemã	alemãs	deutsch

Singular -r, -s, -z	Plural + es	
assustador	assustadores	erschreckend
português	portugueses *(Akzent fällt weg)*	portugiesisch
feliz	felizes	glücklich

Singular -l	Plural ohne l + ais/eis	
regional	regionais	regional
aceitável	aceitáveis	akzeptabel
difícil	difíceis	schwierig

Singular -m	Plural ohne m + ns	
comum	comuns	üblich

Singular -ão	Plural -ões/-ãos/ -ães	
grand**ão**	grand**ões**	sehr groß
crist**ão**	crist**ãos**	christlich
alem**ão**	alem**ães**	deutsch

Ausnahmen: die Farbadjektive rosa und laranja bleiben im Plural unverändert.

STELLUNG DER ADJEKTIVE

In der Regel stehen Adjektive hinter dem Nomen:

carro **pequeno**	**kleines** Auto
mulher **portuguesa**	**portugiesische** Frau
livros **novos**	**neue** Bücher
praias **bonitas**	**schöne** Strände

STEIGERUNG DER ADJEKTIVE

Komparativ

Vergleicht man zwei ungleiche Dinge, folgt man der Regel: **mais + Adjektiv + (do) que**

O hotel **é mais caro (do) que** o albergue da juventude.
Das Hotel ist teurer als die Jugendherberge.

oder **menos + Adjektiv + (do) que**

O albergue da juventude é **menos confortável (do) que** o hotel.
Die Jugendherberge ist weniger bequem als das Hotel.

Sind zwei verglichene Dinge gleich, verwendet man: **tão + Adjektiv + como**

O hotel é **tão central como** o albergue da juventude.
Das Hotel liegt so zentral wie die Jugendherberge.

Superlativ (höchste Steigerung)

Will man die höchste Steigerung ausdrücken, verwendet man folgende Formulierungen: **o/a (...) mais + Adjektiv + de ...**

O futebol é **o desporto mais famoso de** Portugal.

Fußball ist Portugals berühmtester Sport.

Esta novela é **a mais conhecida (de** todas).

Diese ist die bekannteste Telenovela (von allen).

o/a (...) menos + Adjektiv + de ...

Este prato é **o menos picante de** todos.

Dieses Gericht ist von allen das am wenigsten scharfe.

Esta bolsa é **a menos cara de** todas.

Diese Tasche ist von allen die am wenigsten teure.

Wenn man ohne Vergleich einen hohen Grad einer Eigenschaft ausdrücken möchte, verwendet man die Suffixe **-íssimo/-íssima**.

Adjektiv + -íssimo/-íssima:

Este hotel é car**íssimo**.

Dieses Hotel ist äußerst teuer.

Folgende Adjektive sind unregelmäßig; ihre Steigerungsformen muss man sich merken:

Adjektiv	Komparativ	Superlativ
bom/boa gut	melhor besser	o/a melhor der/die beste
grande groß	maior größer	o/a maior der/die größte
pequeno klein	menor kleiner	o/a menor der/die kleinste
mau/má böse/ schlecht	pior böser/schlechter	o/a pior der/die böseste/schlechteste

Vergrößerung und Verkleinerung

Adjektive (und auch Nomen) können im Portugiesischen auch vergrößert und verkleinert werden. Je nach Kontext bedeuten diese Formen eine Betonung oder Verniedlichung des Adjektivs. In diesen Fällen werden die Suffixe **-ão/-ona** (Vergrößerung) und **-inho/-inha, -zinho/-zinha** (Verkleinerung) an das Adjektiv angehängt:

homem grand**ão**	ein sehr großer Mann
mulher grand**ona**	eine sehr große Frau
menina baix**inha**	ein sehr kleines Mädchen
dia mau**zinho**	kein guter Tag

Adverbien

Das Adverb dient dazu, ein Verb, ein Adjektiv oder ein anderes Adverb zu qualifizieren. Adverbien sind unveränderlich: Sie haben nur eine Form, unabhängig vom Genus oder Numerus des Wortes, das sie begleiten.

Im Portugiesischen kann man viele Adverbien aus ihrem Adjektiv ableiten, indem man **-mente** an das Adjektiv anhängt. Wenn das Adjektiv einen Akzent trägt, entfällt dieser beim Adverb:

fácil → facilmente
Ele conseguiu fazer a prova **facilmente**.
Er hat die Prüfung **locker** geschafft.

Endet das Adjektiv auf **-o**, wird die Endung durch **-a** ersetzt:

perfeito → perfeitamente
Peter fala português **perfeitamente**.
Peter spricht **perfekt** Portugiesisch.

Nicht alle Adverbien haben die Endung **-mente**. Hier folgt eine nach Kategorien geordnete Liste üblicher Adverbien:

Häufigkeit	sempre, frequentemente, regularmente, às vezes, raramente, nunca
	immer, oft, regelmäßig, gelegentlich, selten, nie
Menge und Intensität	muito, pouco, tão, tanto, quase
	sehr, wenig, so, so sehr, fast
Ort	aqui, ali/lá, longe, perto
	hier, da/dort, weit, nah
Zeit	hoje, amanhã, ontem, agora, cedo, tarde, depois
	heute, morgen, gestern, jetzt, früh, spät, nachher
Art und Weise	bem, mal, melhor, pior, rápido, devagar
	gut, schlecht, besser, schlechter, schnell, langsam

STEIGERUNG

Adverbien kann man steigern, indem man das Wort **mais** davor platziert.

A minha mãe conduz **mais** devagar do que eu.

Meine Mutter fährt langsam**er** als ich.

A Ana aprendeu português **mais** rápido do que todos os outros.

Ana hat schneller als alle anderen Portugiesisch gelernt.

Ausnahmen

| bem → melhor | mal → pior |
| gut - besser | schlecht - schlechter |

Pronomen

DEMONSTRATIVPRONOMEN

Sie werden verwendet, um Bezug auf etwas zu nehmen. Este/esta (dieser/e/es hier) verwendet man für etwas, das sich in der Nähe des Sprechers befindet. Esse/essa (dieser/e/es da) wird für Sachen oder Personen verwendet, die sich in der Nähe des Gesprächspartners befinden. Aquele/aquela (dieser/e/es dort, jener/e/es) hingegen benutzt man für Dinge oder Personen, die in sich in einiger Entfernung vom Sprecher und Gesprächspartner befinden. In der Alltagssprache werden diese Unterscheidungen jedoch nicht immer beachtet. Diese Demonstrativpronomen werden dem Nomen vorangestellt. Geschlecht und Zahl der Demonstrativpronomen richten sich nach den darauf folgenden Nomen.

veränderlich		unveränderlich
Singular	Plural	
este livro/esta casa	estes livros/estas casas	isto
esse livro/essa casa	esses livros/essas casas	isso
aquele livro/aquela casa	aqueles livros/aquelas casas	aquilo

Auf die unveränderlichen Formen isto/isso und aquilo folgt nie ein Nomen und sie beziehen sich nur auf Sachen:

O que é **isto**? **Isto** é o meu passaporte.
Was ist **das**? **Das** ist mein Reisepass.

PERSONALPRONOMEN

als Subjekt	
ich	eu
du	tu*
Sie	você**,o senhor, a senhora***

er, sie	ele, ela
wir	nós
ihr	vocês
Sie	os senhores, as senhoras
sie	eles, elas

*Tu (du) wird wie im Deutschen verwendet.

**Você ist die häufig verwendete Anrede, die dem informellen *Sie* entspricht. ***Die formelle respektvolle Anrede lautet o senhor (m.) und a senhora (f.).

als direktes Objekt (Akkusativ)	
mich	me
dich	te
Sie	o, a
ihn, sie	o, a
uns	nos
euch	vos
Sie	os, as
sie	os, as

als indirektes Objekt (Dativ)	
mir	me
dir	te
Ihnen	lhe
ihm, ihr	lhe
uns	nos
euch	vos
Ihnen	lhes
ihnen	lhes

Stellung der Pronomen

Im Portugiesischen wird in der Regel das Objektpronomen mit Bindestrich an das Verb angeschlossen:

Ele telefonou-**me**.

Er hat **mich** angerufen.

Eu dei-**lhe** um livro de presente.

Ich habe **ihm/ihr** ein Buch geschenkt.

In Verneinungen kommt das Objektpronomen jedoch immer vor das Verb:

Eu não **o** vi.

Ich habe **ihn** nicht gesehen.

als Objekt (nach Präpositionen*)	
für mich	para mim
für dich	para ti
für Sie	para o senhor, para a senhora, para si
für ihn, für sie	para ele, para ela
für uns	para nós
für euch	para vocês, para vós
für Sie	para os senhores, para as senhoras
für sie	para eles, para elas

* Dies gilt auch für **para**, **de**, **em**, **a** und **sem**.

als Reflexivpronomen			
Singular		**Plural**	
mich	me	uns	nos
dich	te	euch	se

sich	se	sich	se
sich	se	sich	se

POSSESSIVPRONOMEN

Als Begleiter weisen sie auf den Besitz einer Sache hin und verhalten sich wie die Artikelwörter. Genus und Numerus richten sich nach dem Nomen, das sie begleiten. Im Portugiesischen wird dem Possessivpronomen ein Artikel vorangestellt.

Singular

Besitzer	maskulin	feminin
eu	**o meu** marido (mein Mann)	**a minha** mãe (meine Mutter)
tu	**o teu** marido (dein Mann)	**a tua** mãe (deine Mutter)
você/o senhor/ a senhora	**o seu** marido (Ihr Mann)	**a sua** mãe (Ihre Mutter)
ele	o irmão **dele**, **o seu** irmão (sein Bruder)	a irmã **dele**, **a sua** irmã (seine Schwester)
ela	o irmão **dela**, **o seu** irmão (ihr Bruder)	a irmã **dela**, **a sua** irmã (ihre Schwester)
nós	**o nosso** pai (unser Vater)	**a nossa** mãe (unsere Mutter)
vocês/os senhores/ as senhoras	**o vosso/o seu** pai (euer/Ihr Vater)	**a vossa/a sua** mãe (eure/Ihre Mutter)
eles	o professor **deles**, **o seu** professor (ihr Lehrer)	a professora **deles**, **a sua** professora (ihre Lehrerin)
elas	o professor **delas**, **o seu** professor (ihr Lehrer)	a professora **delas**, **a sua** professora (ihre Lehrerin)

Plural

Besitzer	maskulin	feminin
eu	**os meus** amigos (meine Freunde)	**as minhas** amigas (meine Freundinnen)
tu	**os teus** amigos (deine Freunde)	**as tuas** amigas (deine Freundinnen)
você/o senhor/ a senhora	**os seus** amigos (Ihre Freunde)	**as suas** amigas (ihre Freundinnen)
ele	**os irmãos dele**, **os seus** irmãos (seine Brüder)	**as irmãs dele**, **as suas** irmãs (seine Schwestern)
ela	**os irmãos dela**, **os seus** irmãos (ihre Brüder)	**as irmãs dela**, **as suas** irmãs (ihre Schwestern)
nós	**os nossos** filhos (unsere Söhne)	**as nossas** filhas (unsere Töchter)
vocês/os senhores/ as senhoras	**os vossos/os seus** irmãos (eure/Ihre Brüder)	**as vossas/as suas** irmãs (eure/Ihre Schwestern)
eles	**os** filhos **deles**, **os seus** filhos (ihre Söhne)	**as** filhas **deles**, **as suas** filhas (ihre Töchter)
elas	**os** filhos **delas**, **os seus** filhos (ihre Söhne)	**as** filhas **delas**, **as suas** filhas (ihre Töchter)

O seu/a sua/os seus/as suas wird in der Regel für die dritte Person verwendet (você/o senhor/a senhora). **O seu/a sua/os seus/as suas** für **ele/ela/eles/elas** kann missverständlich interpretiert werden. Die Verwendung von **dele/dela/deles/delas** bringt den Besitzer deutlicher zum Ausdruck. Sie werden immer dem Nomen nachgestellt.

INDEFINITPRONOMEN

veränderlich

algum/a, alguns, algumas (irgendein/e, einige)

nenhum/a, nenhuns, nenhumas (kein/e)

todo, -a, -os, -as (ganz, alle)

muito, -a, -os, -as (viel/e)

outro, -a, -os, -as (andere/r/s)

pouco, -a, -os, -as (wenig/e)

tanto, -a, -os, -as (so viel/e)

vários, -as (mehrere)

unveränderlich

algo (etwas)	alguém (jemand)
nada (nichts)	ninguém (niemand)
tudo (alles)	cada (jede/r/s)

Geschlecht und Zahl der veränderlichen Indefinitpronomen werden immer vom folgenden Nomen bestimmt:

Muitos alemães visitam o Algarve.

Viele Deutsche besuchen die Algarve.

Eu gostaria de pedir **outra** sobremesa.

Ich möchte eine **andere** Nachspeise bestellen.

Wie im Deutschen werden unveränderliche Indefinitpronomen ohne Nomen verwendet:

Alguém tem uma lapiseira?

Hat **jemand** einen Kugelschreiber?

Verben

Im Portugiesischen haben die Verben im Infinitiv (Grundform) drei unterschiedliche Endungen:

Gruppe 1: Verben auf **-ar**

cant**ar**, trabalh**ar**, estud**ar**

(singen, arbeiten, lernen)

Gruppe 2: Verben auf **-er**

com**er**, corr**er**, faz**er**

(essen, laufen, tun)

Gruppe 3: Verben auf **-ir**

conduz**ir**, abr**ir**, traduz**ir**

(fahren/führen, öffnen, übersetzen)

Ausnahme: **pôr** (setzen, legen, stellen)

Für regelmäßige Verben dieser drei Gruppen sind die Endungen, die an den Verbstamm angehängt werden, immer gleich.

GEGENWART

Einfache Zeitform

	estudar (lernen)	comer (essen)	abrir (öffnen)
eu	estud**o**	com**o**	abr**o**
tu	estud**as**	com**es**	abr**es**
você/o senhor*	estud**a**	com**e**	abr**e**
ele/ela	estud**a**	com**e**	abr**e**
nós	estud**amos**	com**emos**	abr**imos**
vocês/ os senhores*	estud**am**	com**em**	abr**em**
eles/elas	estud**am**	com**em**	abr**em**

*Die männliche Höflichkeitsform steht immer auch stellvertretend für die weibliche a senhora(s).

Gegenwart – Verlaufsform

Die Verlaufsform verwendet man, um zu verdeutlichen, dass man gerade dabei ist, etwas zu tun. Diese Form wird aus dem konjugierten Hilfsverb **estar** und dem **Stamm** des jeweiligen Verbs + **-ndo** gebildet.

	estar (sein)	Gerundium	
eu	estou		
tu	estás		
você/o senhor*	está	+	estudando
ele/ela	está		bebendo
nós	estamos		partindo
vocês/ os senhores	estão		
eles/elas	estão		

In dem portugiesischsprachigen Afrika, in Brasilien und dem Alentejo in Portugal ist die Verlaufsform sehr geläufig. In den meisten Regionen Portugals wird sie aber durch eine periphrastische (umschreibende) Form ersetzt. Diese Form wird aus dem konjugierten Hilfsverb **estar + a** und dem **Infinitiv** des jeweiligen Verbs gebildet: estar a **falar/beber/partir**.

Eu estou **estudando/a estudar** alemão.

Ich **lerne gerade** Deutsch.

Ele está **bebendo/a beber** cerveja.

Er **trinkt gerade** Bier.

Agora o Manuel está **partindo/a partir** para o Porto.

Jetzt **fährt** Manuel **gerade los** nach Porto.

VERGANGENHEIT

Perfekt – einfache Zeitform

Das Perfekt verwendet man für bereits abgeschlossene Handlungen in der Vergangenheit, meistens mit genauer Zeitangabe. Anders als im Deutschen wird für die Bildung des Perfekts kein Hilfsverb benutzt. Ähnlich wie im Präsens werden bei den regelmäßigen Verben im Perfekt die jeweiligen Endungen angehängt.

Elas **leram** todos os livros de Ilse Losa.

Sie **haben** alle Bücher von Ilse Losa **gelesen**.

Ontem eu **saí** de casa tarde.

Gestern **bin** ich spät aus dem Haus **gegangen**.

Regelmäßige Konjugation

	falar (sprechen)	**ler** (lesen)	**assistir** (anschauen)
eu	fal**ei**	li	assisti
tu	fal**aste**	l**este**	assist**iste**
você/o senhor	fal**ou**	l**eu**	assisti**u**
ele/ela	fal**ou**	l**eu**	assisti**u**
nós	fal**ámos**	l**emos**	assist**imos**
vocês/ os senhores	fal**aram**	l**eram**	assist**iram**
eles/elas	fal**aram**	l**eram**	assist**iram**

Ser, vazer und ir

	ser (sein)	**fazer (tun)**	**ir (gehen)**
eu	fui	fiz	fui
tu	foste	fizeste	foste
você/o senhor	foi	fez	foi

ele/ela	foi	fez	foi
nós	fomos	fizemos	fomos
vocês/ os senhores	foram	fizeram	foram
eles/elas	foram	fizeram	foram

Achtung: Die Verben ser (sein) und ir (gehen, fahren, fliegen) haben die gleiche Perfektform. Die jeweilige Präposition von ir verdeutlicht den Sinn des Satztes: Eu fui **ao** cinema. (Ich bin **ins** Kino gegangen.)

Vergangenheit – Imperfekt

Das Imperfekt verwendet man für Erzählungen und Beschreibungen in der Vergangenheit sowie für andauernde bzw. sich wiederholende Handlungen in der Vergangenheit, die oft mit folgenden Ausdrücken anfangen: antigamente, naquela altura, quando (damals/zu jener Zeit/damals, als).

Quando eu era estudante, **morava** num apartamento pequeno.

Als ich Student/in war, **wohnte** ich in einem kleinen Appartment.

Naquela altura eu **ia** sempre de bicicleta para a universidade.

Damals **fuhr** ich immer mit dem Fahrrad zur Universität.

Regelmäßige Konjugation

	falar	**ler**	**assistir**
eu	fal**ava**	l**ia**	assist**ia**
tu	fal**avas**	l**ias**	assist**ias**
você/o senhor	fal**ava**	l**ia**	assist**ia**
ele/ela	fal**ava**	l**ia**	assist**ia**
nós	fal**ávamos**	l**íamos**	assist**íamos**
vocês/ os senhores	fal**avam**	l**iam**	assist**iam**
eles/elas	fal**avam**	l**iam**	assist**iam**

Ser, fazer und ir

	ser	fazer	ir
eu	era	fazia	ia
tu	eras	fazias	ias
você/o senhor	era	fazia	ia
ele/ela	era	fazia	ia
nós	éramos	fazíamos	íamos
vocês/ os senhores	eram	faziam	iam
eles/elas	eram	faziam	iam

Vergangenheit – Verlaufsform

Die Verlaufsform in der Vergangenheit wird ähnlich wie in der Gegenwart gebildet. Das Verb **estar** wird im Imperfekt konjugiert.

Eu **estava a trabalhar/trabalhando** enquanto o Manuel cozinhava.

Ich arbeitete *(war dabei zu arbeiten)*, während Manuel kochte.

Ela não ouviu o telefone porque **estava a dormir/dormindo**.

Sie hat das Telefon nicht gehört, weil sie (gerade) schlief.

	estar (sein)	Gerundium	
eu	est**ava**		
tu	est**avas**		
você/o senhor	est**ava**	+	estud**ando** beb**endo** dirig**indo**
ele/ela	est**ava**		
nós	est**ávamos**		
vocês/ os senhores	est**avam**		
eles/elas	est**avam**		

ZUKUNFT

Futur mit ir

Das Futur drückt eine Handlung aus, die in der Zukunft stattfindet. In der Umgangssprache wird es meistens durch das Präsens oder durch eine periphrastische Form ersetzt: Präsens vom Hilfsverb ir + Infinitiv des Hauptverbs. Diese „nahe Zukunft" ist die am häufigsten verwendete Form.

	ir (gehen)	Infinitiv
eu	vou	
tu	vais	
você/o senhor	vai	estudar
ele/ela	vai	beber
nós	vamos	dirigir
vocês/ os senhores	vão	+
eles/elas	vão	

Ela **vai comprar** uma casa no campo.

Sie wird ein Haus auf dem Land kaufen.

Vocês **vão pedir** vinho ou água?

Werdet ihr Wein oder Wasser bestellen?

Das einfache Futur

	estudar	beber	partir
eu	estudar**ei**	beber**ei**	partir**ei**
tu	estudar**ás**	beber**ás**	partir**ás**
você/o senhor	estudar**á**	beber**á**	partir**á**
ele/ela	estudar**á**	beber**á**	partir**á**
nós	estudar**emos**	beber**emos**	partir**emos**

171

vocês/ os senhores	estudar**ão**	beber**ão**	partir**ão**
eles/elas	estudar**ão**	beber**ão**	partir**ão**

Das einfache Futur (*futuro simples*) wird meistens schriftlich verwendet. In der gesprochenen Sprache drückt man mithilfe des Futurs mit **ir** aus, dass eine Handlung in der Zukunft stattfinden wird (siehe *Futur mit* **ir**).

IMPERATIV

Der Imperativ wird für Befehle, Bitten, Ratschläge und Anweisungen verwendet.

Bei den regelmäßigen Verben bildet man die Imperativform, indem man an den Verbstamm die Endungen **-a**, **-e** oder **-em** anhängt (Verben auf **-ar**) bzw. die Endungen **-e**, **-a** oder **-am** (Verben auf **-er** und **-ir**).

	falar	**e**screver	**a**brir
tu	fal**a**	escrev**e**	abr**e**
você/o senhor	fal**e**	escrev**a**	abr**a**
vocês/ os senhores	fal**em**	escrev**am**	abr**am**

Fala comigo!	Sprich mit mir!
Fale comigo!	Sprechen Sie mit mir!
Escrevam um texto sobre o Algarve.	Schreibt/Schreiben Sie einen Text über die Algarve.
Abre a janela, por favor!	Öffne das Fenster, bitte!

Bei den unregelmäßigen Verben muss man außerdem auf die Änderung im Verbstamm achten. Ein Tipp: Bilden Sie die Verbform in der 1. Person Singular Präsens (**eu**) und ersetzen Sie die Endung!

dormir (schlafen)

Präsens	Imperativ
eu durmo (ich schlafe)	durma! (schlafen Sie!)
	durmam! (schlaft!/schlafen Sie!)

Satzstellung

AUSSAGESATZ

Die übliche Bildung eines Aussagesatzes ist wie folgt:

1. Subjekt (wer, was)
2. Verb (Handlung)
3. Objekt (wen, wem)
4. Adverb (Art und Weise, wann, wie)

VERNEINUNG

Im Portugiesischen wird verneint, indem man das Wort **não** vor das (erste) Verb stellt:

Este hotel **não** tem piscina.	Dieses Hotel hat **kein** Schwimmbad.
O meu irmão **não** comprou o bilhete.	Mein Bruder hat das Ticket **nicht** gekauft.
Eles **não** reservaram o voo.	Sie haben den Flug **nicht** gebucht.
Eu **não** vou visitar a Joana.	Ich werde Joana **nicht** besuchen.
A minha amiga **não** vai ficar em Lisboa.	Meine Freundin wird **nicht** in Lissabon bleiben.
Não comas isso.	Iss das **nicht**.
Eu **não** gosto de leite.	Ich mag **keine** Milch.

Frage

Die Intonation unterscheidet einen Frage- von einem Aussagesatz.
Bei Fragen liegt die Betonung am Ende des Satzes.

Aussage	Frage
A comida é/não é boa.	A comida **é/não é boa**?

Bildtafeln zum Zeigen

Von A bis Z
Deutsch-Portugiesisch

Bei regelmäßigen Adjektiven wird als Grundform die männliche Form angegeben; hier muss nur -o durch -a ersetzt werden, um die weibliche Form zu bilden. Bei unregelmäßigen Adjektiven werden immer beide Formen angegeben.
Bei Verben werden neben dem Infinitiv in Spitzklammer noch die 3. Person Singular Präsens und Perfekt angegeben.

A

ab a partir de [a par'tir de]
Abend noite ['noite] *a*, Guten Abend! Boa noite! ['boa 'noite], heute Abend hoje à noite ['osche a 'noite], zu Abend essen jantar [schä'tar] <janta, jantou>
Abendessen jantar [schä'tar] *o*
abends à noite [a 'noite]
aber mas [maßch]
abfahren sair [ßa'ir] <sai, saiu>
Abfahrt partida [par'tida] *a*
abfliegen descolar [deßchku'lar] <descola, descolou>
Abflug descolagem [deßchku'laschẽ] *a*
abheben *(Geld vom Konto)* tirar [ti'rar] <tira, tirou>, *(Flugzeug vom Boden)* levantar voo [lewã'tar 'wou] <levanta voo, levantou voo>
abholen ir buscar [ir bußch'kar] <vai buscar, foi buscar>
Absender, **Absenderin** remetente [reme'tente] *o/a*
absolut *(Adv.)* absolutamente [aßßuluta'mente]
Abteil vagão [wa'gãõ] *o*
Achtung! Atenção! [atẽ'ßãõ]
Adapter adaptador [adapta'dor] *o*
addieren somar [ßu'mar] <soma, somou>
Adresse endereço [ende'reßu] *o*
Aids Sida ['ßida] *a*
Akku pilha ['pilja] *a*
Alkohol álcool ['alkuɔl] *o*
alkoholfrei sem álcool [ßẽ 'alkuɔl]
alle *(ohne Ausnahme)* ♂ todos ['todußch], ♀ todas ['todaßch]
allein sozinho [ßɔ'sinju]
Allergie alergia [aler'schila] *a*
Allgemeinmediziner, **Allgemeinmedizinerin** médico de clínica geral ['mädiku de 'klinika sche'ral] *o*, médica de clínica geral ['mädika de 'klinika sche'ral] *a*
als *(zu einem bestimmten Zeitpunkt)* quando ['kuãdu], *(nach einem Komparativ)* que [ke]
also portanto [pur'tãtu]
alt velho ['wälju]

Alter idade [i'dade] *a*

Ameise formiga [fur'miga] *a*

Ampel semáforo [ße'mafuru] *o*

an *(Lage oder Position)* em [ẽ], **an der Wand** na parede [na pa'rede], **an den Strand gehen** ir à praia [ir a 'praia], *(zeitlich)* **von morgen an** a partir de amanhã [a par'tir de amã'njã]

Ananas ananás [ana'naßch] *o*

anbieten oferecer [ofere'ßer] <oferece, ofereceu>

anderer, **andere**, **anderes** ♂ outro ['otru], ♀ outra ['otra], ♂♂ outros ['otrußch], ♀♀ outras ['otraßch]

ändern mudar [mu'dar] <muda, mudou>

anders *(Adj.)* diferente [dife'rente], **anders sein als** ser diferente de [ßer dife'rente de] <é, foi>

Anfahrtsbeschreibung descrição do trajeto [deßchkri'ßão du tra'schätu] *a*

Anfang começo [ku'meßu] *o*, **am Anfang** no começo [nu ku'meßu], **Anfang Mai** no começo de maio [nu ku'meßu de 'maiu]

anfangen começar [kume'ßar] <começa, começou>

Angebot *(Auswahl)* oferta [o'färta] *a*, *(Sonderangebot)* promoção [prumu'ßão] *a*

Angst medo ['medu] *o*

ankommen chegar [ßche'gar] <chega, chegou>

Ankunft chegada [ßche'gada] *a*

anmelden registar [reschißch'tar] <registа, registou>, **sich anmelden** inscrever-se [ĩßchkre'werße] <inscreve-se, inscreveu-se>

Anruf telefonema [telefu'nema] *o*

anrufen telefonar [telefu'nar] <telefona, telefonou>

Anschluss *(für Telefon, Internet)* conexão [kunäk'ßão] *a*

Anspitzer afiador [afia'dor] *o*

Antibiotikum antibiótico [antibi'ɔtiku] *o*

Antiquität antiguidade [ãtigui'dade] *a*

Antrag requerimento [rekeri'mentu] *o*

Antwort resposta [reßch'pɔßchta] *a*

antworten responder [reßchpõ'der] <responde, respondeu>

anzahlen deixar uma entrada em dinheiro [dej'ßchar 'uma en'trada ẽ di'njejru] <deixa, deixou>

Anzahlung entrada [en'trada] *a*, **eine Anzahlung leisten** dar uma entrada no pagamento [dar 'uma en'trada nu paga'mentu] <dá, deu>

Anzeige *(Annonce)* anúncio [a'nũßiu] *o*, *(Strafanzeige)* denúncia [de'nũßia] *a*, **Anzeige gegen jdn erstatten** fazer uma denúncia contra alguém [fa'ser 'uma de'nũßia 'kõtra al'gẽ] <faz, fez>

anziehen vestir [weßch'tir] <veste, vestiu>

Anzug fato ['fatu] *o*

Apfel maçã [ma'ßã] *a*
Apotheke farmácia [far'maßi̯a] *a*
April abril [a'bril] *o*
Arbeit trabalho [tra'balju] *o*, *(Stelle)* lugar de trabalho [lu'gar de tra'balju] *o*
arbeiten trabalhar [traba'ljar] <trabalha, trabalhou>
Arbeitserlaubnis permissão de trabalho [permi'ßãu̯ de tra'balju] *a*
arm pobre ['pɔbre]
Arm braço ['braßu] *o*
Armbanduhr relógio [re'lɔschi̯u] *o*
Ärmel manga ['mãga] *a*
Armut pobreza [pu'bresa] *a*
Arzt, **Ärztin** médico ['mädiku] *o*, médica ['mädika] *a*
Aschenbecher cinzeiro [ßĩ'sejru] *o*
auch *(ebenfalls)* também [tã'bẽ], *(genauso)* do mesmo modo [du 'meßchmu 'mɔdu], *(überdies)* além disso [a'lẽ 'dißu], **auch nicht** também não [tã'bẽ nãu̯]
auf em cima [ẽ 'ßima], Die Zeitung liegt auf dem Tisch. O jornal está em cima da mesa. [u schur'nal ßchta ẽ 'ßima da 'mesa]
Aufenthalt permanência [perma'nenßi̯a] *a*
aufhören acabar [aka'bar] <acaba, acabou>, **aufhören, etw. zu tun** acabar de fazer algo [aka'bar de fa'ser 'algu]
aufstehen levantar [lewã'tar] <levanta, levantou>
aufwachen acordar [akur'dar] <acorda, acordou>
Aufzug elevador [elewa'dor] *o*

Auge olho ['olju] *o*
August agosto [a'goßchtu] *o*, **im August** em agosto [ẽ a'goßchtu]
aus *(räumlich)* de [de], **Ich bin aus Leipzig. Eu sou de Leipzig.** [e̯u ßo de 'la̯iptßig], *(zeitlich: vorbei)* acabou [aka'bo], **Das Spiel ist aus. O jogo acabou.** [u 'schogu aka'bo]
Ausdruck impressão [ĩpre'ßãu̯] *a*
ausdrucken imprimir [ĩpri'mir] <imprime, imprimiu>
Ausfahrt saída [ßa'ida] *a*
Ausflug excursão [ejßchkur'ßãu̯] *a*
ausfüllen preencher [preḙen'ßcher] <preenche, preencheu>
Ausgang saída [ßa'ida] *a*
ausgebucht lotado [lu'tadu]
Auskunft informação [ĩfurma'ßãu̯] *a*, *(Telefonauskunft)* informação telefónica [ĩfurma'ßãu̯ tele'fɔnika] *a*
ausmachen *(ausschalten)* desligar [deßchli'gar] <desliga, desligou>
Ausschlag alergia [aler'schi̯a] *a*
aussehen parecer [pare'ßer] <parece, pareceu>
Aussicht vista ['wißchta] *a*
aussteigen aussteigen (aus) descer (do/da) [deßch'ßer (du/da)] <desce (do/da), desceu (do/da)>
Ausweis *(Personalausweis)* bilhete de identidade [bi'ljete de identi'dade] *o*, *(für Mitgliedschaft)* cartão de sócio [kar'tãu̯ de 'ßɔßi̯u] *o*
Auto carro ['karru] *o*

Autobahn autoestrada
[aṵtɔ'ßchtrada] *a*
Autobahnauffahrt acesso à autoestrada [a'ßäßu a
aṵtɔ'ßchtrada] *o*
Automat máquina automática
['makina aṵtu'matika] *a*, *(Geldau-*
tomat) caixa automática
['kaißcha aṵtu'matika] *a*
automatisch automático
[aṵtu'matiku]
Avocado abacate [aba'kate] *o*

B

Baby bebé [bä'bä] *o*
Babyfläschchen biberão
[bibe'rãͻ] *o*
Babynahrung papa para bebé
['papa 'para bä'bä] *a*
Babypuder pó de talco [pͻ de
'talku] *o*
Bach ribeiro [ri'bejru] *o*
Bäcker, **Bäckerin** padeiro
[pa'dejru] *o/a*, padeira [pa'dejra] *a*
Bäckerei padaria [pada'riḻa] *a*
Bad casa de banho ['kasa de
ba'nju] *a*
baden tomar banho de banheira
[tu'mar 'banju de ba'njejra]
<toma, tomou>
Badeanzug fato de banho ['fatu
de banju] *o*
Badehose calção de banho
[kal'ßãͻ de 'banju] *o*
Bademeister, **Bademeisterin**
salva-vidas ['ßalwa 'widaßch] *o/a*
Badewanne banheira [ba'njejra] *a*

Bahn *(Zug)* comboio [kõ'bͻju] *o*,
(Institution) companhia ferroviá-
ria [kõpa'njila färrͻwi'ariḻa] *a*
Bahnhof estação de comboios
[ßchta'ßãͻ de kõ'bͻjußch] *a*
Bahnsteig plataforma de embar-
que [plata'fͻrma de em'barke] *a*
bald em breve [ẽ 'bräwe]
Balkon varanda [wa'rãda] *a*
Ball bola ['bͻla] *a*
Banane banana [ba'nãna] *a*
Bank banco ['bãku] *o*
Bankleitzahl código bancário
['kͻdigu bã'kariṵ] *o*
bar in bar em dinheiro [ẽ di'njejru]
Bargeld dinheiro [di'njejru] *o*
Bart barba ['barba] *a*
Batterie pilha ['piḻja] *a*
Bauch barriga [ba'rriga] *a*
Bauernhof quinta ['kĩta] *a*
Baum árvore ['arwure] *a*
bedeuten significar [ßignifi'kar]
<significa, significou>
beginnen começar [kume'ßar]
<começa, começou>
behalten guardar [gṵar'dar]
<guarda, guardou>
behindert behindert sein ser deficiente [ßer defißi'ente] <é, foi>
Behinderter, **Behinderte** deficiente [defißi'ente] *o/a*
Behindertenausweis cartão de
deficiente [kar'tãͻ de
defißi'ente] *o*
behindertengerecht adaptado a
deficientes [ada'ptadu a
defißi'enteßch]

bei *(in der Nähe von)* perto de ['pärtu de], *(gleich daneben)* ao lado de [au 'ladu de]

beide *(Bezug auf zwei männliche Nomen oder ein männliches u. ein weibliches Nomen)* ambos ['äbußch], *(Bezug auf zwei weibliche Nomen)* ambas ['äbaßch]

Bein perna ['pärna] *a*

Beispiel exemplo [i'semplu] *o*

bekommen receber [reße'ber] <recebe, recebeu>

benutzen usar [u'sar] <usa, usou>

Benzin gasolina [gasu'lina] *a*

Berg montanha [mõ'tãnja] *a*

Beruf profissão [prufi'ßãọ] *a*

Beschwerde reclamação [reklama'ßãọ]

beschweren sich beschweren reclamar [rekla'mar] <reclama, reclamou>

besetzt ocupado [oku'padu]

besser melhor [me'ljọr]

bestätigen confirmar [kõfir'mar] <confirma, confirmou>

Bestätigung confirmação [kõfirma'ßãọ] *a*

bestellen pedir [pe'dir] <pede, pediu>

besuchen *(Personen)* visitar [wisi'tar] <visita, visitou>

Betrug vigarice [wiga'riße] *a*

Bett cama ['kãma] *a*, ins Bett gehen ir para a cama [ir 'para a 'kãma] <vai, foi>

Bettbezug lençol de cima [len'ßɔl de 'ßima] *o*

Bettlaken lençol de baixo [len'ßɔl de 'baịßchu] *o*

Bettzeug roupa da cama ['ropa da 'kãma] *a*

bezahlen pagar [pa'gar] <paga, pagou>

Bier cerveja [ßer'wejscha] *a*

Bild quadro ['kụadru] *o*

billig barato [ba'ratu]

bio... bio... ['biụu], biologisch-dynamisch biológico ['biụu'lɔschiku]

Birne pera ['pera] *a*

bis até [a'tä], bis Bremen até Bremen [a'tä 'bremen]

bisschen ein bisschen um pouco [ũ 'poku], kein bisschen nem um pouco [nẽ ũ 'poku]

bitte por favor [pur fa'wor]

Bitte favor [fa'wor] *o*

bitten pedir [pe'dir] <pede, pediu>, jdn um etw. bitten pedir algo a alguém [pe'dir 'algu a al'gẽ]

bitter amargo [a'margu]

Blase *(Organ)* bexiga [be'ßchiga] *a*, *(abgelöste Haut mit Lymphflüssigkeit, Lufteinschluss)* bolha ['bolja] *a*

Blatt folha [fo'lja] *a*

Blätterteig massa folhada ['maßa fu'ljada] *a*

blau azul [a'sul]

bleiben ficar [fi'kar] <fica, ficou>

bleifrei sem chumbo [ßẽ 'ßchũbu]

Bleistift lápis ['lapißch] *o*

blind cego ['ßägu]

Blindenhund cão-guia [kãọ 'gila] *o*

blond louro ['loru]

183

Blume flor [flor] *a*
Blumenladen florista [flu'rißchta] *a*
Bluse blusa ['blusa] *a*
Blut sangue ['ßãge] *o*
Boot barco ['barku] *o*
Botschaft embaixada
[ẽba̲i̲'ßchada] *a*
Brasilianer, **Brasilianerin** brasileiro [brasi'lejru] *o*, brasileira
[brasi'lejra] *a*
brasilianisch brasileiro [brasi'lejru]
Brasilien Brasil [bra'sil] *o*
brauchen precisar de [preßi'sar
de] <precisa, precisou>
braun castanho [kaßch'tãnju]
breit largo ['largu]
Breite largura [lar'gura] *a*
Bremse *(eines Fahrzeugs)* travão
[tra'vã̲o̲] *o*, *(Stechfliege)* mos-
cardo [mußch'kardu] *o*
bremsen travar [tra'war] <trava,
travou>
Brief carta ['karta] *a*
Briefmarke selo ['ßelu] *o*
Brille óculos ['ɔkulußch] *os*
bringen *(herbringen)* trazer
[tra'ser] <traz, trouxe>, *(mit einem
Fahrzeug)* transportar
[trãßchpur'tar] <transporta,
transportou>, *(hinbringen)* levar
[le'war] <leva, levou>, Können
Sie mich zum Bahnhof bringen?
Pode levar-me para a estação
ferroviária? ['pɔde le'warme 'para
a ßchta'ßã̲o̲ färrɔwi'aria]
Bronchitis bronquite [brõ'kite] *a*
Brot pão [pã̲o̲] *o*
Brötchen pãozinho [pã̲o̲'sinju] *o*

Brücke ponte ['põte] *a*
Bruder irmão [ir'mã̲o̲] *o*
Brust *(vordere Seite des Rumpfes)*
peito ['pejtu] *o*, *(Busen)* seios
['ßejlußch] *os*
Buch livro ['liwru] *o*
buchen reservar [reser'war]
<reserva, reservou>
Buchhandlung livraria [liwra'ri|a] *a*
Buchstabe letra ['letra] *a*
buchstabieren soletrar [ßule'trar]
<soletra, soletrou>
Bucht baía [ba'i|a] *a*
Buchung reserva [re'särwa] *a*
Bungalow bungalô [bũga'lo] *o*
Büro escritório [ßchkri'tɔriʉ] *o*
Bus autocarro [a̲u̲tɔ'karru] *o*, *(Reise-
bus)* autocarro expresso
[a̲u̲tɔ'karru ejßch'präßu] *o*
Busbahnhof estação rodoviária
[ßchta'ßã̲o̲ rɔdɔwi'aria] *a*
Bushaltestelle paragem de auto-
carro [pa'raschẽ de a̲u̲tɔ'karru] *a*
Bußgeld multa ['multa] *a*
Butter manteiga [mã'tejga] *a*

C

Café café [ka'fä] *o*
campen acampar [akã'par]
<acampa, acampou>
Campingplatz parque de cam-
pismo ['parke de kã'pißchmu] *o*
Cent cêntimo ['ßentimu] *o*
Chance chance ['ßchãße] *a*
Chef, **Chefin** chefe ['ßchäfe] *o/a*
christlich cristão [krißch'tã̲o̲]
Cola Coca-Cola™ ['kɔka 'kɔla] *a*

Computer computador [kõputa'dor] o
Cousin, **Cousine** primo ['primu] o, prima ['prima] a
Creme creme ['kräme] o

D

da (dort) lá [la], (weil) como ['komu], (in dem Moment) naquele momento [na'kele mu'mentu]
Dach teto ['tätu] o
Dame senhora [ße'njora] a
Damenbinde penso higiénico ['penßu ischi'äniku] o
Damentoilette casa de banho das senhoras ['kasa de 'banju daßch ße'njoraßch] a
daneben ao lado de [au 'ladu de]
Dank agradecimento [agradeßi'mentu] o; Vielen Dank! ♂ Muito obrigado!, ♀ Muito obrigada! ['muĩtu obri'gadu/'muĩtu obri'gada]
danke ♂ obrigado [obri'gadu], ♀ obrigada [obri'gada]
danken agradecer [agrade'ßer] <agradece, agradeceu>
dann depois [de'poĩßch]
dass que [ke]
Datum data ['data] a
Daumen polegar [pule'gar] o
Decke cobertor [kuber'tor] o
defekt avariado [awari'adu]
dein, **deine** ♂ teu [telu], ♀ tua ['tula]
denken pensar [pen'ßar] <pensa, pensou>

Denkmal monumento [munu'mentu] o
denn porque [pur'ke] pois [poĩßch]
deutsch ♂ alemão [ale'mão], ♀ alemã [ale'mã]
Deutscher, **Deutsche** alemão [ale'mão] o, alemã [ale'mã] a
Deutschland Alemanha [ale'mãnja] a
Dezember dezembro [de'sembru] o
Diät dieta [di'äta] a
dich (reflexiv) te [te], (Akkusativ) te [te]
dick (übergewichtig) gordo ['gordu], (Stärke) grosso ['großu]
Dieb, **Diebin** ladrão [la'drão] o, ladra ['ladra] a
Dienstag terça-feira ['terßa 'fejra] a
dies isso ['ißu]
dieser, **diese**, **dieses** (adjektivisch) ♂ este ['eßchte], ♀ esta ['äßchta], (unveränderlich; stellvertretend für ein Nomen, aber nur für Sachen) isto ['ißchtu], (weiter entfernt: adjektivisch) ♂ esse ['eße], ♀ essa ['äßa], (unveränderlich; stellvertretend für ein Nomen, aber nur für Sachen) isso ['ißu]
Ding coisa ['koĩsa] a
Diphtherie difteria [difte'rila] a
direkt (Adj.) direto [di'rätu], (Adv.) diretamente [diräta'mente]
Direktflug voo direto ['wolu di'rätu] o

185

Direktor, **Direktorin** diretor [dirä'tor] *o*, diretora [dirä'tora] *a*

dolmetschen traduzir simultaneamente [tradu'sir ßimultãnia̱'mente] <traduz, traduziu>

Dolmetscher, **Dolmetscherin** intérprete [ĩ'tärprete] *o/a*

Donnerstag quinta-feira ['kĩta 'fejra] *a*

doppelt *(Adj.)* duplo ['duplu], *(Adv.)* duas vezes ['duIaßch 'weseßch]

Doppelzimmer quarto duplo ['kua̱rtu 'duplu] *o*

Dorf aldeia [al'dejIa] *a*

dort lá [la], **dort drüben** do lado de lá [du 'Iadu de Ia]

Dose lata ['Iata] *a*

draußen fora ['fɔra]

drinnen dentro ['dentru]

Drittel terço ['terßu] *o*

drucken imprimir [ĩpri'mir] <imprime, imprimiu>

drücken apertar [aper'tar] <aperta, apertou>

Drucker impressora [ĩpre'ßora] *a*

du tu [tu]

dunkel escuro ['ßchkuru]

durch por [pur], **eine Reise mit dem Bus durch Portugal** uma viagem de autocarro por Portugal ['uma wi'aschë de autɔ'karru pur purtu'gal]

Durchfall diarreia [dia̱'rrejIa] *a*

Durchsage aviso [a'wisu] *o*

dürfen poder [pu'der] <pode, pôde>

Durst sede ['ßede] *a*, **Durst haben** ter sede [ter 'ßede] <tem, teve>

Dusche chuveiro [ßchu'wejru] *o*

duschen tomar banho de chuveiro [tu'mar 'bãnju de ßchu'wejru] <toma, tomou>

DVD DVD [dewe'de] *o*

E

EC-Karte cartão de débito [kar'tã̱o de 'däbitu] *o*

Ehe casamento [kasa'mentu] *o*

Ehefrau esposa ['ßchposa] *a*

Ehemann marido [ma'ridu] *o*

Ehepaar casal [ka'sal] *o*

Ei ovo ['owu] *o*

eigener, **eigene**, **eigenes** ♂ próprio ['prɔpriu̱], ♀ própria ['prɔpria̱]

eilig apressado [apre'ßadu], *(mit großer Eile)* **Ich habe es eilig!** Eu estou com pressa! [eIu ßchto kõ 'präßa]

ein, **eine** ♂ um [ũ], ♀ uma ['uma]

einfach *(Adj.: leicht)* fácil ['faßil], *(schlicht)* simples ['ßĩpleßch], *(Adv.)* simplesmente [ßĩpleßch'mente]

Eingang entrada [en'trada] *a*

einkaufen fazer compras [fa'ser 'kõpraßch] <faz, fez>

Einkaufszentrum centro comercial ['ßentru kumer'ßial] *o*

einladen convidar [kõwi'dar] <convida, convidou>

Einladung convite [kõ'wite] *o*

einlösen trocar [tru'kar] <troca, trocou>

einmal uma vez ['uma weßch]

einpacken *(verstauen)* embalar [emba'lar] <embala, embalou>, *(einwickeln)* embrulhar [embru'l̬jar] <embrulha, embrulhou>

Einreise entrada num país [en'trada nũ pa'iß̌ch] *a*

einreisen entrar [en'trar] <entra, entrou>

einsteigen einsteigen (in) entrar (no/na) [en'trar (nu/na)] <entra, entrou>

Einweg... ... descartável [deß̌chkar'tawäl]

Einwohner, Einwohnerin habitante [abi'tãte] *o/a*

Einzelzimmer quarto individual ['k̬uartu ĩdiwi'd̬ual] *o*

Eis gelo ['ß̌chelu] *o*, *(Speiseeis)* gelado [ß̌che'lad̬u] *o*

Eisbahn rinque de patinagem no gelo ['rĩk̬e de pati'naß̌chẽ nu 'ß̌chelu] *o*

Eisdiele gelataria [ß̌chelata'ri̬la] *a*

Eisstadion estádio de patinagem no gelo ['ß̌chtadi̬u de patina'ß̌chẽ nu 'ß̌chelu] *o*

Eltern pais [p̬aiß̌ch] *os*

E-Mail e-mail [i'mejl] *o*

Empfänger, Empfängerin destinatário [deß̌chtina'tari̬u] *o*, destinatária [deß̌chtina'tari̬a] *a*

empfehlen recomendar [rekumen'dar] <recomenda, recomendou>

Ende fim [fĩ] *o*

englisch inglês [ĩ'gleß̌ch]

Enkel, Enkelin neto ['nätu] *o*, neta ['näta] *a*

entgräten tirar as espinhas do peixe [ti'rar aß̌ch 'ß̌chpiɲaß̌ch du 'pejß̌che] <tira, tirou>

entschuldigen jdn entschuldigen desculpar alguém [deß̌chkul'par al'gẽ] <desculpa, desculpou>, sich entschuldigen desculpar-se [deß̌chkul'parß̌e] <desculpa-se, desculpou-se>

Entschuldigung desculpa [deß̌ch'kulpa] *a*, Entschuldigung! Desculpe! [deß̌ch'kulpe]

entspannen relaxar [rela'ß̌char] <relaxa, relaxou>

entwickeln *(schaffen)* desenvolver [desenwol'wer] <desenvolve, desenvolveu>, *(Fotografie)* revelar [rewe'lar] <revela, revelou>

Entwicklung *(welchen Weg etwas nimmt)* desenvolvimento [desenwolwi'mentu] *o*, *(von fotografischen Aufnahmen)* revelação [rewela'ß̌ã̃o] *a*

er ele ['ele]

Erdbeere morango [mu'rãgu] *o*

Erdgeschoss rés do chão [räß̌ch du ß̌chã̃o] *o*

erkältet constipado [kõß̌chti'pad̬u]

erklären explicar [ejß̌chpli'kar] <explica, explicou>

erlauben permitir [permi'tir] <permite, permitiu>

Ermäßigung desconto [deß̌ch'kõtu] *o*

erster, erste, erstes ♂ primeiro [pri'mejru], ♀ primeira [pri'mejra]

erwachsen adulto [a'dultu]

Erwachsener, **Erwachsene** adulto [a'dultu] *o*, adulta [a'dulta] *a*

erzählen contar [kõ'tar] <conta, contou>

es ♂ ele ['ele], ♀ ela ['äla]

essen comer [ku'mer] <come, comeu>

Essig vinagre [wi'nagre] *o*

Etage andar [ã'dar] *o*

Etikett etiqueta [eti'keta] *a*

euch *(reflexiv Dativ u. Akkusativ)* se [ße], *(Dativ u. Akkusativ vom Personalpronomen ‚ihr')* vos [wußch]

euer, **eure** ♂ vosso ['wɔßu], ♀ vossa ['wɔßa]

Euro euro ['eｌuru] *o*

Europa Europa [eｌu'rɔpa] *a*

Europäer, **Europäerin** europeu [eｌuru'peｌu] *o*, europeia [eｌuru'pejｌa] *a*

europäisch europeu [eｌuru'peｌu]

F

Fabrik fábrica ['fabrika] *a*

Fahne bandeira [bã'dejra] *a*

Fähre barco ferry ['barku 'färri] *o*

fahren ir de [ir de] <vai, foi>

Fahrer, **Fahrerin** condutor [kõdu'tor] *o/a*, condutora [kõdu'tora] *a*

Fahrkarte bilhete [bi'lｊete] *o*

Fahrkartenautomat máquina automática de bilhetes ['makina autu'matika de bi'lｊeteßch] *a*

Fahrplan horário [o'rariｕ] *o*

Fahrrad bicicleta [bißi'kläta] *a*

Fahrt viagem [wi'aschẽ] *a*

Fahrzeug veículo [wej'ikulu] *o*

Fahrzeugschein livrete do veículo [li'wrete du wej'ikulu] *o*

fallen cair [ka'ir] <cai, caiu>, etw. fallen lassen deixar cair alguma coisa [dej'ßchar ka'ir al'guma 'koｌisa] <deixa, deixou>

Fallschirm paraquedas [para'kädaßch] *o*

falsch errado [i'rradu]

Familie família [fa'miliｌa] *a*

Familienname apelido [ape'lidu] *o*

Familienstand estado civil ['ßchtadu ßi'wil] *o*

Farbe cor [kor] *a*

Fass barril [ba'rril] *o*, Bier vom Fass cerveja imperial [ßer'wejscha ĩpe'riｌal] *a*

fast quase ['kｕase]

faxen mandar por fax [mã'dar pur fakß] <manda, mandou>

Faxnummer número de fax ['numeru de fakß] *o*

Februar fevereiro [fewe'rejru] *o*

fehlen faltar [fal'tar] <falta, faltou>, Eine Person fehlt noch. Ainda falta uma pessoa. [a'ĩda 'falta 'uma pe'ßoa]

Fehler erro ['erru] *o*

Feier festa ['fäßchta] *a*

Feiertag *(religiös)* feriado religioso [feri'adu relischi'osu] *o*, *(nicht religiös)* feriado [feri'adu] *o*

Feld campo ['kãpu] *o*

Fels rocha ['rɔßcha] *a*

Fenster janela [scha'näla] *a*

Ferien férias ['färi̯aßch] *as*

Ferienhaus casa de férias ['kasa de 'färi̯aßch] *a*

Fernglas binóculos [bi'nɔkulußch] *os*

fernsehen ver televisão [wer telewi'sã̯o] <vê, viu>

Fernsehen televisão [telewi'sã̯o] *a*

Fernseher aparelho de televisão [apa'rel̯u de telewi'sã̯o] *o*

fertig pronto ['prõtu]

Fertiggericht prato pré-fabricado ['pratu 'präfabri'kadu] *o*

Festland continente [kõti'nente] *o*

Feuer fogo ['fogu] *o*

feucht húmido ['umidu]

Feuerzeug isqueiro [ißch'kejru] *o*

Fieber febre ['fäbre] *a*

Film filme ['filme] *o*

finden *(etw. Gesuchtes)* encontrar [enkõ'trar] <encontra, encontrou>, *(beurteilen)* achar [a'ßchar] <acha, achou>, Wie findest du ...? Que achas ...? [ke 'aßchaßch]

Finger dedo ['dedu] *o*

Firma firma ['firma] *a*

Fisch peixe ['pejßche] *o*

Fitnessstudio ginásio desportivo [schi'nasi̯u deßchpur'tiwu] *o*

flach plano ['plãnu]

Flasche garrafa [ga'rrafa] *a*

Flaschenöffner abre-cápsulas ['abre 'kapßulaßch] *o*

Fleisch carne ['karne] *a*

Fleischer, **Fleischerin** carniceiro [karni'ßejru] *o*, carniceira [karni'ßejra] *a*

Fleischerei talho [tal̯u] *o*

Fliege mosca ['moßchka] *a*

fliegen *(durch die Luft)* voar [wu'ar] <voa, voou>

Flipflop havaiana [awa'i̯ãna] *a*

Flug voo ['wolu] *o*

Flughafen aeroporto [aärɔ'portu] *o*

Flugzeug avião [awi'ã̯o] *o*

Fluss rio [ri̯u] *o*

Form forma ['fɔrma] *a*

Formular formulário [furmu'lari̯u] *o*, ein Formular ausfüllen preencher um formulário [prelen'ßcher ũ furmu'lari̯u] <preenche, preencheu>

Foto foto ['fɔtɔ] *a*

fotografieren tirar fotografias [ti'rar futugra'fi̯aßch] <tira, tirou>

Frage pergunta [per'gũta] *a*

fragen perguntar [pergũ'tar] <pergunta, perguntou>

Frau mulher [mu'lᵢär] *a*, Frau Rodrigues, ... senhora Rodrigues, ... [ße'nᵢora ru'drigeßch]

frei livre ['liwre]

Freitag sexta-feira ['ßejßchta 'fejra] *a*

Freizeit tempo livre ['tẽpu 'liwre] *o*

fremd estranho ['ßchtränᵢu], hier fremd sein não ser de cá/ser estrangeiro [nã̯o ßer de ka/ßer ßchträ'schejru] <é, foi>

Fremdenverkehrsbüro turismo [tu'rißchmu] *o*

freuen sich freuen alegrar-se [ale'grarße] <alegra-se, alegrou--se>, sich über etw. freuen ale-

grar-se com algo [ale'grarße kõ
'algu]

Freund, **Freundin** amigo
[a'migu] *o*, amiga [a'miga] *a*

Frieden paz [paßch] *a*

Friseur, **Friseurin** cabeleireiro
[kabelej'rejru] *o*, cabeleireira
[kabelej'rejra] *a*

Frucht fruto ['frutu] *o*

früh *(Adj.)* cedo ['ßedu], *(Adv.)* de
manhã [de mã'njã]

früher *(Komparativ vom Adj.)* mais
cedo [maißch 'ßedu], Gibt es
einen früheren Flug? Há um voo
mais cedo? [ah ũ 'woļu maißch
'ßedu], *(Komparativ vom Adv.:
einst)* antes ['ãtesch], *(in der Vergangenheit)* antigamente
[ãtiga'mente]

Frühling primavera [prima'wära] *a*

Frühstück pequeno-almoço
[pe'kenu al'moßu] *o*

frühstücken tomar o pequeno-
-almoço [tu'mar u pe'kenu
al'moßu] <toma, tomou>

führen conduzir [kõdu'sir]
<conduz, conduziu>

Führerschein carta de condução
['karta de kõdu'ßão] *a*

für para ['para]

Fuß pé [pä] *o*

Fußball futebol [fute'bɔl] *o*

G

Gabel garfo ['garfu] *o*

Garage garagem [ga'raschẽ] *a*

Garten jardim [schar'dĩ] *o*

Gärtner, **Gärtnerin** jardineiro
[schardi'nejru] *o*, jardineira
[schardi'nejra] *a*

Gas gás [gaßch] *o*

Gast convidado [kõwi'dadu] *o*

Gift veneno [we'nenu] *o*

giftig venenoso [wene'nosu]

Gebäude prédio ['prädiu] *o*

geben dar [dar] <dá, deu>

Gebirge serra ['ßärra] *a*

geboren nascido [naßch'ßidu],
Wann sind Sie geboren?
Quando nasceu? ['kuãdu
naßch'ßeļu]

Geburtsdatum data de nascimento ['data de
naßch|ßi'mentu] *a*

Geburtsort local de nascimento
[lu'kal de naßch|ßi'mentu] *o*

Geburtstag dia de aniversário
['diļa de aniwer'ßariu] *o*, Herzli-
chen Glückwunsch zum Geburtstag! Feliz aniversário! [fe'lißch
aniwer'ßariu]

Gedeck talher [ta'ljär] *o*

Gefahr perigo [pe'rigu] *o*

gefährlich perigoso [peri'gosu]

gefallen gostar de [gußch'tar de]
<gosta de, gostou de>, jdm gefällt
etw. alguém gosta de algo [al'gẽ
'gɔßchta de 'algu]

Gefängnis prisão [pri'ßão] *a*

gegen *(Ablehnung ausdrückend)*
contra ['kõtra], *(ungefähr)* aproximadamente [aprɔßimada'mente],
gegen 20 Uhr por volta das 20
horas [pur 'wɔlta daßch 'wĩte
'ɔraßch]

Gegend região [reschi'ãͻ] *a*
gehen ir [ir] <vai, foi>, *(funktionieren)* funcionar [fũßi̯u'nar]
<funciona, funcionou>
gehören pertencer [perten'ßer]
<pertence, pertenceu>
gelb amarelo [ama'rälu]
Geld dinheiro [di'njejru] *o*
Geldschein nota de dinheiro
['nͻta de di'njejru] *a*
Gemüse legumes [le'gumeßch] *os*
Gepäck bagagem [ba'gaschẽ] *a*
gerade *(zeitlich)* agora mesmo
[a'gͻra 'meßchmu], *(nicht krumm)*
reto ['rätu]
geradeaus em frente [ẽ 'frente]
Gericht prato ['pratu] *o*
gern com prazer [kõ pra'ser]
Geschäft loja ['lͻscha] *a*
Geschenk presente [pre'sente] *o*
geschieden divorciado
[diwurßi'adu]
Geschmack gosto ['goßchtu] *o*
Gesicht rosto ['roßchtu] *o*, *(Miene)*
cara ['kara] *a*
Gespräch conversa [kõ'wärßa] *a*
gestern ontem ['õtẽ]
gesund saudável [ßau̯'dawäl]
Gesundheit saúde [ßa'ude] *a*,
Gesundheit! Saúde! [ßa'ude]
Getränk bebida [be'bida] *a*
Gewicht *(wie schwer etw. ist, Maß
beim Wiegen)* peso ['pesu] *o*,
(große Bedeutung) importância
[ĩpur'tãßi̯a] *a*
Glas *(zum Trinken)* copo ['kͻpu] *o*,
(Material) vidro ['widru] *o*

glauben acreditar [akredi'tar]
<acredita, acreditou>
gleich *(Adv.: sofort)* já [scha],
*(Adj.: übereinstimmend, aber
nicht identisch)* igual [i'gu̯al]
Gleis *(Schienen)* linha ['linja] *a*,
(Bahnsteig) plataforma de
embarque [plata'fͻrma de
em'barke] *a*
Gleitschirmfliegen voo de parapente ['wolu de para'pente] *o*
Glück felicidade [felißi'dade] *a*,
(zufallsbedingt) sorte ['ßͻrte] *a*,
Glück haben ter sorte [ter 'ßͻrte]
<tem, teve>
glücklich feliz [fe'lißch], com
sorte [kõ 'ßͻrte]
Gold ouro ['oru] *o*
Golf golfe ['gͻlfe] *o*
Golfplatz campo de golfe ['kãpu
de 'gͻlfe] *o*
Grad grau [grau̯] *o*
Gramm grama [grãma] *o*
Gräte espinha de peixe ['ßchpinja
de 'pejßche] *a*
gratulieren felicitar [felißi'tar]
<felicita, felicitou>
grau cinzento [ßĩ'sentu]
Grippe gripe ['gripe] *a*
groß grande ['grãde], *(hoch, hochgewachsen)* alto ['altu]
Größe tamanho [ta'mãnju] *o*,
(Höhe, Körpergröße) altura
[al'tura] *a*
Großeltern avós [a'wͻßch] *os*
Großmutter avó [a'wͻ] *a*
Großvater avô [a'wo] *o*
grün verde ['werde]

Gruppe grupo ['grupu] *o*

Gruß cumprimento [kŭpri'mentu] *o*, Schöne Grüße an ...! Lembranças a ...! [lem'brǣßaßch a]

grüßen cumprimentar [kŭprimen'tar] <cumprimenta, cumprimentou>, Grüß ... von mir! Cumprimentos meus a ...! [kŭpri'mentußch 'me|ußch a]

gültig válido ['walidu]

Gurke pepino [pe'pinu] *o*, *(eingemacht)* pepino de conserva [pe'pinu de kõ'ßärwa] *o*

gut *(Adj.)* ♂ bom [bõ], ♀ boa ['boa], *(Adv.)* bem [bẽ]

H

Haar *(gesamtes Kopfhaar)* cabelo [ka'belu] *o*, *(einzelnes Kopfhaar)* fio de cabelo [fi̯u de ka'belu] *o*, *(einzelnes Körperhaar)* pelo ['pelu] *o*

haben *(als Vollverb)* ter [ter] <tem, teve>

Hähnchen frango ['frãgu] *o*

halb halb drei duas e meia ['du̯aßch i 'meja]

halber, halbe, halbes ♂ meio ['meju], ♀ meia ['meja]

Halbpension meia-pensão ['meja pen'ßão] *a*

Hafen porto ['portu] *o*

Hälfte *(eines Ganzen)* metade [me'tade] *a*, *(Halbzeit)* primeira parte [pri'mejra 'parte] *a*

hallo olá [ɔ'la], *(am Telefon)* estou [ßchto]

Hals *(Körperteil)* pescoço [peßch'koßu] *o*, *(einer Flasche, Glühbirne etc.)* gargalo [gar'galu] *o*

halten segurar [ßegu'rar] <segura, segurou>

Hand mão [mã͏ o] *a*

Handschuh luva ['luwa] *a*

Handtuch toalha ['tu̯alja] *a*

Handy telemóvel [tälä'mɔwäl] *o*

hässlich feio ['feju]

Hauptspeise prato principal ['pratu prĩßi'pal] *o*

Haus casa ['kasa] *a*, zu Hause em casa [ẽ 'kasa]

Haustier animal de estimação [ani'mal de ßchtima'ßão] *o*

Hauswein vinho da casa ['wiɲu da 'kasa] *o*

heiraten casar [ka'sar] <casa, casou>

heiß muito quente ['mu̯i̯tu 'kente]

helfen ajudar [aschu'dar] <ajuda, ajudou>

hell claro ['klaru]

Hemd camisa [ka'misa] *a*

Hepatitis hepatite [äpa'tite] *a*

Herbst outono [o'tonu] *o*

Herd fogão [fu'gã͏ o] *o*

Herr senhor [ße'ɲor] *o*, Herr Rodrigues senhor Rodrigues [ße'ɲor ru'drigeßch]

Herrentoilette casa de banho dos homens ['kasa de 'baɲu dußch 'ɔmẽßch] *a*

Herz coração [kura'ßão] *o*

heute hoje ['osche]

hier *(räumlich)* aqui [a'ki], hier entlang por aqui [pur a'ki], *(aus dieser Stadt o. Gegend)* daqui [da'ki], *(in dieser Sache, was einen Sachverhalt angeht)* quanto a isso ['kuãtu a 'iẞu]
Hilfe ajuda [a'schuda] *a*, Erste Hilfe primeiros socorros [pri'mejruẞch ẞu'kɔrruẞch] *os*
Himbeere framboesa [frã'buesa] *a*
hinten atrás [a'traẞch], *(auf der rückwärtigen Seite)* no fundo [nu 'fũdu]
hoch alto ['altu]
Hochglanz brilho ['briḻu] *o*
Hochstuhl cadeira para crianças [ka'dejra 'para ki'ãẞaẞch] *a*
Höhe altura [al'tura] *a*
Höhle gruta ['gruta] *a*
holen ir buscar [ir buẞch'kar] <vai, foi>, *(herausnehmen)* etw. aus etw. holen tirar algo de qualquer coisa [ti'rar 'algu de kuaḻ'kär 'koisa] <tira, tirou>
homosexuell homossexual [ɔmɔẞäkẞu'al]
Honig mel [mäl] *o*
Honigmelone melão [me'lã̯o] *o*
hören *(mit dem Ohr wahrnehmen)* ouvir [o'wir] <ouve, ouviu>, *(zuhören)* prestar atenção [preẞch'tar aten'ẞã̯o] <presta, prestou>
Hose calças ['kalẞaẞch] *as*, kurze Hose calção [kal'ẞã̯o] *o*
Hotel hotel [ɔ'täl] *o*
Hüfte anca ['ãka] *a*
Huhn galinha [ga'liṉa] *a*
Hund cão [kã̯o] *o*

Hunger fome ['fɔme] *a*, Hunger haben estar com fome [ẞchtar kõ 'fɔme] <está com fome, esteve com fome>
hungrig com fome [kõ 'fɔme]
Husten tosse ['tɔẞe] *a*
Hustensaft xarope [ẞcha'rɔpe] *o*
Hut chapéu [ẞcha'pä̯u] *o*

I

ich eu [e̯u]
Idee ideia [i'deja] *a*
ihr *(Personalpronomen)* vocês [wɔ'ẞeẞch]
ihr, ihre *(Possessivpronomen von ‚sie': Sing. u. fem.)* ♀ a ... dela/a sua [a ... 'däla/a 'ẞula], ♂ o ... dela/o seu [u ... 'däla/u 'ẞelu], *(Possessivpronomen von ‚sie': Pl. u. mask.)* ♂ o ... deles/o seu [u ... 'deleẞch/u 'ẞelu], ♀ a ... deles/a sua [a ... 'deleẞch/a 'ẞula], ♀ a ... delas/a sua [a ... 'dälaẞch/a 'ẞula], *(Possessivpronomen von ‚sie': Pl. u. fem.)* ♂ o ... delas/o seu [u ... 'dälaẞch/u 'ẞelu]
Ihr, Ihre ♂ o seu [u ẞelu], ♀ a sua [a 'ẞula], *(sehr höflich)* ♂ o/a ... do senhor [u/a ... du ẞe'n̯jor], ♀ o/a ... da senhora [u/a ... da ẞe'n̯jora]
immer *(die ganze Zeit)* sempre ['ẞempre], *(jedes Mal)* todas as vezes ['todaẞch aẞch 'weẞeẞch], immer noch ainda [a'ĩda]
Immobilienmakler imobiliária [imubili'ari̯a] *a*

Impfpass caderneta das vacinas [kader'neta daßch wa'ßinaßch] *a*
in em [ẽ], **in** der Sonne ao sol [aṵ ßɔl], *(Zeitspanne)* **in** fünf Tagen daqui a cinco dias [da'ki a 'ßĩku 'dilaßch]
Information informação [ĩfurma'ßã̃o] *a*, *(Auskunftsstelle)* guiché/balcão de informações [gi'ßche/bal'kã̃o de ĩfurma'ßõ̃ißch] *o*
innen no interior [nu ĩteri'or]
innerhalb *(räumlich, zeitlich)* dentro de ['dentru de]
Insekt inseto [ĩ'ßätu] *o*
Insektenbiss picada de inseto [pi'kada de ĩ'ßätu] *a*
Insel ilha ['iḽa] *a*
Insulin insulina [ĩßu'lina] *a*
interessant interessante [ĩtere'ßãte]
Internet internet [ĩter'nät] *a*

J

ja sim [ßĩ]
Jacke casaco [ka'saku] *o*, *(aus Wolle)* casaco de lã [ka'saku de lã] *o*
Jagd caça ['kaßa] *a*
Jahr ano ['ãnu] *o*
Jahreszeit estação [ßchta'ßã̃o] *a*
Januar janeiro [scha'nejru] *o*
Jeans calças de ganga ['kalßaßch de 'gãga] *as*
jeder, **jede**, **jedes** ♂ cada um ['kada ũ], ♀ cada uma ['kada 'uma]

jemand alguém [al'gẽ], Hat jemand nach mir gefragt? Alguém perguntou por mim? [al'gẽ pergũ'to pur mĩ], Haben Sie jemanden gesehen? Você viu alguém? [wɔ'ße wiṵ al'gẽ]
jetzt agora [a'gɔra]
Joghurt iogurte [iɔ'gurte] *o*
Jucken comichão [kumi'ßchã̃o] *a*
Jugendherberge albergue da juventude [al'bärge da schuwen'tude] *o*
Jugendlicher, **Jugendliche** adolescente [aduleßch'ßente] *o/a*
Juli julho ['schulḽu] *o*
jung jovem ['schɔwẽ]
Junge menino/rapaz [me'ninu/ ra'paßch] *o*
Juni junho ['schunḽu] *o*
Juwelier, **Juwelierin** ourives [o'riweßch] *o/a*

K

Kabel cabo ['kabu] *o*
Kaffee café [ka'fä] *o*
Kakao *(Pulver)* chocolate em pó [ßchuku'late ẽ pɔ] *o*
Kakerlake barata [ba'rata] *a*
kalt frio [friu]
Kamera *(Fotokamera)* máquina fotográfica ['makina futu'grafika] *a*, *(Videokamera)* máquina de filmar ['makina de fil'mar] *a*
Kamm pente ['pente] *o*
kämmen pentear [pen'tiar] <penteia, penteou>
kämpfen lutar [lu'tar] <luta, lutou>

194

Kappe boné [bɔ'nä] *o*
kaputt estragado [ßchtra'gadu],
  kaputt machen estragar
  [ßchtra'gar] <estraga, estragou>
Karotte cenoura [ße'nora] *a*
Karte cartão [kar'tãͅo] *o*, *(Post-*
  karte) cartão postal [kar'tãͅo
  pußch'tal] *o*, *(Landkarte)* mapa
  ['mapa] *o*, *(Speisekarte)* ementa
  [i'menta] *a*
Kartoffel batata [ba'tata] *a*
Käse queijo ['kejschu] *o*
Kasse caixa ['kaͅißcha] *a*
Katze gato ['gatu] *o*
kaufen comprar [kö'prar] <compra,
  comprou>
Kaufhaus armazém [arma'sẽ] *o*
Kaugummi pastilha elástica
  [paßch'tilͅja i'laßchtika] *a*
Kehle garganta [gar'gãͅta] *a*
kein, **keine** nenhum [ne'nͅjũ],
  nenhuma [ne'nͅjuma]
Keks bolacha [bu'laßcha] *a*
Keller cave ['kawe] *a*
Kellner, **Kellnerin** empregado de
  mesa [empre'gadu de 'mesa] *o*,
  empregada de mesa
  [empre'gada de 'mesa] *a*
kennen conhecer [konͅje'ßer]
  <conhece, conheceu>, *(auswendig*
  wissen) saber de cor [ßa'ber de
  kɔr] <sabe de cor, soube de cor>
Kerze vela ['wäla] *a*
Ketchup ketchup [kät'ßchap] *o*
Kilo quilo ['kilu], **ein halbes Kilo**
  meio quilo ['meju 'kilu]
Kilogramm quilograma
  [kilu'grãma] *o*

Kilometer quilómetro [ki'lɔmetru] *o*
Kind criança [kri'ãßa] *a*, *(Sohn)*
  filho ['filͅju] *o*, *(Tochter)* filha
  ['filͅja] *a*
Kinderbecken piscina para crian-
  ças [pißch'ßina 'para kri'ãßaßch] *a*
kinderfreundlich apropriado para
  crianças [aprupri'adu 'para
  kri'ãßaßch]
Kindergarten jardim de infância
  [schar'dĩ de ĩ'fãßiͅa] *o*
Kinderwagen carrinho de bebé
  [ka'rrinͅju de bä'bä] *o*
Kinn queixo ['kejßchu] *o*
Kino cinema [ßi'nema] *o*
Kiosk quiosque [ki'ɔßchke] *o*
Kirche igreja [i'grejscha] *a*
Kissen almofada [almu'fada] *a*,
  (Kopfkissen) travesseiro
  [trawe'ßejru] *o*
Kissenbezug fronha ['fronͅja] *a*
Kleid vestido [weßch'tidu] *o*
Kleidung roupa ['ropa] *a*
klein pequeno [pe'kenu]
Kleingeld dinheiro trocado
  [di'nͅjejru tru'kadu] *o*
Klimaanlage ar condicionado [ar
  kõdißiͅu'nadu] *o*
Klinik clínica ['klinika] *a*
Kneipe tasca ['taßchka] *a*
Knie joelho [schu'elͅju] *o*
Knoblauch alho ['alͅju] *o*
Knöchel tornozelo [turnu'selu] *o*
Knochen osso ['oßu] *o*
Knopf botão [bu'tãͅo] *o*
Koch, **Köchin** cozinheiro
  [kusi'nͅjejru] *o*, cozinheira
  [kusi'nͅjejra] *a*

kochen cozinhar [kusi'njar]
  <cozinha, cozinhou>
Koffer mala ['mala] *a*
Kofferraum mala do carro ['mala
  du 'karru] *a*
Kokosnuss coco ['koku] *o*
kommen *(zu einem Zielpunkt,
  ankommen)* chegar [ße'gar]
  <chega, chegou>, *(seinen
  Ursprung haben)* vir [wir] <vem,
  veio>
Kommission comissão
  [kumi'ßão] *a*
Kompass bússola ['bußula] *a*
Konditorei pastelaria
  [paßchtela'rila] *a*
Kondom preservativo
  [preserwa'tiwu] *o*
können poder [pu'der] <pode,
  pôde>, *(die Fähigkeit/das Wissen
  haben)* saber [ßa'ber] <sabe,
  soube>
Konsulat consulado [kõßu'ladu] *o*
Kontinent continente
  [kõti'nente] *o*
Konto conta bancária ['kõta
  bã'karia] *a*
Kontonummer número da conta
  ['numeru da 'kõta] *o*
Kontrolle controle [kõ'trɔle] *o*
kontrollieren controlar [kõtru'lar]
  <controla, controlou>
Konzert concerto [kõ'ßertu] *o*, *(für
  klassische Musik)* concerto de
  música clássica [kõ'ßertu de
  'musika 'klaßika]
Kopf cabeça [ka'beßa] *a*

Kopfweh dor de cabeça [dor de
  ka'beßa] *a*
Korb cesto ['ßeßchtu] *o*
Korken rolha ['rolja] *a*
Korkenzieher saca-rolhas ['ßaka
  'roljaßch] *o*
Körper corpo ['korpu] *o*
kosten custar [kußch'tar] <custa,
  custou>
Kostüm fato de senhora ['fatu de
  ße'njora] *o*
Krabbe caranguejo [karã'gejschu] *o*
krank doente [du'ente]
Krankenhaus hospital
  [oßchpi'tal] *o*
Krankenpfleger enfermeiro
  [enfer'mejru] *o*
Krankenschwester enfermeira
  [enfer'mejra] *a*
Krankenwagen ambulância
  [ãbu'lãßia] *a*
Krankheit doença [du'enßa] *a*
Krawatte gravata [gra'wata] *a*
Kreditkarte cartão de crédito
  [kar'tão de 'kräditu] *o*
Kreditkartennummer número do
  cartão de crédito ['numeru du
  kar'tão de 'kräditu] *o*
Krieg guerra ['gärra] *a*
kriegen receber [reße'ber]
  <recebe, recebeu>
Krokodil crocodilo [krukru'dilu] *o*
Krücke muleta [mu'leta] *a*
Küche cozinha [ku'sinja] *a*, die por-
  tugiesische Küche a cozinha por-
  tuguesa [a ku'sinja purtu'gesa] *a*
Kuchen bolo ['bolu] *o*

Kugelschreiber lapiseira [lapi'sejra] *a*

kühlen arrefecer [arrefä'ßer] <arrefece, arrefeceu>

Kühlschrank frigorífico [frigu'rifiku] *o*

Kunde, Kundin cliente [kli'ente] *o/a*

Kunst arte ['arte] *a*

Kunsthandwerk artesanato [artesa'natu] *o*

Kupplung embraiagem [ẽbraj'aschẽ] *a*

Kürbis abóbora [a'bɔbura] *a*

Kurs curso ['kurßu] *o*

kurz curto ['kurtu]

Kuss beijo ['bejschu] *o*

küssen beijar [bej'schar] <beija, beijou>, **sich küssen** beijar-se [bej'schar ße]

Küste litoral [litu'ral] *o*

L

lächeln sorrir [ßu'rrir] <sorri, sorriu>

lachen rir [rir] <ri, riu>

Ladegerät carregador [karrega'dor] *o*

laden carregar [karre'gar] <carrega, carregou>

Laden loja ['lɔscha] *a*

Laken lençol [len'ßɔl] *o*

Land país [pa'iß] *o*

Landschaft paisagem [paj'saschẽ] *a*

lang *(Adj.)* comprido [kõ'pridu], *(Adv.)* muito ['mũĩtu]

lange muito tempo ['mũĩtu 'tempu], Müssen wir lange warten? Nós temos de esperar muito tempo? [nɔsch 'temußch de ßchpe'rar 'mũĩtu 'tempu]

Länge comprimento [kõpri'mentu] *o*

langsam *(Adj.)* lento ['lentu], *(Adv.)* devagar [dewa'gar]

Lastwagen camião [kami'ãọ] *o*

Lauch alho porro ['aʎu 'porru] *o*

laufen *(zu Fuß unterwegs sein)* ir a pé [ir a pä] <vai, foi>, *(rennen)* correr [ku'rrer] <corre, correu>

Laus piolho [pi'oʎu] *o*

laut alto ['altu], *(unangenehm)* barulhento [baru'ʎẽntu]

leben viver [wi'wer] <vive, viveu>

Leben vida ['wida] *a*

Lebensmittel alimentos [ali'mentußch] *os*

Leber fígado ['figadu] *o*

lecker gostoso [gußch'tosu]

Leder cabedal [kabe'dal] *o*

ledig solteiro [ßol'tejru]

leer vazio [wa'siu]

legal legal [le'gal]

legen pôr [por] <põe, pôs>

Lehrer, Lehrerin professor [prufe'ßor] *o*, professora [prufe'ßora] *a*

leicht leve ['läwe], ligeiro [li'schejru], fácil ['faßil]

leider infelizmente [ĩfelißch'mente]

leihen sich etw. von jdm leihen pedir algo emprestado a alguém [pe'dir 'algu empreßch'tadu a al'gẽ] <pede emprestado, pediu

emprestado>, jdm etw. leihen
emprestar algo a alguém
[empreßch'tar 'algu a al'gē]
<empresta, emprestou>
Leine *(für die Wäsche)* corda
[kɔrda] *a, (für den Hund)* coleira
[ku'lejra] *a*
leise baixo ['baißchu]
lenken guiar [gi'ar] <guia, guiou>
lernen aprender [apren'der]
<aprende, aprendeu>, *(für eine
Prüfung)* estudar [ßchtu'dar]
<estuda, estudou>
lesbisch lésbica ['läßchbika]
lesen ler [ler] <lê, leu>
letzter, letzte, letztes ♂ último
['ultimu], ♀ última ['ultima]
Leute gente ['schente] *a*
Licht luz [lußch] *o*
Liebe amor [a'mor] *o*
lieben amar [a'mar] <ama, amou>
Lied canção [kã'ßão] *a*
liegen *(in horizontaler Position)*
estar deitado/deitada [ßchtar
dej'tadu/dej'tada] <está, esteve>,
(sich befinden) ficar [fi'kar] <fica,
ficou>
Likör licor [li'kor] *o*
lila lilás [li'laßch]
Limonade limonada [limu'nada] *a*
linker, linke, linkes ♂ esquerdo
['ßchkerdu], ♀ esquerda
['ßchkerda]
links à esquerda [a 'ßchkerda]
Linse *(Optik)* lente ['lente] *a,
(Frucht)* lentilha [len'tilja] *a*
Lippe lábio ['labiu] *o*
Lippenstift batom [ba'tõ] *o*

Liste lista ['lißchta] *a*
Liter litro ['litru] *o*
Lkw camião [kami'ão] *o*
Loch buraco [bu'raku] *o*
Locke caracol [kara'kɔl] *o*
Löffel colher [ku'ljär] *a, (für den
Nachtisch)* colher de sobremesa
[ku'ljär de ßubre'mesa] *a*
Lösung solução [ßulu'ßão] *a*
Lotion loção [lu'ßão] *a*
Luft ar [ar] *o*
Lunge pulmão [pul'mão] *o*
lustig engraçado [engra'ßadu]

M

machen fazer [fa'ser] <faz, fez>,
(verursachen) causar [kau'sar]
<causa, causou>
Mädchen menina [me'nina] *a*
Mädchenname nome de solteira
['nome de ßol'tejra] *o*
Magen estômago ['ßchtomagu] *o*
Mai maio ['maiu] *o*
man a gente [a 'schente], *(für all-
gemeine Aussagen)* se [ße], Das
macht man nicht. Isso não se
faz. ['ißu não ße faßch]
manchmal às vezes [aßch
'weseßch]
Mangel *(Fehler, Defekt)* defeito
[de'fejtu] *o,* ein Mangel an etw.
uma falta de algo ['uma 'falta de
'algu]
Mann homem ['ɔmē] *o, (Ehemann)*
marido [ma'ridu] *o*
männlich masculino
[maßchku'linu]
Mannschaft equipa [e'kipa] *a*

Mantel casaco (comprido) [ka'saku (kõ'pridu)] *o*

Markt *(Verkaufsstände, Verhältnis von Angebot u. Nachfrage, Absatzgebiet)* mercado [mer'kadu] *o*

Marmelade doce de fruta ['doße de 'fruta] *o*

März março ['marßu] *o*

Masern sarampo [ßa'rãpu] *o*

Maschine máquina ['makina] *a*

Maß medida [me'dida] *a*, *(Stab o. Ä. zum Messen)* fita métrica ['fita 'mätrika] *a*

Massage massagem [ma'ßaschẽ] *a*

Matratze colchão [kul'ßchãọ] *o*

matt sem brilho [ßẽ 'briłu]

Matte esteira ['ßchtejra] *a*

Mauer muro ['muru] *o*

Maus *(Tier)* rato ['ratu] *o*, *(EDV)* mouse/rato ['mạuse/'ratu] *o*

Mayonnaise maionese [maịɔ'näse] *a*

Medizin medicina [medi'ßina] *a*, *(Medikament)* remédio [re'mädiụ] *o*

Meer mar [mar] *o*

Meeresfrüchte marisco [ma'rißchku] *o*

Mehl farinha [fa'rinịa] *a*

mehr mais [mạißch]

mein, meine ♂ meu [meịu], ♀ minha ['minịa]

meinen achar [a'ßchar] <acha, achou>

Meinung opinião [opini'ãọ] *a*

meist geralmente [scheral'mente]

Mensch homem ['ɔmẽ] *o*, *(homo sapiens)* ser humano [ßer u'manu] *o*

Menstruation menstruação [menßchtruạ'ßãọ] *a*

Menü *(mehrgängiges Gericht, einer Software)* menu [mä'nu] *o*

Messe feira ['fejra] *a*

Messer faca ['faka] *a*

Metal metal [me'tal] *o*

Meter metro ['mätru] *o*

Metzger, Metzgerin carniceiro [karni'ßejru] *o*, carniceira [karni'ßejra] *a*

Metzgerei talho ['tału] *o*

mich *(reflexiv)* me [me], *(Akkusativ)* me [me]

Miete aluguer [alu'gär] *o*

mieten alugar [alu'gar] <aluga, alugou>

Migräne enxaqueca [enßcha'käka] *a*

Mikrowelle *(Technologie)* micro--ondas ['mikro 'õdaßch] *as*, *(Ofen)* forno de micro-ondas ['fornu de 'mikrɔ 'õdaßch] *o*

Milch leite ['lejte] *o*

Milchprodukte laticínios [lati'ßinịußch] *os*

mild suave ['ßụawe]

Militär forças armadas ['forßaßch ar'madaßch] *as*

minus *(mit negativem Wert)* negativo [nega'tiwu], *(eine Subtraktion ausdrückend)* menos ['menußch]

Minute minuto [mi'nutu] *o*

199

mischen misturar [mißchtu'rar] <mistura, misturou>

Mischung mistura [mißch'tura] *a*

mit com [kõ], **mit mir/mit dir/mit Ihnen** comigo/contigo/consigo [ku'migu/kõ'tigu/kõ'ßigu], **mit dem Auto** de carro [de 'karru]

mitbringen *(herbringen)* trazer [tra'ser] <traz, trouxe>, *(hinbringen)* levar [le'war] <leva, levou>

mitnehmen levar [le'war] <leva, levou>

Mittag meio-dia ['meju 'dila] *o*, **heute Mittag** hoje ao meio-dia ['osche au 'meju 'dila], **zu Mittag essen** almoçar [almu'ßar] <almoça, almoçou>

Mittagessen almoço [al'moßu] *o*

mittags à hora do almoço [a 'ora du al'moßu]

Mittagsmenü ementa do almoço [i'menta du al'moßu] *a*

Mitte meio ['meju] *o*, **Mitte Januar/des Monats** a meio de janeiro/do mês [a 'meju de scha'nejru/du meßch]

Mittwoch quarta-feira ['kuarta 'fejra] *a*

Möbel móveis ['mowejßch] *os*

Mode moda ['moda] *a*

mögen gostar de [gußch'tar de] <gosta de, gostou de>

möglich possível [pu'ßiwäl]

Moment momento [mu'mentu] *o*

Monat mês [meßch] *o*

Mond lua ['lula] *a*

Montag segunda-feira [ße'gũda 'fejra] *a*

morgen amanhã [amã'njã], **Bis morgen!** Até amanhã! [a'tä amãnjã]

Morgen manhã [mã'njã] *a*, **Guten Morgen!** Bom dia! [bõ 'dila], **heute Morgen** hoje de manhã ['osche de mã'njã]

morgens de manhã [de mã'njã]

Moschee mesquita [meßch'kita] *a*

Moskito mosquito [mußch'kitu] *o*

Moskitonetz mosquiteiro [mußchki'tejru] *o*

Motor motor [mu'tor] *o*

Motorrad mota ['mota] *a*

müde cansado [kã'ßadu], com sono [kõ 'ßonu]

Müll lixo ['lißchu] *o*

Mund boca ['boka] *a*

Muschel concha ['kõßcha] *a*

Museum museu [mu'selu] *o*

Münze moeda [mu'äda] *a*

Musik música ['musika] *a*

muslimisch muçulmano [mußul'mãnu]

müssen ter de [ter de] <tem de, teve de>, **Wir müssen los!** Nós temos de ir embora! [noßch 'temußch de ir em'bora]

mutig corajoso [kura'schosu]

Mutter mãe [mẽ] *a*

Mütze gorro ['gorru] *o*

N

nach *(zum späteren Zeitpunkt, in räumlicher/zeitlicher Reihefolge später)* depois de [de'poißch de], *(zu einem bestimmten Ort)* para

['para], nach Porto para Porto ['para 'purtu]

Nachbar, Nachbarin vizinho [wi'sinju] o, vizinha [wi'sinja] a

Nachmittag tarde ['tarde] a, heute Nachmittag hoje à tarde ['osche a 'tarde]

nachmittags à tarde [a 'tarde]

Nachname apelido [ape'lidu] o

Nachricht mensagem [men'ßaschẽ] a

Nachspeise sobremesa [ßubre'mesa] a

nächster, nächste, nächstes ♂ próximo ['prɔßimu], ♀ próxima ['prɔßima]

Nacht noite ['noite] a, Gute Nacht! Boa noite! ['boa 'noite], heute Nacht hoje à noite ['osche a 'noite], letzte Nacht a noite passada [a 'noite pa'ßada]

nachts de noite [de 'noite]

Nagel (Metallpin) prego ['prägu] o, (an Fingern und Zehen) unha ['unja] a

Nagelknipser corta-unhas ['kɔrta 'unjaßch] o

Nagellack verniz [wer'nißch] o

nah perto ['pärtu]

nähen coser [ku'ser] <cose, coseu>

Nähnadel agulha de costura [a'gulja de kußch'tura] a

Name nome ['nome] o

Nase nariz [na'rißch] o

Nationalität nacionalidade [naßiunali'dade] a

Natur natureza [natu'resa] a

Naturheilkunde medicina alternativa [medi'ßina alterna'tiwa] a

neben ao lado de [au 'ladu de]

neblig enevoado [ine'wuadu]

Neffe sobrinho [ßu'brinju] o

nehmen (ergreifen) pegar [pe'gar] <pega, pegou>, (mitnehmen) levar [le'war] <leva, levou>, (essen/trinken/schlucken etc.) tomar [tu'mar] <toma, tomou>

nein não [nãu]

nett simpático [ßĩ'patiku]

Netz rede ['rede] a

neu novo ['nowu]

Neujahr Ano Novo ['ãnu 'nowu] o

nicht não [nãu], nicht mehr não mais [nãu maißch], überhaupt nicht de modo nenhum [de 'mɔdu ne'njũ]

Nichte sobrinha [ßu'brinja] a

Nichtraucher, Nichtraucherin não fumador [nãu fuma'dor] o, não fumadora [nãu fuma'dora] a

nichts nada ['nada]

nie nunca ['nũka], (auf keinen Fall) jamais [scha'maißch], nie wieder/mehr nunca mais ['nũka maißch]

niemand ninguém [nĩ'gẽ]

noch ainda [a'ĩda], noch einmal outra vez ['otra weßch], noch nicht ainda não [a'ĩda nãu]

Norden norte ['nɔrte] o

normal normal [nɔr'mal]

Notfall emergência [imer'schenßia] a

nötig necessário [neße'ßariu]

201

November novembro
[nu'wembru] *o*
Nudeln massa ['maßa] *a*
Nummer número ['numeru] *o*
nur só [ßɔ], nur noch só mais [ßɔ
maißch]
Nuss noz [nɔßch] *a*

O

ob se [ße]
oben em cima [ẽ 'ßima], nach
oben para cima ['para 'ßima]
Obst fruta ['fruta] *a*
oder ou [o]
Ofen fogão [fu'gã‿o] *o, (um zu
backen)* forno ['fornu] *o*
offen aberto [a'bärtu]
öffentlich público ['publiku]
öffnen abrir [a'brir] <abre, abriu>
oft muitas vezes ['mui̯taßch
'weseßch]
ohne sem [ßẽ]
Ohr orelha [o'relja] *a*
Ohrring brinco ['brĩku] *o*
Oktober outubro [o'tubru] *o*
Öl óleo ['ɔli̯u] *o*
Olive azeitona [asej'tona] *a*
Onkel tio [ti̯u] *o*
Oper ópera ['ɔpera] *a*
Optiker, **Optikerin** oculista
[ɔku'lißchta] *o*, oculista
[ɔku'lißchta] *a*
Orange laranja [la'rãscha] *a*
Ordnung ordem ['ɔrdẽ] *a*, in Ord-
nung em ordem [ẽ 'ɔrdẽ]
Ort lugar [lu'gar] *o*
Osten leste ['läßchte] *o*

Österreich Áustria ['au̯ßchtri̯a] *a*
Österreicher, **Österreicherin** austríaco [au̯ßch'trilaku] *o*, austríaca
[au̯ßch'trilaka] *a*
österreichisch austríaco
[au̯ßch'trilaku]
Ozean oceano [o'ßi̯ãnu] *o*

P

Paar par [par] *o*
Päckchen encomenda pequena
[enku'menda pe'kena] *a*, ein Päckchen Zigaretten um maço de
cigarros [ũ 'maßu de ßi'garrußch]
packen *(ergreifen)* segurar
[ßegu'rar] <segura, segurou>, *(ein-
packen: Koffer)* fazer as malas
[fa'ser aßch 'malaßch] <faz, fez>
Packung pacote [pa'kɔte] *o*
Paket encomenda [enku'menda] *a*
Palast palácio [pa'laßi̯u] *o*
Panne avaria [awa'rila] *a*
Papagei papagaio [papa'gai̯u] *o*
Papier papel [pa'päl] *o, (Ausweis
etc.)* Papiere documentos
[duku'mentußch] *os*
Paradies paraíso [para'isu] *o*
Parfum perfume [per'fume] *o*
Park parque ['parke] *o*
parken estacionar [ßchtaßi̯u'nar]
<estaciona, estacionou>
Parkplatz (parque de) estaciona-
mento ['parke de
ßchtaßi̯una'mentu] *o*
Parlament parlamento
[parla'mentu] *o*
Partei partido [par'tidu] *o*

Partner, **Partnerin** parceiro [par'ßejru] *o*, parceira [par'ßejra] *a*, *(Lebensgefährte)* namorado [namu'radu] *o*, namorada [namu'rada] *a*

Party festa ['fäßchta] *a*

Pass passaporte [paßa'pɔrte] *o*

Patient, **Patientin** doente [du'ente] *o/a*

Pause pausa ['pausa] *a*

Pedal pedal [pe'dal] *o*

Penis pénis ['pänißch] *o*

Pension pensão [pen'ßãọ] *a*

Pfanne frigideira [frischi'dejra] *a*

Pfeffer pimenta [pi'menta] *a*

Pfeife *(zum Rauchen)* cachimbo [ka'ßchĩbu] *o*, *(zur Erzeugung schriller Laute)* apito [a'pitu] *o*

Pferd cavalo [ka'walu] *o*

Pflanze planta ['plãta] *a*

Pförtner, **Pförtnerin** porteiro contínuo [pur'tejru kõ'tinuụ] *o*, porteira contínua [pur'tejra kõ'tinuạ] *a*

Pfund meio quilo ['meju 'kilu] *o*

Pille comprimido [kõpri'midu] *o*, *(Antibabypille)* pílula anticoncecional ['pilula ãtikõßäßiụ'nal] *a*

Pilz cogumelo [kugu'mälu] *o*

Pizza pizza ['pisa] *a*

Plan plano ['plãnu] *o*, *(Übersichtskarte)* mapa ['mapa] *o*

Planschbecken piscina infantil [pißch'ßina ĩfã'til] *a*

Plastik plástico ['plaßchtiku] *o*

Platz lugar [lu'gar] *o*, *(in einer Stadt)* praça ['praßa] *a*, *(Sitzplatz)* lugar sentado [lu'gar ßen'tadu] *o*

Plätzchen bolinho seco [bu'liɲu 'ßeku] *o*

plus *(mit positivem Wert)* vantagem [wã'taschẽ], *(zuzüglich, eine Addition ausdrückend)* mais [maißch]

Polizei polícia [pu'lißiạ] *a*

Polizeiwache delegacia da polícia [delega'ßiạ da pu'lißiạ] *a*

Pollen pólen ['pɔlẽ] *o*

Pommes frites batatas fritas [ba'tataßch 'fritaßch] *as*

Portier porteiro [pur'tejru] *o*

Porto selo ['ßelu] *o*

Portugal Portugal [purtu'gal]

Portugiese, **Portugiesin** português [purtu'geßch] *o*, portuguesa [purtu'gesa] *a*

portugiesisch português [purtu'geßch]

Post correio [ku'rreju] *o*

Postkarte cartão postal [kar'tãọ pußch'tal] *o*

Postleitzahl código postal ['kɔdigu pußch'tal] *o*

Praxis consultório [kõßul'tɔriụ] *o*

Preis preço ['preßu] *o*

preiswert em conta [ẽ 'kõta]

probieren *(schmecken)* provar [pru'war], *(ausprobieren)* experimentar [ejßchperimen'tar] <experimenta, experimentou>

Problem problema [pru'blema] *o*

Produkt produto [pru'dutu] *o*

Programm programa [pru'grãma] *o*

Prospekt prospeto [prußch'pätu] *o*

prost! saúde! [ßa'ude]

protestieren protestar [pruteßch'tar] <protesta, protestou>

Prozent *(hundertster Teil)* percentagem [perßen'taschẽ] *a, (Prozentsatz in Zahlen ausgedrückt)* 50 Prozent cinquenta por cento [ßĩ'kuenta pur 'ßentu]

prüfen *(genau ansehen oder durchlesen)* conferir [kõfe'rir] <confere, conferiu>, *(Wissen und Fähigkeiten abfragen)* testar [teßch'tar] <testa, testou>

Pullover pulôver [pu'lowär] *o*

Pumpe bomba ['bõba] *a*

Punkt *(Thema)* ponto ['põtu] *o, (Stelle)* lugar [lu'gar] *o, (Zeitpunkt)* momento [mu'mentu] *o, (Satzzeichen)* ponto final ['põtu fi'nal] *o*

pünktlich *(Adj.)* pontual [põtu'al], *(Adv.)* pontualmente [põtu̱al'mente], jd. ist pünktlich alguém é pontual [al'gẽ ä põtu'al]

Puppe boneca [bu'näka] *a*

putzen limpar [lĩ'par] <limpa, limpou>

Q

Quadratmeter metro quadrado ['mätru ku̱a'dradu] *o*

Qualität qualidade [ku̱ali'dade] *a*

Qualle alforreca [alfu'rräka] *a*

Quarantäne quarentena [ku̱aren'tena] *a*

Quittung recibo [re'ßibu] *o*

R

Rabatt desconto [deßch'kõtu] *o*

Rad *(als Teil eines Mechanismus)* roda ['rɔda] *a, (Fahrrad)* bicicleta [bißi'kläta] *a*, Rad fahren andar de bicicleta [ã'dar de bißi'kläta] <anda, andou>

Radfahrer, **Radfahrerin** ciclista [ßi'klißchta] *o/a*

Radio rádio ['radiu̱] *o*

Radweg via para ciclistas ['wia 'para ßi'klißchtaßch] *a*

Rasierapparat máquina de barbear ['makina de barbi'ar] *a*

rasieren *(den Bart entfernen)* fazer a barba [fa'ser a 'barba] <faz, fez>, *(außerhalb des Gesichtes)* raspar [raßch'par] <raspa, raspou>

Rasierer gilete [schi'läte] *a*

Rasierklinge lâmina de barbear ['lãmina de barbi'ar] *a*

Rasierschaum espuma de barbear ['ßchpuma de barbi'ar] *a*

Rathaus câmara municipal ['kãmara munißi'pal] *a*

Ratte ratazana [rata'sãna] *a*

rauben roubar [ro'bar] <rouba, roubou>

rauchen fumar [fu'mar] <fuma, fumou>

Raucher, **Raucherin** fumador [fuma'dor] *o*, fumadora [fuma'dora] *a*

Raum *(Zimmer)* compartimento [kõparti'mentu] *o, (Platz)* lugar [lu'gar] *o*

realistisch realista [ria'lißchta]
Rebe videira [wi'dejra] *a*
rechnen calcular [kalku'lar]
  <calcula, calculou>
Rechnung conta ['kõta] *a*
rechter, rechte, rechtes ♂ direito
  [di'rejtu], ♀ direita [di'rejta]
rechts à direita [a di'rejta]
recyceln reciclar [reßi'klar]
  <recicla, reciclou>
Regal prateleira [prate'lejra] *a*
Regen chuva ['ßchuwa] *a*
Regenmantel gabardina
  [gabar'dina] *a*
Regenschirm guarda-chuva
  ['guarda 'ßchuwa] *a*
Regierung governo [gu'wernu] *o*
regnen chover [ßchu'wer] <chove,
  choveu>, **Es regnet.** Está a chover. [ßchta a ßchu'wer]
reich rico ['riku]
Reifen pneu ['pnelu] *o*
rein *(Adj.: sauber)* limpo ['lĩpu],
  (unvermischt) puro ['puru]
Reinigung *(Geschäft)* lavandaria
  [lawãda'rila] *a*, *(Vorgang des Rei-*
  nigens) limpeza [lĩ'pesa] *a*
Reis arroz [a'rroßch] *o*
Reise viagem [wi'aschẽ] *a*
Reisebüro agência de viagens
  [a'schenßia de wi'aschẽßch] *a*
Reiseführer *(Buch)* guia turístico
  ['gila tu'rißchtiku] *o*
Reiseführer, Reiseführerin *(Per-*
  son) guia turístico ['gila
  tu'rißchtiku] *o*, guia turística ['gila
  tu'rißchtika] *a*

reisen viajar [wia'schar] <viaja,
  viajou>
Reisepass passaporte
  [paßa'pɔrte] *o*
Reisescheck cheque de viagem
  ['ßchäke de 'wiaschẽ] *o*
Reißverschluss fecho-éclair
  ['fejßchu ä'klär] *o*
reiten montar a cavalo [mõ'tar a
  ka'walu] <monta, montou>
Religion religião [relischi'ão] *a*
Rennbahn pista de corrida
  ['pißchta de ku'rrida] *a*
Rentner, Rentnerin reformado
  [refur'madu] *o*, reformada
  [refur'mada] *a*
Reparatur conserto [kõ'ßertu] *o*
reparieren consertar [kõßer'tar]
  <conserta, consertou>
Reservat reserva [re'särwa] *a*
reservieren reservar [re'serwar]
  <reserva, reservou>
Reservierung reserva [re'särwa] *a*
Reservierungsnummer número
  de reserva ['numeru de
  re'särwa] *o*
Restaurant restaurante
  [reßchtau'rãte] *o*
retten salvar [ßal'war] <salva,
  salvou>
Rettungsweste colete salva-
  -vidas [ku'lete 'ßalwa 'widaßch] *o*
Rezept receita [re'ßejta] *a*
R-Gespräch chamada a cobrar
  [ßcha'mada a ku'brar] *a*
Richter, Richterin juiz
  [schu'ißch] *o*, juiza [schu'isa] *a*
richtig certo ['ßärtu]

Richtung direção [dirä'ßão] *a*
riechen cheirar [ßchej'rar] <cheira, cheirou>
Rindfleisch carne de vaca ['karne de 'waka] *a*
Rock saia ['ßaia] *a*
roh cru [kru]
Rollstuhl cadeira de rodas [ka'dejra de 'rɔdaßch] *a*
Rolltreppe escada rolante ['ßchkada ru'lãte] *a*
romantisch romântico [ro'mãtiku]
rosa cor de rosa [kor de 'rɔsa]
Rose rosa ['rɔsa] *a*
Rosé rosê [rɔ'se] *o*
Rost ferrugem [fe'rruschẽ] *a*
rot vermelho [wer'mejlju]
Rotwein vinho tinto ['winju 'tĩtu] *o*
Route rota ['rɔta] *a*
Rücken costas ['kɔßchtaßch] *as*
Rucksack mochila [mu'ßchila] *a*
Ruder remo ['remu] *o*
ruhig *(ohne Lärm)* silencioso [ßilenßi'osu], *(ohne viel Bewegung)* calmo ['kalmu]
Ruine ruína [ru'ina] *a*
rund redondo [re'dõdu]
rutschen *(ausrutschen)* escorregar [ßchkurre'gar] <escorrega, escorregou>, *(Fahrzeug, Person auf einer Rutsche)* derrapar [derra'par] <derrapa, derrapou>

S

Safe cofre ['kɔfre] *o*
Saft sumo ['ßumu] *o*
sagen dizer [di'ser] <diz, disse>
Sahne natas ['nataßch] *as*

Salat salada [ßa'lada] *a*
Salbe pomada [pu'mada] *a*
Salz sal [ßal] *o*
salzig salgado [ßal'gadu]
Samstag sábado ['ßabadu] *o*
Sand areia [a'rejla] *a*
Sandale sandália [ßã'dalia] *a*
satt satisfeito [ßatißch'fejtu]
Sattel sela ['ßäla] *a*
Satz frase ['frase] *a*
sauber limpo ['lĩpu]
sauer azedo [a'sedu]
Sauerstoffflasche garrafa de oxigénio [ga'rrafa de okßi'schäniu] *a*
Sauger bico do biberão ['biku do biberão] *o*
Sauna sauna ['ßauna] *a*
Schal cachecol [kaßche'kɔl] *o*
scharf *(Geschmack)* picante [pi'kãte], *(Klinge)* afiado [afi'adu]
Scheckkarte cartão de débito [kar'tão de 'däbitu] *o*
Schein *(Geld)* nota ['nɔta] *a*, *(Anschein)* aparência [apa'renßia] *a*
scheinen brilhar [bri'ljar] <brilha, brilhou>, *(einen Eindruck erwecken)* parecer [pare'ßer] <parece, pareceu>
Schere tesoura [te'sora] *a*
Schiene *(für Züge etc.)* carril [ka'rril] *o*
Schiff navio [na'wiu] *o*
Schild placa ['plaka] *a*
Schinken *(geräuchert)* presunto [pre'sũtu] *o*, *(gekocht)* fiambre [fi'äbre] *o*

schlafen dormir [dur'mir] <dorme, dormiu>

Schlafzimmer quarto ['kuartu] *o*

Schläger *(für Tennis, Federball, Tischtennis)* raquete [ra'käte] *a*, *(für Baseball, Golf, Kricket)* taco ['taku] *o*

Schlange *(Tier)* cobra ['kɔbra] *a*, *(wartende Menschen)* fila ['fila] *a*

schlank magro ['magru]

Schlauch *(für einen Reifen)* câmara de ar ['kãmara de ar] *a*, *(zum Wässern)* mangueira [mã'gejra] *a*

schlecht *(Adj.: minderwertig oder verwerflich)* mau [mau̯], *(Milch, Fleisch)* estragado [ßchtra'gadu], *(Adv.)* mal [mal], **jdm ist schlecht** alguém está mal disposto [al'gẽ ßchta mal dißch'poßchtu]

schließen fechar [fe'ßchar] <fecha, fechou>

Schließfach *(für Wertsachen)* cofre ['kɔfre] *o*, *(für Gepäck)* cacifo [ka'ßifu] *o*

Schloss *(zum Abschließen)* cadeado [ka'diadu] *o*, *(Gebäude)* castelo [kaßch'tälu] *o*

Schlucht ravina [rä'wina] *a*

Schluss fim [fĩ] *o*, **am/zum Schluss** no fim [nu fĩ]

Schlüssel chave ['ßchawe] *a*

schmal *(Streifen, Durchlass)* estreito ['ßchtrejtu]

schmecken etw. schmeckt gut/ schlecht algo sabe bem/mal ['algu 'ßabe bẽ/mal] <sabe, soube>, etw. schmeckt algo está

saboroso ['algu ßchta ßabu'rosu] <está, esteve>

Schmerz dor [dor] *a*

schmerzhaft doloroso [dulu'rosu]

Schmerzmittel analgésico [anal'schäsiku] *o*

Schmetterling borboleta [burbu'leta] *a*

Schmuck joia ['jɔia] *a*, *(Modeschmuck)* bijutaria [bischuta'rila] *a*

schmutzig sujo ['ßuschu]

Schnaps aguardente [aguar'dente] *a*

Schnecke caracol [kara'kɔl] *o*

Schnee neve ['näwe] *a*

schneiden cortar [kur'tar] <corta, cortou>

Schneider, Schneiderin costureiro [kußchtu'rejru] *o*, costureira [kußchtu'rejra] *a*

schnell rápido ['rapidu]

Schnorchel tubo de respiração ['tubu de reßchpira'ßãõ] *o*

schnorcheln mergulhar com tubo [mergu'ljar kõ 'tubo] <mergulha, mergulhou>

Schnuller chupeta [ßchu'peta] *a*

Schnürsenkel atacador [ataka'dor] *o*

Schokolade chocolate [ßchuku'late] *o*

schon já [scha]

schön bonito [bu'nitu]

Schönheitssalon instituto de beleza [inßchti'tutu de be'lesa] *o*

Schrank armário [ar'mariu] *o*

schrecklich horrível [o'rriwäl]

schreiben escrever [ßchkre'wer] <escreve, escreveu>

schreien gritar [gri'tar] <grita, gritou>

schriftlich por escrito [pur 'ßchkritu]

schüchtern tímido ['timidu]

Schuh sapato [ßa'patu] o

Schuhgeschäft sapataria [ßapata'rila] a

schuldig culpado [kul'padu]

Schule escola ['ßchkɔla] a

Schulter ombro ['õbru] o

Schuppe (beim Fisch) escama ['ßchkãma] a, (im Haar) caspa ['kaßchpa] a

Schüssel tigela [ti'schäla] a

schützen proteger [prute'scher] <protege, protegeu>

schwach fraco ['fraku]

Schwager, Schwägerin cunhado [ku'njadu] o, cunhada [ku'njada] a

schwanger grávida ['grawida]

Schwangerschaftstest teste de gravidez ['täßchte de grawi'deßch] o

schwarz preto ['pretu]

Schwarzbrot pão escuro [pãɒ 'ßchkuru] o

Schwein porco ['porku] o

Schweinefleisch carne de porco ['karne de 'porku] a

Schweiz Suíça [ßu'ißa] a

Schweizer (Adj.) suíço [ßu'ißu]

Schweizer, Schweizerin suíço [ßu'ißu] o, suíça [ßu'ißa] a

schweizerdeutsch alemão suíço [ale'mãɒ ßu'ißu]

schwer difícil [di'fißil], pesado [pe'sadu]

schwerhörig com problemas de audição [kõ pru'blemaßch de au̯di'ßãɒ]

Schwester irmã [ir'mã] a

Schwiegermutter sogra ['ßɔgra] a

Schwiegervater sogro ['ßogru] o

Schwimmbad piscina [pißch'ßina] a

schwimmen nadar [na'dar] <nada, nadou>

schwitzen suar [ßu'ar] <sua, suou>

schwul gay [gej]

See (Meer) mar [mar] o, (Binnengewässer) lago ['lagu] o

seekrank seekrank sein estar enjoado [ßchtar enschu'ado] <está, esteve>

sehen ver [wer] <vê, viu>

sehr muito ['mu̯itu]

Sehtest teste de visão ['täßchte de wi'sãɒ] o

Seide seda ['ßeda] a

Seife sabonete [ßabu'nete] o

Seil corda ['kɔrda] a

Seilbahn teleférico [tele'färiku] o

sein (Herkunft, Eigenschaft, Identität, Beruf) ser [ßer] <é, foi>, (Zustand, Ort) estar [ßchtar] <está, esteve>

sein, seine ♂ o ... dele/u seu ... [u ... 'dele/u ßelu ...], ♀ a ... dele/a sua ... [a ... 'dele/a ßula ...]

seit (bestimmter Zeitpunkt) desde ['deßchde], seit 2008 desde 2008 ['deßchde do̯ißch mil i

'ojtu], *(Zeitspanne)* há [ah], Ich
bin seit zwei Tagen da. Eu estou
aqui há dois dias. [e|u ßchto a'ki
ah dojßch 'di|aßch]
Seite *(seitlicher Teil)* lado ['ladu] *o*,
(Buch) página ['paschina] *a*
Sekt espumante [ßchpu'mãte] *o*
Sekunde segundo [ße'gũdu] *o*
Selbstbedienung self-service
['ßälf 'ßerwiß] *o*
selten *(Adj.)* raro ['raru], *(Adv.)*
raramente [rara'mente]
Semmel pãozinho [pão'sinju] *o*
senden *(schicken)* enviar [enwi'ar]
<envia, enviou>, *(Rundfunk und
Fernsehen)* transmitir
[träßchmi'tir] <transmite,
transmitiu>
Senf mostarda [mußch'tarda] *a*
September setembro
[ße'tembru] *o*
Serviette guardanapo
[guarda'napu] *o*
Sessel poltrona [pol'trona] *a*
Sex sexo ['ßäkßu] *o*
Shampoo champô [ßchã'po] *o*
Show espetáculo [ßchpä'takulo] *o*
sich *(reflexiv Dativ u. Akkusativ)*
se [ße]
sicher seguro [ße'guro]
Sicherheitsgurt cinto de segurança ['ßĩtu de ßegu'rãßa] *o*
sie *(Singular)* ela ['äla], *(Plural
mask.)* eles ['eleßch], *(Plural
fem.)* elas ['älaßch]
Sie *(mask.)* o senhor [u ße'njor],
(fem.) a senhora [a ße'njora]
Silber prata ['prata] *a*

Silvester réveillon [rewej'õ] *o*
singen cantar [kã'tar] <canta,
cantou>
Sitz assento [a'ßentu] *o*
sitzen sentar [ßen'tar] <senta,
sentou>
Skateboard skate ['ßkejte] *o*
Ski esqui [ßchki] *o*
Skilift telesqui [täläßch'ki] *o*
Skipass passe para esquiar ['paße
'para ßchki'ar] *o*
Skischuh bota de esqui ['bɔta de
ßchki] *a*
Skistock bastão de esqui
[baßch'tão de ßchki] *o*
Skulptur escultura [ßchkul'tura] *a*
Slipeinlage protetor de slip
[prutä'tor de slip] *o*
Snack petisco [pe'tißchku] *o*
Snowboard snowboard
[ß'nou'bɔrd] *o*
so assim [a'ßĩ], so schön/teuer
tão bonito/caro [tão bu'nitu/
'karu]
Socke meia ['meja] *a*
Sofa sofá [ßu'fa] *o*
sofort imediatamente
[imedia ta'mente]
Sohn filho ['fiĺu] *o*
Sojabohne soja ['ßɔscha] *a*
Sojamilch leite de soja ['lejte de
'ßɔscha] *o*
Soldat, **Soldatin** soldado
[ßol'dadu] *o*, mulher soldado
[mu'ĺär ßol'dadu] *a*
sollen dever [de'wer] <deve,
deveu>, Sie sollten ... Você devia
... [wo'ße de'wi|a]

209

Sommer verão [we'rãọ] o
Sonne sol [ßɔl] o
Sonnenbrand queimadura solar [kejma'dura ßu'lar] a
Sonnenstich insolação [ĩßula'ßãọ] a
Sonnenuntergang pôr do sol [por du ßɔl] o
sonnig ensolarado [ẽßula'radu]
Sonntag domingo [du'mĩgu] o
sorgen sich (um etw./jdn) sorgen preocupar-se (com algo/alguém) [priọku'parße (kõ 'algu/al'gẽ)] <preocupa-se, preocupou-se>, **für** etw./jdn sorgen cuidar de algo/ alguém [kui̯'dar de 'algu/al'gẽ] <cuida, cuidou>
Sorte tipo ['tipu] o
Soße molho ['moljụ] o
Souvenir lembrança [lem'brãßa] a
sowohl ... als auch ... tanto ... como ... ['tãtu ... 'komu]
sparen economizar [ikọnumi'sar] <economiza, economizou>
Spaß diversão [diwer'ßãọ] a, etw. macht Spaß algo é divertido ['algu ä diwer'tidu] <é, foi>
spät (Adj.) tardio [tar'diụ], (Adv.) tarde ['tarde]
später (Komparativ vom Adj.) posterior [pußchteri'or], (Komparativ vom Adv.) mais tarde [mai̯ßch 'tarde]
Spaziergang passeio a pé [pa'ßeju̯ a pä] o
Speck (vom Schwein) toucinho [to'ßinju] o

Speicherkarte cartão de memória [kar'tãọ de me'mɔriạ] o
Speicherstick pen [pän] o
Speisekarte ementa [i'menta] a
Speisewagen vagão-restaurante [wa'gãọ reßchtaụ'rãte] o
Spezialist, **Spezialistin** especialista [ßchpeßiạ'lißchta] o, especialista [ßchpeßiạ'lißchta] a
Spezialität especialidade [ßchpeßiạli'dade] a
Spiegel espelho ['ßchpeljụ] o
Spiegelei ovo estrelado ['owu ßchtre'ladu] o
Spiel jogo ['schogu] o
spielen jogar [schu'gar] <joga, jogou>, (ein Instrument) tocar [tu'kar] <toca, tocou>
Spielkasino casino [ka'sinu] o
Spielregeln regras do jogo ['rägraßch du 'schogu] as
Spinat espinafre [ßchpi'nafre] o
Spinne aranha [a'rãnja] a
Spirituosen aguardentes e conhaques [aguar'denteßch i co'njakeßch] as/os
Spitzname alcunha [al'kunja] a
Sport desporto [deßch'portu] o
Sportgeschäft loja de desporto ['lɔscha de dßch'portu] a
Sportler, **Sportlerin** desportista [deßchpur'tißchta] o/a
Sprache língua ['lĩgua] a
sprechen falar [fa'lar] <fala, falou>
Sprechstunde horário de atendimento [o'rariụ de atendi'mentu] o
springen saltar [ßal'tar] <salta, saltou>

Spritze injeção [ĩschä'ßãọ] *a*, eine Spritze bekommen levar uma injeção [le'war 'uma ĩschä'ßãọ] <leva, levou>
Spur *(einer Straße)* pista ['pißchta] *a*
Staat Estado ['ßchtadu] *o*
Staatsangehörigkeit nacionalidade [naßiụnali'dade] *a*
Stadion estádio ['ßchtadiụ] *o*
Stadt cidade [ßi'dade] *a*
Stadtmauer muralha [mu'ralịa] *a*
Stadtrundfahrt viagem turística [viạ'schẽ tu'rißchtika] *a*
Stadtzentrum centro da cidade ['ßchentru da 'ßi'dade] *o*
stark forte ['fɔrte]
Starthilfekabel cabo de carga de bateria ['kabu de 'karga de bate'rilạ] *o*
Statue estátua ['ßchtatuạ] *a*
stechen picar [pi'kar] <pica, picou>
Stecknadel alfinete [alfi'nete] *o*
stehen estar em pé [ßchtar ẽ pä] <está, esteve>
stehlen roubar [ro'bar] <rouba, roubou>
Steigbügel estribo ['ßchtribu] *o*
steigen subir [ßu'bir] <sobe, subiu>
steil íngreme ['ĩgreme]
Steilküste costa escarpada ['kɔßchta ßchkar'pada] *a*
Stein pedra ['pädra] *a*
Stelle *(Ort, Position)* lugar [lu'gar] *o*, *(Arbeitsstelle)* posto de trabalho ['poßchtu de tra'balịu] *o*

stellen colocar [kulu'kar] <coloca, colocou>
sterben morrer [mu'rrer] <morre, morreu>
Stiefel bota ['bɔta] *a*
Stimme voz [wɔßch] *a*
Stock andar [ã'dar] *o*, im ersten Stock no primeiro andar [nu pri'mejru ã'dar]
stornieren fazer um estorno [fa'ser ũ 'ßchtornu] <faz, fez>
Stornierungsgebühr taxa de estorno ['tascha de 'ßchtornu] *a*
Strand praia ['praiạ] *a*
Straße rua ['rulạ] *a*, *(außerhalb der Stadt)* estrada ['ßchtrada] *a*
Straßenbahn elétrico [i'lätriku] *o*
Streifen risca ['rißchka] *a*
Strom *(Elektrizität)* eletricidade [ilätrißi'dade] *a*, *(Gewässer)* corrente de água [ku'rrente de 'aguạ] *a*
Strömung corrente forte [ku'rrente 'fɔrte] *a*
Strumpf meia ['mejạ] *a*
Stück pedaço [pe'daßu] *o*
Student, **Studentin** estudante [ßchtu'dãte] *o*, estudante [ßchtu'dãte] *a*
Stuhl cadeira [ka'dejra] *a*
Stunde hora ['ɔra] *a*, eine Viertelstunde um quarto de hora [ũ 'kuạrtu de 'ɔra] *o*
Sturm tempestade [tempeßch'tade] *a*
suchen procurar [prɔku'rar] <procura, procurou>, nach etw.

211

suchen procurar algo [prɔku'rar 'algu]

Süden sul [ßul] *o*

Supermarkt supermercado [ßupärmer'kadu] *o*

Suppe sopa ['ßopa] *a*

Suppenlöffel *(um Suppe damit zu essen)* colher de sopa [ku'ljär de 'ßopa] *a*, *(Kelle)* concha ['kõßscha] *a*

süß doce ['doße]

Süßstoff adoçante [adu'ßãte] *o*

T

Tabak tabaco [ta'baku] *o*

Tag dia ['di|a] *o*, Guten Tag! Bom dia! [bõ 'di|a]

Tagebuch diário [di'ariu] *o*

Tagessuppe sopa do dia ['ßopa du 'di|a] *a*

täglich diariamente [diaria'mente]

tagsüber durante o dia [du'rãte u 'di|a]

Tal vale ['wale] *o*

Tampon tampão [tam'pãu] *o*

Tank depósito [de'pɔsitu] *o*

tanken meter combustível [me'ter kõbußch'tiwäl] <mete, meteu>

Tankstelle bombas de gasolina ['bõbaßch de gasu'lina] *as*

Tante tia [ti|a] *a*

Tanz dança ['dãßa] *a*

tanzen dançar [dã'ßar] <dança, dançou>

Tasche carteira [kar'tejra] *a*, *(an einem Kleidungsstück)* bolso ['bolßu] *o*

Taschenmesser canivete [kani'wäte] *o*

Taschenrechner calculadora [kalkula'dora] *a*

Taschentuch lenço ['lẽßu] *o*

Tasse chávena ['ßchawena] *a*

Tastatur teclado [tä'kladu] *o*

taub surdo ['ßurdu]

tauchen mergulhar [mergu'ljar] <mergulha, mergulhou>

Taucherausrüstung equipamento de mergulhar [ekipa'mentu de mer'guljar] *o*

Taucherbrille óculos de mergulhar ['ɔkulußch de mer'guljar] *os*

Taxi táxi ['takßi] *o*

Taxifahrer, Taxifahrerin motorista de táxi [mutu'rißchta de 'takßi] *o/a*

Technik técnica ['täknika] *a*

Tee chá [ßcha] *o*

Teelöffel colher de chá [ku'ljär de ßcha] *a*

Teig massa ['maßa] *a*

Teil *(Ersatzteil etc.)* peça ['päßa] *a*, *(Stück eines Ganzen)* parte ['parte] *a*

teilen *(aufsplitten)* dividir [diwi'dir] <divide, dividiu>, etw. mit jdm teilen repartir algo com alguém [repar'tir 'algu kõ al'gẽ] <reparte, repartiu>

teilnehmen participar [partißi'par] <participa, participou>

Teilzeit tempo parcial ['tempu parßi'al] *o*

Telefon telefone [tele'fɔne] *o*

Telefonbuch lista telefónica ['lißchta tele'fɔnika] *a*

telefonieren telefonar [telefu'nar] <telefona, telefonou>, Ich muss dringend telefonieren. Eu preciso de telefonar urgentemente. [elu pre'ßisu de telefu'nar urschente'mente]

Telefonkarte cartão telefónico [kar'tãͦ tele'fɔniku] *o*

Telefonnummer número de telefone ['numeru de tele'fɔne] *o*

Telefonzelle cabine telefónica [ka'bine tele'fɔnika] *a*

Teller prato ['pratu] *o*

Tempel templo ['templu] *o*

Temperatur temperatura [tempera'tura] *a*

Tennisplatz campo de ténis ['kampu de 'tänißch] *o*

Teppich tapete [ta'pete] *o*

Termin hora marcada ['ɔra mar'kada] *a*

Terrasse varanda [wa'rãda] *a*

Tetanus tétano ['tätanu] *o*

teuer caro ['karu]

Theater teatro ['tiatru] *o*

Theaterstück peça de teatro ['päßa de 'tiatru] *a*

Ticket bilhete [bi'ljete] *o*

Tier animal [ani'mal] *o*

Tisch mesa ['mesa] *a*

Tischtennis ténis de mesa ['tänißch de 'mesa] *o*

Titel título ['titulu] *o*

Tochter filha ['filja] *a*

Tofu tofu [to'fu] *o*

Toilette toalete [tua'läte] *a*

Toilettenpapier papel higiénico [pa'päl ischi'äniku] *o*

Tollwut raiva ['raiwa] *a*

Tomate tomate [tu'mate] *o*

Topf *(Kochtopf)* tacho ['taßchu] *o*, *(für Blumen)* vaso ['wasu] *o*

Töpferwaren produtos de barro [pru'dutußch de 'barru] *os*

Tor *(beim Fußball)* golo ['golu] *o*, *(Eingang)* portão [pur'tãͦ] *o*

Torte bolo ['bolu] *o*

tot morto ['mortu]

Touristeninformation posto de turismo ['poßchtu de tu'rißchmu] *o*

tragen levar [le'war] <leva, levou>

Transport transporte [träßch'pɔrte] *o*

Traube uva ['uwa] *a*

traurig triste ['trißchte]

treffen *(eine Person)* encontrar [enkõ'trar] <encontra, encontrou>, Wir treffen uns am Flughafen. Nós encontramo-nos no aeroporto. [nɔßch enkõ'trämunußch nu a̤ärɔ'portu]

Treppe escada ['ßchkada] *a*

trinken beber [be'ber] <bebe, bebeu>

Trinkgeld gorjeta [gur'scheta] *a*, Trinkgeld geben dar gorjeta [dar gur'scheta] <dá gorjeta, deu gorjeta>

Trinkwasser água potável ['agu̯a pu'tawäl] *a*

trocknen secar [ße'kar] <seca, secou>

Truthahn peru [pe'ru] *o*

213

tun fazer [fa'ser] <faz, fez>, **jd tut
etw. gern** alguém gosta de fazer
algo [al'gẽ 'gɔßchta de fa'ser
'algu]
Tür porta ['pɔrta] *a*
Turm torre ['torre] *a*
Tüte saco ['ßaku] *o*
typisch típico ['tipiku]

U

U-Bahn metro [mä'tru] *o*
Übelkeit má disposição [ma
dißchpusi'ßã̃o] *a*
über acima de [a'ßima de], Tempe-
raturen über 30° temperaturas
acima de 30 graus
[tempera'turaßch a'ßima de 'trïta
graußch], **im Zimmer über uns**
no quarto de cima [nu 'kuartu de
'ßima], *(sich beziehend auf)*
sobre ['ßobre], **ein Buch über**
um livro sobre [ũ 'liwru 'ßobre]
Überdosis dose excessiva ['dɔse
ejßchße'ßiwa] *a*
überfallen *(gewaltsam angreifen)*
assaltar [aßal'tar] <assalta,
assaltou>
übermorgen depois de amanhã
[de'poißch de amã'njã]
Übernachtungsmöglichkeit pos-
sibilidades de alojamento
[pußibili'dadeßch de
aluscha'mentu] *as*
überraschen surpreender
[ßurpre|en'der] <surpreende,
surpreendeu>
übersetzen traduzir [tradu'sir]
<traduz, traduziu>

Übersetzer, **Übersetzerin** tradutor [tradu'tor] *o*, tradutora
[tradu'tora] *a*
überweisen transferir
[trãßchfe'rir] <transfere,
transferiu>
Überweisung transferência bancária [trãßchfe'renßia bã'karia] *a*
Uhr relógio [re'lɔschiu] *o*, *(Armbanduhr)* relógio de pulso [re'lɔschiu
de 'pulßu] *o*, *(Taschenuhr)* relógio
de bolso [re'lɔschiu de 'bolßu] *o*,
zehn Uhr dez horas [däßch
'ɔraßch]
Uhrzeit horas ['ɔraßch] *as*
um à volta de [a 'wɔlta de],
(genauer Zeitpunkt) às [aßch],
(in Infinitivkonstruktionen) um ...
zu para ... ['para]
umsteigen mudar [mu'dar] <muda,
mudou>
umtauschen trocar [tru'kar]
<troca, trocou>
umziehen mudar de casa/quarto
[mu'dar de 'kasa/'kuartu] <muda,
mudou>, *(sich umziehen)* mudar
de roupa [mu'dar de 'ropa]
<muda de roupa, mudou de
roupa>
und e [i]
Unfall acidente [aßi'dente] *o*
ungefähr mais ou menos ['maiso
'menußch]
uns *(reflexiv Dativ u. Akkusativ)*
nos [nußch], *(Dativ von ‚wir')*
nos [nußch], *(Akkusativ von
‚wir')* nos [nußch]

unser, unsere ♂ nosso ['nɔßu], ♀ nossa ['nɔßa]
unten em baixo [ẽ 'bai̯ßchu]
unter *(räumlich)* abaixo [a'bai̯ßchu]
Unterbringung alojamento [aluscha'mentu] *o*
Untergeschoss piso subterrâneo ['pisu ßubte'rrãni̯u] *o*
Unterhemd camisola interior [kami'sɔla ĩteri'or] *a*
Unterhose *(für Männer)* cuecas ['ku̯äkaßch] *as*, *(für Frauen)* cueca/calcinha ['ku̯äka/kal'ßinja] *a*
Unterricht aula ['au̯la] *a*
unterrichten ensinar [enßi'nar] <ensina, ensinou>
Unterschied diferença [dife'renßa] *a*
unterschreiben assinar [aßi'nar] <assina, assinou>
Unterschrift assinatura [aßina'tura] *a*
Untertasse pires ['pireßch] *o*
Urlaub férias ['färi̯aßch] *as*
USB-Kabel cabo USB ['kabu u 'äße be] *o*

V

Vagina vagina [wa'schina] *a*
Vater pai [pai̯] *o*
Vegetarier, Vegetarierin vegetariano [weschetari'ãnu] *o*, vegetariana [weschetari'ãna] *a*
vegetarisch vegetariano [weschetari'ãnu]

verabschieden sich verabschieden (von) despedir-se (de) [deßchpe'dirße (de)] <despede-se (de), despediu-se (de)>
verbinden *(zusammenfügen, am Telefon)* ligar [li'gar] <liga, ligou>, *(mit Verbandszeug)* fazer a ligadura [fa'ser a liga'dura] <faz, fez>
verboten proibido [prui̯'bidu]
verdienen ganhar [gã'njar] <ganha, ganhou>
vergessen esquecer [ßchkä'ßer] <esquece, esqueceu>
vergewaltigen violar [wi̯u'lar] <viola, violou>
verheiratet casado [ka'sadu]
Verkäufer, Verkäuferin vendedor [wende'dor] *o*, vendedora [wende'dora] *a*
verkaufen vender [wen'der] <vende, vendeu>
Verkehr trânsito ['trãsitu] *o*
Verkehrsmittel meio de transporte ['mei̯u de trãßch'pɔrte] *o*, öffentliche Verkehrsmittel transporte público [trãßch'pɔrte 'publiku] *o*
Verletzung ferimento [feri'mentu] *o*
verlieren perder [per'der] <perde, perdeu>, *(weniger Wert sein)* desvalorizar [deßchwaluri'sar] <desvaloriza, desvalorizou>
Verlobter, Verlobte noivo ['noi̯wu] *o*, noiva ['noi̯wa] *a*
Vermieter, Vermieterin proprietário [prupri̯e'tari̯u] *o*, proprietária [prupri̯e'tari̯a] *a*

215

verrückt louco [ˈloku]
Versichertenkarte cartão da
  caixa de saúde [karˈtão da
  ˈkaißcha de ßaˈude] *o*
Versicherung seguro [ßeˈguru] *o*
verstehen compreender
  [kõpreĩenˈderˈ] <compreende,
  compreendeu>
verstopft entupido [entuˈpidu]
Verstopfung prisão de ventre
  [prisão de ˈwentre] *a*
versuchen tentar [tenˈtarˈ] <tenta,
  tentou>
Vertrag contrato [kõˈtratu] *o*
Verwandter, **Verwandte** parente
  [paˈrente] *o/a*
verwitwet viúvo [wiˈuwu]
viel muito [ˈmuĩtu], **zu viel** demais
  [deˈmaißch]
viele muitos [ˈmuĩtußch], muitas
  [ˈmuĩtaßch]
vielleicht talvez [talˈweßch]
viertel um quarto [ũ ˈkuartu]
Viertel *(vierter Teil von etw.)*
  quarto [ˈkuartu] *o*, *(Stadtteil)*
  bairro [ˈbairru] *o*
Vierteljahr trimestre
  [triˈmäßchtre] *o*
Visum visto [ˈwißchtu] *o*
Vogel pássaro [ˈpaßaru] *o*
voll cheio [ˈßcheju]
voller cheio de [ˈßcheju de]
Vollpension pensão completa
  [penˈßão kõˈpläta] *a*
Vollwertkost alimentos comple-
  tos [aliˈmentußch kõˈplätußch] *os*
Vollzeit semana completa
  [ße'mana kõˈpläta] *a*

von de [de], **vom Haus bis zum
  Strand** de casa até à praia [de
  ˈkasa aˈtä a ˈpraja], **von Süden** do
  sul [du ßul], **von heute an** a partir de hoje [a parˈtir de ˈosche],
  von hier daqui [daˈki], **von dort**
  de lá [de la], **von oben** de cima
  [de ˈßima], **von unten** de baixo
  [de ˈbaißchu], **von vorn** de frente
  [de ˈfrente], **von hinten** de trás
  [de traßch]
vor *(räumlich)* em frente de [ẽ
  ˈfrente de], **vor dem Haus** em
  frente da casa [ẽ ˈfrente da
  ˈkasa], **vor ihm** em frente dele [ẽ
  ˈfrente ˈdele], *(zeitlich)* antes
  [ˈãteßch], **vor zehn Minuten** há
  dez minutos [ah ˈdäßch
  miˈnutußch]
vorgestern anteontem [ãteˈõtẽ]
Vormittag manhã [mãˈnjã] *a*
vormittags de manhã [de mãˈnjã]
vorn na frente [na ˈfrente]
Vorname primeiro nome [priˈmejru
  ˈnome] *o*
Vorort subúrbio [ßuˈburbiu] *o*
Vorsicht cuidado [kuiˈdadu] *o*
vorsichtig com cuidado [kõ
  kuiˈdadu]
Vorspeise entrada [enˈtrada] *a*
vorziehen preferir [prefeˈrir]
  <prefere, preferiu>

W

wachsen crescer [kreßchˈßer]
  <cresce, cresceu>
wählen escolher [ßchkuˈljer]
  <escolhe, escolheu>, *(am Telefon)*

marcar o número [mar'kar u 'numeru] <marca, marcou>

wahr verdade [wer'dade]

Währung moeda ['muɐ̯da] *a*

Wald floresta [flu'räßchta] *a*

Wand parede [pa'rede] *a*

wandern fazer caminhada [fa'ser kami'nɐ̯da] <faz caminhada, fez caminhada>

wann quando ['kuɐ̯du]

warm quente ['kente]

warnen avisar [awi'sar] <avisa, avisou>

warten esperar [ßchpe'rar] <espera, esperou>

Wartezimmer sala de espera ['ßala de 'ßchpära] *a*

warum porquê [pur'ke:]

was o que [u ke]

waschen lavar [la'war]

Wäscherei lavandaria [lawɐ̯da'riɐ̯] *a*

Waschmaschine máquina de lavar roupa ['makina de la'war 'ropa] *a*

Wasser água ['agu̯ɐ] *a*

wasserdicht impermeável [ĩper'mi̯awäl]

Wasserfall queda de água ['käda de 'agu̯ɐ] *a*

Wasserhahn torneira [tur'nejra] *a*

Wassermelone melancia [melɐ̯'ßiɐ̯] *a*

Wechselgeld troco ['troku] *o*

Wechselkurs câmbio ['käbi̯u] *o*

wechseln trocar [tru'kar] <troca, trocou>

Wecker despertador [deßchperta'dor] *o*

Weg caminho [ka'minɐ̯u] *o*

weg Ich gehe weg. Eu vou-me embora. [e̯u 'wome em'bɔra], Der Schlüssel ist weg. A chave desapareceu. [a 'ßchawe desapare'ße̯u]

wehtun doer [du'er] <dói, doeu>, etw. tut weh dói qualquer coisa [dɔi ku̯al'kär 'koi̯sa] <dói, doeu>

weiblich feminino [femi'ninu]

Weihnachten Natal [na'tal] *o*

Wein vinho ['winɐ̯u] *o*

weiß branco ['brɐ̃ku]

Weißwein vinho branco ['winɐ̯u 'brɐ̃ku] *o*

welcher, welche, welches qual [ku̯al]

Welt mundo ['mũdu] *o*

wenig pouco ['poku]

weniger menos ['menußch]

wer quem [kẽ]

Werkstatt oficina [ofi'ßina] *a*

Wertsachen objetos de valor [ob'schätußch de wa'lor] *os*

wertvoll valioso [wa'li̯osu]

Westen oeste [o'äßchte] *o*

Wickelraum fraldário [fral'dari̯u] *o*

Wiedersehen reencontro [relen'kõtru] *o*, Auf Wiedersehen! Adeus! [a'de̯ußch]

Wiese relva ['rälwa] *a*

Wind vento ['wentu] *o*

Windel fralda ['fralda] *a*

windig ventoso [wen'tosu]

Windschutzscheibe pára-brisas ['para 'brisaßch] *o*

Winter inverno [ĩ'wärnu] *o*
wir nós [nɔßch]
Wirtschaft economia [ikɔnu'miɐ]
wissen saber [ßa'ber] <sabe,
  soube>
Witwer, **Witwe** viúvo [wi'uwu] *o*,
  viúva [wi'uwa] *a*
wo onde ['õde]
Woche semana [ße'mɐna] *a*
Wochenende fim de semana [fĩ
  de ße'mɐna] *o*
wohin onde [õde]
wohnen morar [mu'rar] <mora,
  morou>
Wohnung apartamento
  [aparta'mentu] *o*
Wohnmobil autocaravana
  [au̯tɔkara'wɐna] *a*
Wohnwagen roulotte [ru'lɔte] *a*
Wohnzimmer sala ['ßala] *a*
wollen querer [ke'rer] <quer, quis>
Wort palavra [pa'lawra] *a*
Wörterbuch dicionário
  [dißiu̯'nariu̯] *o*
wunderbar maravilhoso
  [marawi'ʎɔsu]
Wurst salsicha [ßal'ßißcha] *a*
Wüste deserto [de'ßärtu] *o*

Z

Zahl número ['numeru] *o*
zahlen pagar [pa'gar] <paga,
  pagou>
Zahlung pagamento
  [paga'mentu] *o*
Zahlungsweise forma de pagamento ['fɔrma de paga'mentu] *a*
Zahn dente ['dente] *o*

Zahnbürste escova de dentes
  ['ßchkowa de 'denteßch] *a*
Zahnpasta pasta dentífrica
  ['paßchta den'tifrika] *a*
Zahnstocher palito de dentes
  [pa'litu de 'denteßch] *o*
Zange alicate [ali'kate] *o*
Zeh dedo do pé ['dedu du pä] *o*
zeigen mostrar [mußch'trar]
Zeit tempo ['tempu] *o*, in letzter
  Zeit nos últimos tempos [nußch
  'ultimußch 'tempußch]
Zeitschrift revista [re'wißchta] *a*
Zeitung jornal [schur'nal] *o*
Zelt tenda ['tenda] *a*
zelten acampar [akã'par]
  <acampa, acampou>
Zeltplatz lugar para acampar
  [lu'gar 'para akã'par] *o*
Zentimeter centímetro
  [ßen'timetru] *o*
zentral central [ßen'tral]
Zentrum centro ['ßentru] *o*
Ziege cabra ['kabra] *a*
Zigarette cigarro [ßi'garru] *o*
Zigarre charuto [ßcha'rutu] *o*
Zimmer quarto ['ku̯artu] *o*
Zimmernummer número do
  quarto ['numeru du 'ku̯artu] *o*
Zitrone limão [li'mãu̯] *o*
Zoll alfândega [al'fãdega] *a*
zu *(Ziel angebend)* zur Schule
  para a escola ['para a 'ßchkɔla],
  zu Hause em casa [ẽ 'kasa], *(vor
  dem Infinitiv)* schwer zu sagen
  difícil de dizer [di'fißil de di'ser],
  (Adv.) zu viel demais
  [de'mai̯ßch], *(zeitlich, zu einem*

Anlass) zum Frühstück ao pequeno almoço [au pe'kenu al'moßu], *(adjektivisch: verschlossen)* fechado [fe'ßchadu]

Zucker açúcar [a'ßukar] *o*

zuckerfrei sem açúcar [ßẽ a'ßukar]

zufrieden satisfeito [ßatißch'fejtu]

Zug comboio [kõ'bɔju] *o*

Zügel rédeas ['rädiaßch] *as*

Zündkerze vela de ignição ['wäla de igni'ßãͻ] *a*

zurück de volta [de 'wͻlta], *(rückwärts)* para trás ['para traßch]

zurückgeben devolver [dewol'wer] <devolve, devolveu>

zurückkehren regressar [regre'ßar] <regressa, regressou>

zusammen juntos ['schũtußch]

zustimmen *(einer Meinung sein und das äußern)* aprovar [apru'war] <aprova, aprovou>, *(einverstanden sein)* concordar [kõkur'dar] <concorda, concordou>

Zwiebel cebola [ße'bola] *a*

zwischen entre ['entre]

Portugiesisch-Deutsch

A

a [a] die, das; sie
abacate [aba'kate] *o* Avocado
abaixo [a'baißchu] unter
abastecer [abaßchte'ßer]
  <abastece, abasteceu> tanken,
  versorgen
aberto [a'bärtu] offen
abóbora [a'bɔbura] *a* Kürbis
abraço [a'braßu] *o* Umarmung
abril [a'bril] *o* April
abrir [a'brir] <abre, abriu> öffnen
absolutamente [abßuluta'mente]
  (Adv.) absolut
absorvente [abßor'wente] saugfä-
  hig
absorvente interno [abßor'wente
  ĩ'tärnu] *o* Tampon
acabar [aka'bar] <acaba, acabou>
  beenden
acampar [akã'par] <acampa,
  acampou> zelten
acampamento [akãpa'mentu]
  Campingplatz
acesso [a'ßäßu] *o* Zugang
achar [a'ßchar] <acha, achou> finden, glauben, meinen
acidente [aßi'dente] *o* Unfall
acima [a'ßima] über
acordar [akur'dar] <acorda,
  acordou> aufwachen
açúcar [a'ßukar] *o* Zucker, sem
  açúcar [ßẽ a'ßukar] zuckerfrei
adaptador [adapta'dor] *o* Adapter

adoçante [adu'ßãte] *o* Süßstoff
adolescente [aduleßch'ßente] *o/a*
  Jugendlicher, Jugendliche
adorar [adu'rar] <adora, adorou>
  lieben, gern tun
adulto [a'dultu] *o*, **adulta**
  [a'dulta] *a* Erwachsener, Erwachsene
adulto [a'dultu] erwachsen
aeroporto [aäro'portu] *o* Flughafen
afiado [afi'adu] scharf, spitz
afiador [afia'dor] *o* Anspitzer
agência [a'schenßia] *a* Agentur,
  agência de turismo [a'schenßia
  de tu'rißchmu] Reisebüro
agora [a'gɔra] jetzt
agosto [a'goßchtu] *o* August
agradecer [agrade'ßer] <agradece,
  agradeceu> danken
agradecimento [agradeßi'mentu] *o*
  Dank
água ['agua] *a* Wasser, água potável ['agua pu'tawäl] Trinkwasser,
  água de coco ['agua de 'koku]
  Kokosnusswasser
aguardente [agua'rdente] *a*
  Schnaps
ainda [a'ĩda] noch
ajuda [a'schuda] *a* Hilfe
ajudar [aschu'dar] <ajuda, ajudou>
  helfen
álcool ['alkuɔl] *o* Alkohol
alcoólico [al'kuɔliku] alkoholisch
alcunha [al'kuɲja] *a* Spitzname
aldeia [al'deja] *a* Dorf

alegre [aˈlägre] fröhlich
alegria [aleˈgria] *a* Fröhlichkeit
alemão [aleˈmãọ] *o*, **alemã**
[aleˈmã] *a* Deutscher, Deutsche
alemão [aleˈmãọ] deutsch, alemão
suíço [aleˈmãọ ßuˈißu] schweizerdeutsch
Alemanha [aleˈmãnja] *a* Deutschland
além disso [aˈlẽ ˈdißu] außerdem
alergia [alerˈschia] *a* Allergie
alface [alˈfaße] *a* Kopfsalat
alfaiate [alfaiˈate] *o/a* Schneider,
Schneiderin
alfândega [alˈfãdega] *a* Zoll
alfinete [alfiˈnete] *o* Stecknadel
alforreca [alfuˈrräka] Qualle
alguém [alˈgẽ] jemand
alho [ˈalju] *o* Knoblauch, alho
porro [ˈalju poˈrru] Lauch
alicate [aliˈkate] *o* Zange
alimentação [alimentaˈßãọ] Ernäh-
rung, alimentação integral
[alimentaˈßãọ ĩteˈgral] Vollwertkost
alimento [aliˈmentu] *o* Lebensmittel
almoçar [almuˈßar] <almoça,
almoçou> zu Mittag essen
almoço [alˈmoßu] *o* Mittagessen
almofada [almuˈfada] *a* Kissen
alô [aˈlo] hallo
alojamento [aluschaˈmentu] *o*
Unterbringung
alto [ˈaltu] groß, hoch, laut
altura [alˈtura] *a* (Körper)größe,
Höhe

alugar [aluˈgar] <aluga, alugou>
mieten
aluguer [aluˈgär] *o* Miete
amanhã [amãˈnjã] morgen
amar [aˈmar] <ama, amou> lieben
amarelo [amaˈrälu] gelb
amargo [aˈmargu] bitter
♂ **ambos** [ˈãbußch], ♀ **ambas**
[ˈãbaßch] beide
ambulância [ãbuˈlãßia] *a* Krankenwagen
amigo [aˈmigu] *o*, **amiga** [aˈmiga] *a*
Freund, Freundin
amizade [amiˈsade] *a* Freundschaft
amor [aˈmor] *o* Liebe
analgésico [analˈschäsiku] *o*
Schmerzmittel
ananás [anaˈnaßch] *o* Ananas
andar [ãˈdar] *o* Etage
andar [ãˈdar] <anda, andou>
gehen, andar de algo [ãˈdar de]
etw. fahren
animal [aniˈmal] *o* Tier
aniversário [aniwerˈßariu] *o*
Geburtstag
ano [ˈãnu] *o* Jahr, Ano Novo [ˈãnu
ˈnowu] Neujahr
anteontem [ãteˈotẽ] vorgestern
antes [ˈãteßch] früher, vor
antibiótico [antiˈbiɔtiku] *o* Antibiotikum
antigamente [ãtigaˈmente] früher
antigo [ãˈtigu] alt
antiguidade [ãtiguiˈdade] *a* Antiquität
anúncio [aˈnũßiu] *o* Anzeige
aonde [aˈõde] wohin

221

aparência [apa'renßi̯a] *a* (An)schein, Aussehen

apartamento [aparta'mentu] *o* Wohnung

apelido [ape'lidu] *o* Familienname

apertar [aper'tar] <aperta, apertou> drücken

apertado [aper'tadu] eng, klein

apimentado [apimen'tadu] scharf

apito [a'pitu] *o* Pfeife

após [a'pɔßch] nach

aposentado [apusen'tadu] *o*, **aposentada** [apusen'tada] *a* Rentner, Rentnerin

aprender [apren'der] <aprende, aprendeu> lernen

apressado [apre'ßadu] eilig

aproximadamente [aprɔßimada'mente] ungefähr

aproveitar [apruwej̯'tar] <aproveita, aproveitou> genießen, ausnutzen

♂ **aquele** [a'kele], ♀ **aquela** [a'käla] jener, jene, jenes

aqui [a'ki] hier

ar [ar] *o* Luft, ar condicionado [ar kõdißi̯u̯'nadu] Klimaanlage

aranha [a'rãɲa] *a* Spinne

areia [a'rej̯la] *a* Sand

armário [ar'mari̯u] *o* Schrank, armário embutido [ar'mari̯u embu'tidu] Einbauschrank

arroz [a'rroßch] *o* Reis, arroz integral [a'rroßch ĩte'gral] Vollkornreis

área ['ari̯a] Fläche, Gebiet, área de serviço ['ari̯a de ßer'wißu] Waschküche

arte ['arte] *a* Kunst

artesanato [artesa'natu] Kunsthandwerk

árvore ['arwure] *a* Baum

às [aßch] um

assaltar [aßal'tar] <assalta, assaltou> überfallen

assento [a'ßentu] *o* (Sitz)platz

assado [a'ßadu] gebraten

assim [a'ßĩ] so

assinar [aßi'nar] <assina, assinou> unterschreiben

assinatura [aßina'tura] *a* Unterschrift

assunto [a'ßũtu] *o* Thema

atacador [ataka'dor] *o* Schnürsenkel

até [a'tä] bis

atenção [aten'ßãu̯] *a* Aufmerksamkeit, Atenção! [aten'ßãu̯] Achtung!

atrás [a'traßch] hinten

atrasado [atra'sadu] spät

aula ['au̯la] *a* Unterricht

Áustria ['au̯ßchtri̯a] *a* Österreich

austríaco [au̯ßch'tri̯laku] *o*, **austríaca** [au̯ßch'tri̯laka] *a* Österreicher, Österreicherin

austríaco [au̯ßch'tri̯laku] österreichisch

autocaravana [au̯tɔkara'wãna] *a* Wohnmobil

autocarro [au̯tɔ'karru] *o* Bus

autoestrada [au̯tɔ'ßchtrada] *a* Autobahn

automático [au̯tu'matiku] automatisch

avaria [awa'ri̯la] *a* Panne

aventura [awen'tura] *a* Abenteuer
avião [awi'ão] *o* Flugzeug
avisar [awi'sar] <avisa, avisou> warnen
aviso [a'wisu] *o* Durchsage
avô [a'wo] *o* Großvater
avó [a'wɔ] *a* Großmutter
avós [a'wɔßch] *os* Großeltern
azedo [a'sedu] sauer
azeite [a'sejte] *o* Olivenöl
azeitona [asej'tona] *a* Olive
azul [a'sul] blau

B

bagagem [ba'gaschẽ] *a* Gepäck
bacalhau [baka'ljau] *o* Stockfisch
baía [ba'ila] *a* Bucht
bairro [ba'irru] *o* Stadtteil, Viertel
baixo ['baißchu] leise, klein, em baixo [ẽ'baißchu] unten
banana [ba'nãna] *a* Banane
banca de jornais ['bãka de schur'naißch] *a* Zeitungskiosk
banco ['bãku] *o* Bank
bandeira [bã'dejra] *a* Fahne
banheira [ba'njejra] *a* Badewanne
banho ['bãnju] *o* Dusche, Bad, tomar banho [tu'mar 'bãnju] duschen, tomar banho de banheira [tu'mar 'bãnju de bã'njejra] baden
bar [bar] *o* Bar
barata [ba'rata] *a* Kakerlake
barato [ba'ratu] billig
barba ['barba] *a* Bart
barco ['barku] *o* Boot
barco ferry ['barku 'färri] *o* Fähre
barraca [ba'rraka] *a* Zelt

barranco [ba'rrãku] *o* Schlucht
barriga [ba'rriga] *a* Bauch
barril [ba'rril] *o* Fass
barulhento [baru'ljentu] laut
barzinho [bar'sinju] *o* Kneipe
batata [ba'tata] *a* Kartoffel, batatas fritas [ba'tataßch 'fritaßch] *as* Pommes frites
batom [ba'tõ] *o* Lippenstift
bebé [bä'bä] *o* Baby
beber [be'ber] <bebe, bebeu> trinken
bebida [be'bida] *a* Getränk, bebidas de alto teor alcoólico [be'bidaßch de 'altu te'or alku'ɔliku] *as* Spirituosen
beijar [bej'schar] <beija, beijou> küssen
beijo ['bejschu] *o* Kuss
beleza [be'lesa] *a* Schönheit
bem [bẽ] gut, bem-vindo [bẽ 'wĩdu] willkommen
bengala [ben'gala] *a* Gehstock
berrar [be'rrar] <berra, berrou> schreien
bexiga [be'ßchiga] *a* Blase
biberão [bibe'rão] *o* Babyfläschchen
bicicleta [bißi'kläta] *a* Fahrrad
bife ['bife] *o* Steak
bijutaria [bischuta'ria] *a* (Mode)schmuck
bilhete [bi'ljete] *o* Fahrkarte, bilhete de avião [bi'ljete de awi'ão] Flugticket
binóculo [bi'nɔkulu] *o* Fernglas
bio... [bio] bio...

biscoito [bißch'ko̱itu] *o* Keks
blusa ['blusa] *a* Bluse
boca ['boka] *a* Mund
bola ['bɔla] *a* Ball
bolha ['bɔlja] *a* Blase
bolo ['bolu] *o* Kuchen
bolsa ['bolßa] *a* Tasche
bolso ['bolßu] *o* Tasche
bomba ['bõba] *a* Pumpe
♂ **bom** [bõ], ♀ **boa** ['boa] gut
boné [bɔ'nä] *o* Kappe
boneca [bu'näka] *a* Puppe
bonito [bu'nitu] schön
borboleta [burbu'leta] *a* Schmetterling
bota ['bɔta] *a* Stiefel
botão [bu'tãu̯] *o* Knopf
braço ['braßu] *o* Arm
branco ['brãku] weiß
Brasil [bra'sil] Brasilien
brasileiro [brasi'lejru] *o*, **brasileira** [brasi'lejra] *a* Brasilianer, Brasilianerin
brasileiro [brasi'lejru] brasilianisch
brilhar [bri'ljar] <brilha, brilhou> glänzen, scheinen
brincar [brĩ'kar] <brinca, brincou> spielen, scherzen
brinco ['brĩku] *o* Ohrring
broa ['broa] *a* Maisbrot
brócolos ['brɔkulußch] *os* Brokkoli
bronquite [brõ'kite] *a* Bronchitis
bungalô [bunga'lo] *o* Bungalow
buraco [bu'raku] *o* Loch
buscar [bußch'kar] <busca, buscou> abholen, suchen
bússola ['bußula] *a* Kompass

C

cabeça [ka'beßa] *a* Kopf
cabeleireiro [kabelej'rejru] *o*, **cabeleireira** [kabelej'rejra] *a* Friseur, Friseurin
cabelo [ka'belu] *o* Haar
cabine [ka'bine] *a* Kabine, cabine telefónica [ka'bine tele'fɔnika] Telefonzelle
cabo ['kabu] *o* Kabel, cabo USB ['kabu u 'äße be] USB-Kabel
cabra ['kabra] *a* Ziege
caça ['kaßa] *a* Jagd
cachaça [ka'ßchaßa] *a* Zuckerrohrschnaps
cachecol [kaßche'kɔl] *o* Schal
cachimbo [ka'ßchĩbu] *o* Pfeife
cacho ['kaßchu] *o* Bündel, o cacho de bananas [u 'kaßchu de ba'nãnaßch] ein Bund Bananen, cacho de uvas ['kaßchu de 'uwaßch] Weintrauben
♂ **cada um** ['kada ũ], ♀ **cada uma** ['kada 'uma] jeder, jede, jedes
cadeado [ka'di̯adu] *o* Schloss
cadeira [ka'dejra] *a* Stuhl, cadeira de balanço [ka'dejra de ba'lãßu] Schaukelstuhl, cadeira de rodas [ka'dejra de 'rɔdaßch] Rollstuhl, cadeira teleférica [ka'dejra tele'färika] Sessellift
café [ka'fä] *o* Kaffee, Café
cafetaria [kafeta'rila] *a* Café
cair [ka'ir] <cai, caiu> fallen
caixa ['ka̱ißcha] *a* Kasse, caixa automática ['ka̱ißcha a̱utu'matika] Geldautomat

caixa ['kaiʃcha] *a* Schachtel
calção de banho [kal'ßã͟o de 'banju] *o* Badehose
calças ['kalßaʃch] *as* Hose
calças de ganga ['kalßaßch de 'gãga] *as* Jeans
calcinhas [kal'ßinjaʃch] *as* (Damen)unterhose
calculadora [kalkula'dora] *a* Taschenrechner
calcular [kalku'lar] <calcula, calculou> rechnen
calmo ['kalmu] ruhig
calor [ka'lor] *o* Wärme
cama ['kãma] *a* Bett
câmara municipal ['kãmara munißi'pal] *a* Rathaus
camarão [kama'rã͟o] *o* Garnele
câmara ['kãmara] *a* Kamera, **câmara de filmar** ['kãmara de fil'mar] Videokamera, **câmara fotográfica** ['kãmara futu'grafika] Fotokamera
camião [kami'ã͟o] *o* Lastwagen
caminhar [kami'njar] <caminha, caminhou> wandern, spazieren gehen
caminhada [kami'njada] *a* Wanderung
caminho [ka'minju] *o* Weg
camisa [ka'misa] *a* Hemd
camiseta [kami'seta] *a* T-Shirt
campeonato [kãpiu̯'natu] *o* Meisterschaft
campeonato mundial [kãpiu̯'natu mũ'dial] Weltmeisterschaft
campo ['kãpu] *o* Feld

cana-de-açúcar ['kãna de a'ßukar] *a* Zuckerrohr
canção [kã'ßã͟o] *a* Lied
caneta [ka'neta] *a* Kugelschreiber
canivete [kani'wäte] *o* Taschenmesser
cansado [kã'ßadu] müde
cansativo [kãßa'tiwu] anstrengend
cantar [kã'tar] <canta, cantou> singen
cantor [kã'tor] *o*, **cantora** *a* Sänger, Sängerin
cão [kã͟o] *o*, **cadela** [ka'däla] *a* Hund, Hündin
cão-guia [kã͟o 'gila] *o* Blindenhund
cara ['kara] *a* Gesichts(ausdruck)
carga ['karga] *a* Akku
carnaval [karna'wal] *o* Karneval
carne ['karne] *a* Fleisch, **carne bovina** ['karne bu'wina] Rindfleisch
carniceiro [karni'ßejru] *o* Metzgerei
carniceiro [karni'ßejru] *o*, **carniceira** [karni'ßejra] *a* Metzger, Metzgerin
caro ['karu] teuer
carregar [karre'gar] <carrega, carregou> laden, tragen
carro ['karru] *o* Auto
carta ['karta] *a* Brief
cartão [kar'tã͟o] *o* Karte, **cartão de crédito** [kar'tã͟o de 'kräditu] Kreditkarte, **cartão de débito** [kar'tã͟o de 'däbitu] EC-Karte, **cartão postal** [kar'tã͟o pußch'tal] Postkarte, **cartão de memória**

[kar'tãͦ de me'mͦrja] Speicherkarte, cartão telefónico [kar'tãͦ
tele'fͦniku] Telefonkarte
carteiro [kar'tejru] *o*, **carteira**
[kar'tejra] *a* Postbote, Postbotin
carteira [kar'tejra] *a* Geldbeutel
casa ['kasa] *a* Haus
casa de banho ['kasa de 'bãͦju] *a*
Bad, Toilette; casa de banho de
senhoras ['kasa de 'bãͦju de
ße'njoraßß] Damentoilette; casa
de banho de homens ['kasa de
'bãͦju de 'ͦmĕßß] Herrentoilette
casaco [ka'saku] *o* Jacke, Jackett
casaco comprido [ka'saku
kͦ'pridu] *o* Mantel
casado [ka'sadu] verheiratet
casal [ka'sal] *o* (Ehe)paar
casamento [kasa'mentu] *o* Ehe
casar-se [ka'sarße] <casa-se,
casou-se> heiraten
cascavel [kaßchka'wäl] *a* Klapper-
schlange
caspa ['kaßchpa] *a* Schuppe
casino [ka'ßinu] *o* Spielkasino
castanho [kaßch'tanju] braun
castelo [kaßch'tälu] *o* Schloss
causar [kau̯'sar] <causa, causou>
machen, verursachen
cavalgar [kawal'gar] <cavalga,
cavalgou> reiten
cavalo [ka'walu] *o* Pferd
cave ['kawe] *a* Keller
cebola [ße'bola] *a* Zwiebel
cedo ['ßedu] früh, mais cedo
[mai̯ßch 'ßedu] früher
cego ['ßägu] blind
cenoura [ße'nora] *a* Karotte

centavo [ßen'tawu] *o* Cent
centímetro [ßen'timetru] *o* Zentimeter
central [ßen'tral] zentral
centro ['ßentru] *o* Zentrum
cerâmica [ße'rãmika] *a* Keramik
certo ['ßärtu] richtig
cerveja [ßer'wejscha] *a* Bier
cesto ['ßeßchtu] *o* Korb
céu [ßäu̯] *o* Himmel
chá [ßcha] *o* Tee
champô [ßchã'po] *o* Shampoo
chance ['ßchãße] *a* Chance
chapéu [ßcha'päu̯] *o* Hut
chave ['ßchawe] *a* Schlüssel
chávena ['ßchawena] *a* Tasse
chefe ['ßchäfe] *o/a* Chef, Chefin
chegada [ßche'gada] *a* Ankunft
chegar [ßche'gar] <chega, chegou>
ankommen
cheio ['ßcheju] voll, cheio de …
['ßcheju de] voller …
cheirar [ßchej'rar] <cheira,
cheirou> riechen
chiclete [ßchi'kläte] *a* Kaugummi
chique ['ßchike] schick
chocolate [ßchuku'late] *o* Schokolade
chover [ßchu'wer] <chove,
choveu> regnen
chupeta [ßchu'peta] *a* Schnuller
churrascada [ßchurraßch'kada] *a*
Grillparty
chuva ['ßchuwa] *a* Regen
chuveiro [ßchu'wejru] *o* Dusche
ciclista [ßi'klißchta] *o*, **ciclista**
[ßi'klißchta] *a* Radfahrer, Radfahrerin

ciclovia [ßiklɔ'wiɭa] *a* Radweg

cidade [ßi'dade] *a* Stadt

cigarro [ßi'garru] *o* Zigarette

cimo ['ßimu] *o* Gipfel, no cimo [nu 'ßimu] oben

cinema [ßi'nema] *o* Kino

cinza ['ßĩsa] *a* Asche

cinzeiro [ßĩ'sejru] *o* Aschenbecher

claro ['klaru] hell, selbstverständlich

cliente [kli'ente] *o/a* Kunde, Kundin

clínica ['klinika] *a* Klinik

clínico geral ['kliniku sche'ral] *o*, **clínica geral** ['klinika sche'ral] *a* Allgemeinmediziner, Allgemeinmedizinerin

cobertor [kuber'tor] *o* Decke

cobra ['kɔbra] *a* Schlange

cobrador [kubra'dor] *o*, **cobradora** [kubra'dora] *a* Schaffner, Schaffnerin

coco ['koku] *o* Kokosnuss

cofre ['kɔfre] *o* Safe

cogumelo [kugu'mälu] *o* Pilz

coisa ['kɔisa] *a* Ding

colchão [kuɭ'ßchão] *o* Matratze

colchonete [kuɭßchu'nete] *o* Matte

coleira [ku'lejra] *a* (Hunde)leine

colete [ku'lete] *o* Weste, colete salva-vidas [ku'lete 'ßalwa 'widaßch] Rettungsweste

colher [ku'ljär] *a* Löffel

colocar [kulu'kar] <coloca, colocou> legen, stellen, setzen

com [kõ] mit

comboio [kõ'bɔju] *o* Zug

começar [kume'ßar] <começa, começou> anfangen

começo [ku'meßu] *o* Anfang

comer [ku'mer] <come, comeu> essen

comichão [kumi'ßchão] *a* Jucken

comida [ku'mida] *a* Essen, comida vegetariana [ku'mida weschetari'ãna] vegetarisches Essen

comissão [kumi'ßão] *a* Provision, Kommission

como ['komu] da, wie

compra ['kõpra] *a* Einkauf, fazer compras [fa'ser 'kõpraßch] <faz, fez> einkaufen

comprar [kõ'prar] <compra, comprou> kaufen

comprido [kõ'pridu] lang

comprimento [kõpri'mentu] *o* Länge

comprimido [kõpri'midu] *o* Tablette

computador [kõputa'dor] *o* Computer

concerto [kõ'ßertu] *o* Konzert

concha ['kõßcha] *a* Suppenlöffel, Muschel

concordar [kõkur'dar] <concorda, concordou> zustimmen, einverstanden sein

conduzir [kõdu'sir] <conduz, conduziu> fahren

conexão [kunäk'ßão] *a* Anschluss

confeitaria [kõfejta'r'iɭa] *a* Konditorei

conferir [kõfe'rir] <confere, conferiu> prüfen; verleihen, erteilen

confirmação [kõfirma'ßão] *a* Bestätigung

227

confirmar [kõfirˈmar] <confirma, confirmou> bestätigen

conhecer [koɲeˈßer] <conhece, conheceu> kennen, kennen lernen

consertar [kõßerˈtar] <conserta, consertou> reparieren

conserto [kõˈßertu] o Reparatur

consulado [kõßuˈladu] o Konsulat

consultório [kõßulˈtɔriu] o Praxis

conta [ˈkõta] a Rechnung, conta bancária [ˈkõta bãˈkaria] Bankkonto

contar [kõˈtar] <conta, contou> erzählen; zählen, rechnen

continente [kõtiˈnente] o Kontinent, Festland

contra [ˈkõtra] gegen

contrato [kõˈtratu] o Vertrag

controlar [kõtruˈlar] <controla, controlou> kontrollieren

controle [kõˈtrɔle] o Kontrolle

conversa [kõˈwärßa] a Gespräch

convidado [kõwiˈdadu] o, **convidada** [kõwiˈdada] a Gast

convidar [kõwiˈdar] <convida, convidou> einladen

convite [kõˈwite] o Einladung

copa [ˈkɔpa] a Essbereich in der Küche

copo [ˈkɔpu] o Glas

cor [kor] a Farbe

coração [kuraˈßãọ] o Herz

corajoso [kuraˈschosu] mutig

corda [ˈkɔrda] a Seil

corpo [ˈkɔrpu] o Körper

correio [kuˈrreiu] o Post

corrente [kuˈrrente] a Strömung

correr [kuˈrrer] <corre, correu> laufen, rennen

cortar [kurˈtar] <corta, cortou> schneiden, durchschneiden, abschneiden; *(für Gas, Wasser, Strom)* sperren, absperren

costa [ˈkɔßchta] a Küste

costa escarpada [ˈkɔßchta ßchkarˈpada] a Steilküste

costas [ˈkɔßtaßch] as Rücken

costurar [kußchtuˈrar] <costura, costurou> nähen

costureiro [kußchtuˈrejru] o, **costureira** [kußchtuˈrejra] a Schneider, Schneiderin

couro [ˈkoru] o Leder

cozinha [kuˈsiɲa] a Küche

cozinhar [kusiˈɲjar] <cozinha, cozinhou> kochen

cozinheiro [kusiˈɲjejru] o, **cozinheira** [kusiˈɲjejra] a Koch, Köchin

creme [ˈkräme] o Creme

crescer [kreßchˈßer] <cresce, cresceu> wachsen

criança [kriˈãßa] a Kind

cristão [krißchˈtãọ] christlich

cru [kru] roh

cueca [ˈkuäka] a Unterhose

cuidado [kuiˈdadu] o Vorsicht

cuidadosamente [kuidadɔsaˈmente] vorsichtig

culpado [kulˈpadu] schuldig

cumprimentar [kũprimenˈtar] <cumprimenta, cumprimentou> grüßen

cumprimento [kũpriˈmentu] o Gruß

cunhado [ku'njadu] *o*, **cunhada**
[ku'njada] *a* Schwager,
Schwägerin
curso ['kurßu] *o* Kurs
curto ['kurtu] kurz
custar [kußch'tar] <custa, custou>
kosten

D

dança ['dãßa] *a* Tanz
dançar [dã'ßar] <dança, dançou>
tanzen
daqui [da'ki] von hier
dar [dar] <dá, deu> geben
data ['data] *a* Datum
de [de] von, aus
debaixo [de'baischu] unter
dedo ['dedu] *o* Finger, dedo da
mão ['dedu da mãõ] Finger, dedo
do pé ['dedu du pä] Zehe
defeito [de'fejtu] *o* Defekt, Fehler
defeituoso [defejtu'osu] defekt
deficiente [defißi'ente] *o/a* Behinderter, Behinderte
♂ **dele** ['dele], ♀ **dela** ['däla] sein,
seine, von ihm; ihr, ihre, von ihr
delegacia [delega'ßila] *a* Revier,
delegacia da polícia [delega'ßila
da po'lißja] Polizeirevier
delicioso [delißi'osu] köstlich
dente ['dente] *o* Zahn
dentista [den'tißchta] *o/a* Zahn-
arzt, Zahnärztin
dentro ['dentru] in, drinnen
denúncia [de'nüßja] *a*
(Straf)anzeige
depois [de'poißch] nach, dann

depositar [depusi'tar] <deposita,
depositou> einzahlen
depósito [de'pɔsitu] *o* Bankanwei-
sung, Lager, depósito bancário
[de'pɔsitu bã'kariu] Einzahlung
depósito de combustível
[de'pɔsitu de kõbußch'tiwäl] *o*
Tank
derrapar [derra'par] <derrapa,
derrapou> rutschen
descansar [deßchkã'ßar]
<descansa, descansou> sich aus-
ruhen
descanso [deßch'käßu] *o* Ruhe
descartável [deßchkar'tawäl] Einweg...
descer [deßch'ßer] <desce,
desceu> aussteigen
descolagem [deßchku'laschẽ] *a*
Abflug
descolar [deßchku'lar] <descola,
descolou> abfliegen
desconto [deßch'kõtu] *o* Rabatt
desculpa [deßch'kulpa] *a* Entschuldigung, Ausrede
desde ['deßchde] seit
desenvolver [desenwol'wer]
<desenvolve, desenvolveu> entwi-
ckeln
desenvolvimento
[desenwolwi'mentu] *o* Entwicklung
deserto [de'särtu] *o* Wüste
desfile [deßch'file] *o* Festzug
desligar [deßchli'gar] <desliga,
desligou> ausmachen, ausschalten

despedida [deßchpe'dida] *a* Abschied

despedir-se (de) [deßchpe'dirße (de)] <despede-se, despediu-se> sich verabschieden (von)

despertador [deßchperta'dor] *o* Wecker

desporto [deßch'portu] *o* Sport

desportista [deßchpur'tißchta] *o/a* Sportler, Sportlerin

destinatário [deßchtina'tariu] *o*, **destinatária** [deßchtina'taria] *a* Empfänger, Empfängerin

detestar [deteßch'tar] <detesta, detestou> hassen, verabscheuen

devagar [dewa'gar] langsam

dever [de'wer] <deve, deveu> sollen

devolver [dewol'wer] <devolve, devolveu> zurückgeben

dezembro [de'sembru] *o* Dezember

dia ['di|a] *o* Tag, **dia a dia** ['di|a a 'di|a] Alltag

diariamente [di̯aria'mente] täglich

diária [di'aria] *a* Tagespreis

diário [di'ariu] *o* Tagebuch

diarreia [di̯a'rreia] *a* Durchfall

dicionário [dißi̯u'nariu] *o* Wörterbuch

dieta [di'äta] *a* Diät

diferença [dife'renßa] *a* Unterschied

diferente [dife'rente] anders

difícil [di'fißil] schwer, schwierig

difteria [difte'ri|a] *a* Diphtherie

dinheiro [di'n̩jejru] *o* Geld, **dinheiro trocado** [di'n̩jejru tru'kadu] Kleingeld

direção [dirä'ßão] *a* Richtung, Leitung

direita [di'rejta] rechts, rechte; **à direita** [a di'rejta] rechts

direita [di'rejta] *a* rechte Seite, Rechte

♂ **direito** [di'rejtu], ♀ **direita** [di'rejta] rechter, rechte, rechtes

direito [di'rejtu] *o* Recht

diretamente [diräta'mente] direkt

direto [di'rätu] direkt

diretor [dirä'tor] *o*, **diretora** [dirä'tora] *a* Direktor, Direktorin

dirigir [diri'schir] <dirige, dirigiu> führen

discar [dißch'kar] <disca, discou> *(am Telefon)* wählen

diversão [diwer'ßão] *a* Spaß

dividir [diwi'dir] <divide, dividiu> teilen, aufteilen

divorciado [diwurßi'adu] geschieden

dizer [di'ser] <diz, disse> sagen

doce ['doße] *o* Süßigkeit

doce ['doße] süß

documento [duku'mentu] *o* Dokument, **documento de identificação** [duku'mentu de identifi'ka'ßão] Ausweis

doença [du'enßa] *a* Krankheit

doente [du'ente] krank

doer [du'er] <dói, doeu> wehtun

dolorido [dulu'ridu] schmerzhaft

domingo [du'mĩgu] *o* Sonntag

dor [dor] *a* Schmerz

dormir [dur'mir] <dorme, dormiu> schlafen

droga ['drɔga] a Droge, Droga! ['drɔga] Mist!
duplo ['duplu] doppelt
duração [dura'ßãɔ] a Dauer
durante [du'rãte] während
DVD [dewe'de] o DVD

E

e [i] und
ecológico [iku'lɔschiku] ökologisch
economia [ikɔnu'mia] a Ökonomie, Wirtschaft; Ersparnis
economizar [ikunumi'sar] <economiza, economizou> sparen
ela ['äla] (Sing. fem.) sie
elas ['älaßch] (Pl. fem.) sie
ele ['ele] er
eles ['eleßch] (Pl. mask.) sie
eletricidade [ilätrißi'dade] a Strom, Elektrizität
elétrico [i'lätriku] o Straßenbahn
elevador [ilewa'dor] o Aufzug
em [ẽ] in
e-mail [i'mäil] o E-Mail
embaixada [ẽbai'ßchada] a Botschaft
embraiagem [ẽbrai'aschẽ] a Kupplung
embrulhar [embru'ljar] <embrulha, embrulhou> einpacken
ementa [i'menta] a Speisekarte
emergência [imer'schenßia] a Notfall
emprego [em'pregu] o Arbeitsstelle
empregado [empre'gadu] o, **empregada** [empre'gada] a Ange-
stellte(r), (nur fem.) Hausangestellte
empregado de mesa [empre'gadu de 'mesa] o, **empregada de mesa** [empre'gada de 'mesa] a Kellner, Kellnerin
empresa [em'presa] a Firma
encontrar [enkõ'trar] <encontra, encontrou> finden, treffen
endereço [ende'reßu] o Adresse
enfermeiro [enfer'mejru] o, **enfermeira** [enfer'mejra] a Krankenpfleger, Krankenschwester
engraçado [engra'ßadu] lustig
enquanto [en'kuãtu] während, **por enquanto** [pur en'kuãtu] vorläufig
ensinar [enßi'nar] <ensina, ensinou> unterrichten
ensolarado [enßula'radu] sonnig
entender [enten'der] <entende, entendeu> verstehen
entrada [en'trada] a Eingang, Vorspeise, Eintritt, Anzahlung
entrar [en'trar] <entra, entrou> hineingehen, eintreten; einreisen
entre ['entre] zwischen
entrevista [entre'wißchta] a Interview, Vorstellungsgespräch
entupido [entu'pidu] verstopft
entupimento [entupi'mentu] o Verstopfung
enviar [enwi'ar] <envia, enviou> senden, schicken
enxaqueca [enßcha'käka] a Migräne
equipa [e'kipa] a Mannschaft
errado [i'rradu] falsch

erro [ˈɛrru] *o* Fehler

escada [ˈßchkada] *a* Treppe,
escada rolante [ˈßchkada ruˈlãte]
Rolltreppe

escama [ˈßchkãma] *a* Schuppe

escola [ˈßchkɔla] *a* Schule, escola
de dança [ˈßchkɔla de ˈdanßa]
Tanzschule

escolher [ßchkuˈljer] <escolhe,
escolheu> wählen

escorregar [ßchkurreˈgar]
<escorrega, escorregou> (aus-)rut-
schen

escrever [ßchkreˈwer] <escreve,
escreveu> schreiben

escrito [ˈßchkritu] geschrieben,
por escrito [pur ˈßchkritu] schriftlich

escritório [ßchkriˈtɔriu] *o* Büro

escultura [ßchkulˈtura] *a* Skulptur

escuro [ˈßchkuru] dunkel

esfriar [ßchfriˈar] <esfria, esfriou>
kühlen

especialidade [ßchpeßialiˈdade] *a*
Spezialität

especialista [ßchpeßiaˈlißchta] *o/a*
Spezialist, Spezialistin

espelho [ˈßchpelju] *o* Spiegel

esperar [ßchpeˈrar] <espera,
esperou> warten

espetáculo [ßchpäˈtakulu] *o* künst-
lerische Darbietung

espinafre [ßchpiˈnafre] *o* Spinat

esplanada à beira-mar
[ßchplaˈnada a ˈbejra mar] *a*
Strandpromenade

esposa [ˈßchposa] *a* Ehefrau

espumante [ßchpuˈmãte] *a* Sekt

esquecer [ßchkäˈßer] <esquece,
esqueceu> vergessen

esquerda [ˈßchkerda] *a* linke Seite,
Linke; à esquerda [a ˈßchkerda]
links

♂ **esquerdo** [ˈßchkerdu],
♀ **esquerda** [ˈßchkerda] linker,
linke, linkes

esqui [ßchki] *o* Ski

esquiar [ßchkiˈar] <esquia,
esquiou> Ski fahren

♂ **esse** [ˈeße], ♀ **essa** [ˈäßa] dieser, diese, dieses

estação [ßchtaˈßãọ] *a* Jahreszeit,
Bahnhof

estacionamento
[ßchtaßiunaˈmentu] *o* Parkplatz

estacionar [ßchtaßiuˈnar]
<estaciona, estacionou> parken

estádio [ˈßchtadiu] *o* Stadion

estado [ˈßchtado] *o* Stand,
Zustand, Lage; estado civil
[ˈßchtadu ßiˈwil] Familienstand;
Estado [ˈßchtado] Staat

estar [ßchtar] <está, esteve> sein,
estar deitado [ßchtar dejˈtadu]
liegen

estátua [ˈßchtatua] *a* Statue

♂ **este** [ˈeßchte], ♀ **esta** [ˈäßchta]
dieser, diese, dieses

estômago [ˈßchtomagu] *o* Magen

estornar [ßchturˈnar] <estorna,
estornou> stornieren

estrada [ˈßchtrada] *a* Straße

estragado [ßchtraˈgadu] schlecht,
verdorben, kaputt

estranho [ˈßchtrãnju] fremd,
komisch

estreito ['ßchtrejtu] schmal, eng
estribo ['ßchtribu] o Steigbügel
estudante [ßchtu'dãte] o/a Schüler, Schülerin; Student, Studentin
estudar [ßchtu'dar] <estuda, estudou> lernen, studieren
estufa ['ßchtufa] a Gewächshaus
eu [e|u] ich
euro ['e|uru] o Euro
Europa [e|u'rɔpa] a Europa
europeu [e|uru'pe|u] o, **europeia** [e|uru'peja] a Europäer, Europäerin
europeu [e|uru'pe|u] europäisch
exatamente [isata'mente] genau, exakt; Exatamente! [isata'mente] Genau (so)!
excursão [ejßchkur'ßãͦ] a Ausflug
exemplo [i'semplu] o Beispiel, Vorbild
experimentar [ejßchprimen'tar] <experimenta, experimentou> probieren
explicar [ejßchpli'kar] <explica, explicou> erklären
exterior [ejßchteri'or] o Ausland, Außenseite

F

fábrica ['fabrika] a Fabrik
faca ['faka] a Messer
fácil ['faßil] einfach, leicht
falar [fa'lar] <fala, falou> sprechen
faltar [fal'tar] <falta, faltou> fehlen
família [fa'miliͤa] a Familie
fantasia [fãta'siͤa] a Fantasie
farinha [fa'rinͤja] a Mehl
farmácia [far'maßiͤa] a Apotheke

fatia [fa'tiͤa] a Scheibe, Stück
fato ['fatu] o Anzug, Kostüm
fato de banho ['fatu de 'bãnͤju] o Badeanzug
favor [fa'wor] o Bitte, por favor [pur fa'wor] bitte
fazer [fa'ser] <faz, fez> machen, tun
febre ['fäbre] a Fieber
fechado [fe'ßchadu] geschlossen
fechar [fe'ßchar] <fecha, fechou> schließen
feijão [fej'schãͦ] o Bohne
feijoada [fejschu'ada] a Bohneneintopf
feio ['feju] hässlich
feira ['fejra] a Messe; Wochenmarkt, Jahrmarkt
felicidade [felißi'dade] a Glück
feliz [fe'lißch] glücklich
felizardo [feli'sardu] glücklich
feminino [femi'ninu] weiblich
feriado [feri'adu] o Feiertag
férias ['färiͤaßch] as Ferien, Urlaub
ferimento [feri'mentu] o Verletzung
ferrugem [fe'rruschẽ] a Rost
festa ['fäßchta] a Feier
festejar [feßchte'schar] <festeja, festejou> feiern
fevereiro [fewe'rejru] o Februar
ficar [fi'kar] <fica, ficou> bleiben
fígado ['figadu] o Leber
fila ['fila] a (Menschen)schlange
filete [fi'läte] o Filet
filho ['filͤju] o, **filha** ['filͤja] a Sohn, Tochter
filme ['filme] o Film

233

fim [fĩ] *o* Ende, **fim de semana** [fĩ de ße'mãna] Wochenende

finalmente [final'mente] endlich, schließlich

firma ['firma] *a* Firma

fita ['fita] *a* Band, **fita métrica** ['fita 'mätrika] Maßband

flor [flor] *a* Blume

floresta [flu'räßchta] *a* Wald

floricultura [florikul'tura] *a* Blumenladen, Gärtnerei

fogão [fu'gãͅo] *o* Herd

fogo ['fogu] *o* Feuer

folha ['folͅa] *a* Blatt

fome ['fɔme] *a* Hunger, **estar com fome** ['ßchtar kõ 'fɔme] <está, esteve> hungrig sein

fora ['fɔra] draußen

forças armadas ['forßaßch ar'madaßch] *as* Militär

forma ['fɔrma] *a* Form

formiga [fur'miga] *a* Ameise

formulário [furmu'lariͅu] *o* Formular

forno ['fornu] *o* Ofen

forte ['fɔrte] stark

fosco ['foßchku] matt

foto ['fɔtɔ] *a* Foto

fotografar [futugra'far] <fotografa, fotografou> fotografieren

fraco ['fraku] schwach

fralda ['fralda] *a* Windel

fraldário [fral'dariͅu] *o* Wickelraum

framboesa [frã'bueͅsa] *a* Himbeere

frango ['frãgu] *o* Hähnchen

franquia [frã'kiͅa] *a* Porto

frase ['frase] *a* Satz

fraude ['fraude] *a* Betrug

frente ['frente] *a* Vorderseite, **em frente** [ẽ 'frente] geradeaus, vor; **frente fria** ['frente 'friͅa] Kaltfront

frequência [fre'kuͅenßiͅa] *a* Häufigkeit

frequentemente [frekuͅente'mente] häufig

fresco ['freßchku] frisch

frigideira [frischi'dejra] *a* Pfanne

frigorífico [frigu'rifiku] *o* Kühlschrank

frio [friͅu] kalt

frios ['friuͅßch] *os* Häppchen

frito ['fritu] frittiert, gebraten

fronha ['fronͅa] *a* Kissenbezug

fruta ['fruta] *a* Obst

fruto ['frutu] *o* Frucht, **frutos do mar** ['frutußch du mar] *os* Meeresfrüchte

fumador [fumã'dor] *o* Raucher, **não fumador** [nãͅo fu'mãdor] Nichtraucher

fumadora [fumã'dora] *a* Raucherin

fumar [fu'mar] <fuma, fumou> rauchen

funcionar [füßiuͅnar] <funciona, funcionou> funktionieren

funcionário [füßiuͅ'nariͅu] *o*, **funcionária** [füßiuͅ'nariaͅ] *a* Angestellter, Angestellte

furtar [fur'tar] <furta, furtou> stehlen

futebol [fute'bɔl] *o* Fußball

G

galinha [ga'linͅa] *a* Huhn

ganhar [ga'nͅar] <ganha, ganhou> verdienen, gewinnen

garagem [ga'raschẽ] *a* Garage
garfo ['garfu] *o* Gabel
gargalo [gar'galu] *o* (Flaschen)hals
garganta [gar'gãta] *a* Hals
garoto [ga'rotu] *o*, **garota**
[ga'rota] *a* Junge, Mädchen
garrafa [ga'rrafa] *a* Flasche
gás [gaßch] *o* Gas, **gás natural**
[gaßch natu'ral] Biogas
gasóleo [gasɔliu] Diesel
gasolina [gasu'lina] *a* Benzin, **gasolina comum** [gasu'lina ku'mũ] Nor-
malbenzin (Oktanzahl 87), **gasolina premium** [gasu'lina 'pre-
miũ] Superbenzin (Oktanzahl 95)
gato ['gatu] *o* Katze
gay [gej] schwul
gelado [sche'ladu] *o* Speiseeis
gelataria [schelata'riɪa] *a* Eisdiele
geleia [sche'leja] *a* Gelee
geleira [sche'lejra] *a* Kühlbox
gelo ['schelu] *o* Eis
gente ['schente] *a* Leute, **a gente** [a
'schente] man, wir; **muita gente**
['muĩta 'schente] viele Leute
geralmente [scheral'mente] meist
gilete [schi'läte] *a* Rasierer
ginásio desportivo [schi'nasiu
deßchpur'tiwu] *o* Fitnessstudio
golfe ['gɔlfe] *o* Golf
golo ['golu] *o* (beim Fußball) Tor
gordo ['gordu] dick
gordura [gur'dura] *a* Fett
gorjeta [gur'scheta] *a* Trinkgeld
gostar [gußch'tar] <gosta, gostou>
mögen
gosto ['goßchtu] *o* (von Speisen)
Geschmack

gostoso [gußch'tosu] lecker
governo [gu'wernu] *o* Regierung
grama ['grãma] *o* Gramm
grande ['grãde] groß
grau [graͧ] *o* Grad
gravata [gra'wata] *a* Krawatte
grávida ['grawida] schwanger
grelhado [gre'ljadu] gegrillt
gripe ['gripe] *a* Grippe
gritar [gri'tar] <grita, gritou>
schreien
grosso ['großu] dick, unfreundlich
grupo ['grupu] *o* Gruppe
gruta ['gruta] *a* Höhle
guarda-chuva ['guarda 'ßchuwa] *o*
Regenschirm
guardanapo [guarda'napu] *o* Serviette
guardar [guar'dar] <guarda,
guardou> behalten
guerra ['gärra] *a* Krieg
guiar [gi'ar] <guia, guiou> lenken
guia ['giɪa] *o/a* Führer, Führerin;
Handbuch; **guia turístico** ['giɪa
tu'rißchtiku] *o* Reiseleiter

H

habitante [abi'tãte] *o/a* Einwohner,
Einwohnerin
havaiana [awa'jãna] *a* Flipflop
haver [a'wer] <há, houve> existieren, vorhanden sein; **há** [ah] es
gibt
hepatite [äpa'tite] *a* Hepatitis
hidroginástica
[idrɔschi'naßchtika] *a* Wasser-
gymnastik

hidromassagem [idrɔma'ßaschẽ] *a* Wassermassage

hipertensão [ipärten'ßão] *a* Bluthochdruck

hoje ['osche] heute

homem ['ɔmẽ] *o* Mann, Homem ['ɔmẽ] Mensch

homossexual [ɔmɔßä'kßual] homosexuell

hora ['ɔra] *a* Stunde, hora marcada ['ɔra mar'kada] Termin

horário [o'rariu] *o* Uhrzeit, horário de funcionamento [o'rariu de füßiuna'mentu] Öffnungszeit, horário de trabalho [o'rariu de tra'balju] Arbeitszeit

horrível [o'rriwäl] schrecklich

hospedagem [oßchpe'daschẽ] *a* Übernachtungsmöglichkeit

hospital [oßchpi'tal] *o* Krankenhaus

hotel [ɔ'täl] *o* Hotel

húmido ['umidu] feucht

humor [u'mor] *o* Humor, bom/mau humor [bõ/mau u'mor] gute/schlechte Laune

I

idade [i'dade] *a* Alter

ideia [i'deja] *a* Idee

idioma [idi'oma] *o* Sprache, idioma estrangeiro [idi'oma ßchträ'schejru] Fremdsprache

igreja [i'grejscha] *a* Kirche

igual [i'gual] gleich

igualmente [igual'mente] gleichfalls, ebenso

ilha ['ilja] *a* Insel

imigrante [imi'gräte] *o/a* Einwanderer, Einwanderin

imobiliária [imubi'liaria] *a* Immobilienmakler

imperial [ĩpe'rial] *a* Fassbier

impermeável [ĩper'miawäl] wasserdicht

importância [ĩpur'täßia] *a (große Bedeutung)* Wichtigkeit

importante [ĩpur'täte] wichtig

impressão [ĩpre'ßão] *a* Ausdruck, Eindruck

impressora [ĩpre'ßora] *a* Drucker

imprimir [ĩpri'mir] <imprime, imprimiu> ausdrucken

incêndio [ĩ'ßendiu] *o* Brand

incrível [ĩ'kriwäl] wunderbar, wunderschön; unglaublich

índio ['ĩdiu] *o*, **índia** ['ĩdia] *a* Indianer, Indianerin; Indio, Indiofrau

infelizmente [ĩfeliß ch'mente] leider

informação [ĩfurma'ßão] *a* Auskunft, informação telefónica [ĩfurma'ßão tele'fɔnika] Telefonauskunkft, informações turísticas [ĩfurma'ßõißch tu'rißchtikaßch] *as* Touristeninformation

inglês [ĩ'gleßch] englisch

íngreme ['ĩgreme] steil

injeção [ĩschä'ßão] *a* Spritze

inseto [ĩ'ßätu] *o* Insekt

insolação [ĩßula'ßão] *a* Sonnenstich

insulina [ĩßu'lina] *a* Insulin

interessante [ĩtere'ßäte] interessant

internacional [ĩternaßiu'nal] inter-
national
internet [ĩtär'nät] *a* Internet
intérprete [ĩ'tärprete] *o/a* Dolmetscher, Dolmetscherin
inverno [ĩ'wärnu] *o* Winter
iogurte [io'gurte] *o* Joghurt
ir [ir] <vai, foi> gehen, **ir dormir** [ir
dur'mir] schlafen gehen, **ir
embora** [ir ë'bɔra] weggehen
irmão [ir'mão] *o*, **irmã** [ir'mã] *a* Bruder, Schwester
isqueiro [ißch'kejru] *o* Feuerzeug
isso ['ißu] dies (da), das (da)
isto ['ißchtu] dies (hier), das (hier)

J

já [scha] sofort, schon
jacaré [schaka'rä] *o* Alligator
jamais [scha'maißch] nie, niemals
janeiro [scha'nejru] *o* Januar
janela [scha'näla] *a* Fenster
jantar [schã'tar] *o* Abendessen
jantar [schã'tar] <janta, jantou> zu
Abend essen
jardim [schar'dĩ] *o* Garten
jardineiro [schardi'nejru] *o*, **jardineira** [schardi'nejra] *a* Gärtner,
Gärtnerin
joalharia [schualja'rila] *a* Juwelier-
laden
joelho [schu'ejlju] *o* Knie
jogar [schu'gar] <joga, jogou> spielen
jogo ['schogu] *o* Spiel, **jogo de futebol** ['schogu de fute'bɔl] Fußball-
spiel
jornal [schur'nal] *o* Zeitung

jovem ['schɔwë] jung
juíz [schu'ißch] *o*, **juíza** [schu'isa] *a*
Richter, Richterin
julho ['schulju] *o* Juli
junho ['schunju] *o* Juni
junto ['schũtu] zusammen

K

ketchup [kät'ßchap] *o* Ketchup

L

lá [la] dort
lábio ['labiu] *o* Lippe
lado ['ladu] *o* Seite
ladrão [la'drão] *o*, **ladra** ['ladra] *a*
Dieb, Diebin
lago ['lagu] *o* See
lagosta [la'goßchta] *a* Languste
lanche ['läßche] *o* Snack
lápis ['lapißch] *o* Bleistift
laranja [la'räscha] *a* Orange
lareira [la'rejra] *a* Kamin
largo ['largu] breit
largo ['largu] *o* Platz
largura [lar'gura] *a* Breite
lasanha [la'sänja] *a* Lasagne
lata ['lata] *a* Dose
laticínio [lati'ßiniu] *o* Milchprodukt
lavandaria [lawäda'rila] *a* Wäscherei
lavar [la'war] <lava, lavou>
waschen
lazer [la'ser] *o* Freizeit
legal [le'gal] legal
legume [le'gume] *o* Gemüse
leite ['lejte] *o* Milch
lembrança [lem'bräßa] *a* Souvenir

lenço ['lenßu] *o* Tuch, Taschentuch, lenço de papel ['lenßu de pa'päl] Papiertaschentuch
lençol [len'ßɔl] *o* Laken
lentamente [lenta'mente] langsam
lente ['lente] *a (Optik)* Linse, lente de contato ['lente de kõ'tatu] Kontaktlinse
lentilha [len'tilja] *a* Linse
ler [ler] <lê, leu> lesen
lésbica ['läßchbika] lesbisch
lesma ['leßchma] *a* Schnecke
leste ['läßchte] *o* Osten
letra ['letra] *a* Buchstabe, letra de música ['letra de 'musika] Songtext
levantar [lewã'tar] <levanta, levantou> aufstehen, heben
levar [le'war] <leva, levou> bringen, mitnehmen, transportieren
leve ['läwe] leicht
licor [li'kor] *o* Likör
ligar [li'gar] <liga, ligou> anrufen
lilás [li'laßch] lila
limão [li'mãõ] *o* Zitrone
limpar [lĩ'par] <limpa, limpou> putzen
limpeza [lĩ'pesa] *a* Reinigung
limpo ['lĩpu] sauber
lindo ['lĩdu] wunderschön
língua ['lĩgua] *a* Sprache, Zunge, língua estrangeira ['lĩgua ßchträ'schejra] Fremdsprache
liquidação [likida'ßãõ] *a* Schlussverkauf
lista ['lißchta] *a* Liste, lista telefónica ['lißchta tele'fɔnika] Telefonbuch
listra ['lißchtra] *a* Streifen
litoral [litu'ral] *o* Küste
litro ['litru] *o* Liter
livraria [liwra'ri|a] *a* Buchhandlung
livre ['liwre] frei
livro ['liwru] *o* Buch
lixo ['lißchu] *o* Müll
local [lu'kal] *o* Ort
loção [lu'ßãõ] *a* Lotion
logo ['lɔgu] bald
loiro ['lɔjru] blond
loja ['lɔscha] *a* Geschäft
longe ['lõsche] weit
longo ['lõgu] lang
lotado [lu'tadu] ausgebucht, voll
louco ['loku] verrückt
lua ['lu|a] *a* Mond, lua de mel ['lu|a de 'mäl] Flitterwochen
lugar [lu'gar] *o* Ort, Platz
lustre ['lußchtre] *o* Hochglanz
lutar [lu'tar] <luta, lutou> kämpfen
luva ['luwa] *a* Handschuh
luxo ['lußchu] *o* Luxus
luxuoso [lußchu'osu] luxuriös
luz [lußch] *a* Licht

M

maçã [ma'ßã] *a* Apfel
madrugada [madru'gada] *a* Morgendämmerung, de madrugada [de madru'gada] früh am Morgen
mãe [mẽ] *a* Mutter
magro ['magru] schlank
maio ['maju] *o* Mai
maionese [maiɔ'näse] *a* Mayonnaise
maior [mej'ɔr] größer
mais [maißch] mehr, plus

mal [mal] schlecht
mala ['mala] *a* Koffer
mandioca [mã'di̯ɔka] *a* Maniok
manga ['mãga] *a* Mango, Ärmel
mangueira [mã'gei̯ra] *a* Schlauch, Mangobaum
manhã [mã'n̯jã] *a* Morgen, Vormittag, de manhã [de mã'n̯jã] vormittags
manteiga [mã'tei̯ga] *a* Butter
mão [mãõ] *a* Hand
mapa ['mapa] *o* Karte, mapa da cidade ['mapa da ßi'dade] Stadtplan
máquina ['makina] *a* Maschine, Gerät; máquina fotográfica ['makina futu'grafika] Fotokamera; máquina de lavar roupa ['makina de la'war 'ropa] Waschmaschine
mar [mar] *o* Meer
maravilhoso [marawi'ʎosu] wunderbar
março ['marßu] *o* März
marido [ma'ridu] *o* Ehemann
marisco [ma'rißchu] *o* Meeresfrüchte
mas [maßch] aber
masculino [maßchku'linu] männlich
massa ['maßa] *a* Nudeln, Teig; massa folhada ['maßa fu'ʎjada] Blätterteig
massagem [ma'ßaßchẽ] *a* Massage
mata ['mata] *a* Wald
mau [mau̯] schlecht
me [me] mich

médico ['mädiku] *o*, **médica** ['mädika] *a* Arzt, Ärztin
medicina [medi'ßina] *a* Medizin, medicina alternativa [medi'ßina alterna'tiwa] Naturheilkunde
medida [me'dida] *a* Maß
medo ['medu] *o* Angst
meia ['mei̯a] *a* Socke
meia-noite [meja 'noi̯te] *a* Mitternacht
meio ['mei̯u] *o* Mitte, Mittel, meio ambiente ['mei̯u ãbi'ente] Umwelt, meio de transporte ['mei̯u de träßch'pɔrte] Verkehrsmittel
meio ['mei̯u] halber, halbe, halbes; Halb...; meio quilo ['mei̯u 'kilu] Pfund; meio tempo ['mei̯u 'tempu] Halbzeit
meio-dia [meju 'di̯a] *o* Mittag
mel [mäl] *o* Honig
melancia [melã'ßi̯a] *a* Wassermelone
melão [me'lãõ] *o* Honigmelone
melhor [me'ʎɔr] besser
melhorar [meʎu'rar] <melhora, melhorou> verbessern
menino [me'ninu] *o*, **menina** [me'nina] *a* Junge, Mädchen
menos ['menußch] weniger, minus
mensagem [men'ßaßchẽ] *a* Nachricht, mensagem de texto curto [men'ßaßchẽ de 'tei̯ßchtu 'kurtu] SMS
menstruação [menßchtru̯a'ßãõ] *a* Menstruation
menu [mä'nu] *o* *(einer Software)* Menü

239

mercado [mer'kadu] *o* Markt
mergulhar [mergu'ljar] <mergulha, mergulhou> tauchen
mês [meßch] *o* Monat
mesa ['mesa] *a* Tisch
mesquita [meßch'kita] *a* Moschee
metade [me'tade] *a* Hälfte
metal [me'tal] *o* Metal
metro ['mätru] *o* Meter, metro quadrado ['mätru ku̯a'dradu] Quadratmeter
metro ['mätru] *o* U-Bahn
♂ **meu** [me|u], ♀ **minha** ['minja] mein, meine
micro-ondas ['mikrɔ 'õdaßch] *as* Mikrowelle
milhão [mi'ljão] Million
milho ['milju] *o* Mais
mim [mĩ] mich, mir
minuto [mi'nutu] *o* Minute
missa ['mißa] *a* Messe
mistura [mißch'tura] *a* Mischung
misturar [mißchtu'rar] <mistura, misturou> mischen
moça ['moßa] *a* junge Frau
mochila [mu'ßchila] *a* Rucksack
moda ['mɔda] *a* Mode
moeda ['mu̯äda] *a* Münze, Währung
molho ['molju] *o* Soße
montanha [mõ'tãnja] *a* Berg
monumento [munu'mentu] *o* Denkmal
morango [mu'rãgu] *o* Erdbeere
morar [mu'rar] <mora, morou> wohnen
morrer [mu'rrer] <morre, morreu> sterben
morte ['mɔrte] *a* Tod

morto ['mortu] tot
mosca ['moßchka] *a* Fliege
mosquiteiro [mußchki'tejru] *o* Moskitonetz
mosquito [mußch'kitu] *o* Mücke
mostarda [mußch'tarda] *a* Senf
mostrar [mußch'trar] <mostra, mostrou> zeigen
mota ['mɔta] *a* Motorrad
motor [mu'tor] *o* Motor
motorista [mutu'rißchta] *o/a* Fahrer, Fahrerin
móvel ['mɔwäl] *o* Möbel
muçulmano [mußul'mãnu] muslimisch
mudar [mu'dar] <muda, mudou> ändern
mudar-se [mu'darße] <muda-se, mudou-se> *(Wohnsitz wechseln)* umziehen, *(Kleidung wechseln)* sich umziehen
muito ['mu̯ĩtu] sehr, viel
mulato [mu'latu] *o*, **mulata** [mu'lata] *a* Mulatte, Mulattin
muleta [mu'leta] *a* Krücke
mulher [mu'ljär] *a* Frau, Ehefrau
multa ['multa] *a* Bußgeld
multidão [multi'dão] *a* Menschenmenge
mundo ['mũdu] *o* Welt
muralha [mu'ralja] *a* Stadtmauer
muro ['muru] *o* Mauer
museu [mu'selu] *o* Museum
música ['musika] *a* Musik

N

nacionalidade [naßiu̯nali'dade] *a* Nationalität

nada ['nada] nichts

nadar [na'dar] <nada, nadou> schwimmen

namorado [namu'radu] *o*, **namorada** [namu'rada] *a* Partner, Partnerin; Lebensgefährte, Lebensgefährtin

não [nãọ] nein, nicht

nariz [na'rißch] *o* Nase

nascido [naßch'ßidu] geboren

Natal [na'tal] *o* Weihnachten

nativo [na'tiwu] *o*, **nativa** [na'tiwa] *a* Einheimischer, Einheimische

natural [natu'ral] natürlich

natureza [natu'resa] *a* Natur

náusea ['naụsia] *a* Übelkeit

navio [na'wiụ] *o* Schiff

necessário [neße'ßariụ] nötig

negativo [nega'tiwu] negativ

♂ **nenhum** [ne'njū], ♀ **nenhuma** [ne'njuma] kein, keine, keines

nervoso [ner'wosu] nervös

neto ['nätu] *o*, **neta** ['näta] *a* Enkel, Enkelin

neve ['näwe] *a* Schnee

ninguém [nĩ'gē] niemand

noite ['nọite] *a* Abend, **à noite** [a 'nọite] abends, **Boa noite!** ['boa 'nọite] Guten Abend!, Gute Nacht!

noivo ['nọiwu] *o*, **noiva** ['nọiwa] *a* Verlobter, Verlobte

nome ['nome] *o* Name

nordeste [nɔr'däßchte] *o* Nordosten

normal [nɔr'mal] normal

normalmente [nɔrmal'mente] normalerweise

norte ['nɔrte] *o* Norden

nos [nußch] uns

nós [nɔßch] wir

♂ **nosso** ['nɔßu], ♀ **nossa** ['nɔßa] unser, unsere

nota ['nɔta] *a* (Geld)schein, (Schul)note

notícia [nu'tißịa] *a* Nachricht

novela [nu'wäla] *a* Telenovela

novembro [nu'wembru] *o* November

novo ['nowu] neu

noz [nɔßch] *a* Nuss

nebuloso [nebu'losu] neblig, bewölkt

número ['numeru] *o* Zahl, Nummer, **número de telefone** ['numeru de tele'fone] Telefonnummer

nunca ['nũka] nie

O

o [o] der, ihn

o que [u ke] was

objetivo [obschä'tiwu] *o* Ziel

obrigado [obri'gadu] *o*, **obrigada** [obri'gada] danke, **Muito obrigado!** ['mụĩtu obri'gadu] Vielen Dank!

oceano [o'ßiạnu] *o* Ozean

oculista [ɔku'lißchta] *o/a* Optiker, Optikerin

óculos ['ɔkulußch] *os* Brille, **óculos de sol** ['ɔkulußch de ßɔl] Sonnenbrille

ocupado [oku'padu] besetzt, beschäftigt

odiar [o'di̯ar] <odeia, odiou> hassen

oeste [o'äßchte] o Westen

oferecer [ofere'ßer] <oferece, ofereceu> anbieten

oferta [o'färta] a Angebot

oficina [ofi'ßina] a Werkstatt

olá [ɔ'la] hallo

óleo ['ɔli̯u] o Öl

olho ['olju] o Auge

olhar [o'ljar] <olha, olhou> blicken, sehen, ansehen

ombro ['õbru] o Schulter

onde ['õde] wo

ontem ['õtẽ] gestern

ópera ['ɔpera] a Oper

opinião [opini'ãọ] a Meinung

ordem ['ɔrdẽ] a Ordnung

orelha [o'relja] a (Außen)ohr

osso ['oßu] o Knochen

ótimo ['ɔtimu] sehr gut

ou [o] oder

ouro ['oru] o Gold

outono [o'tonu] o Herbst

♂ **outro** ['otru], ♀ **outra** ['otra] anderer, andere, anderes

outubro [o'tubru] o Oktober

ouvido [o'widu] o (Innen)ohr

ouvir [o'wir] <ouve, ouviu> hören, zuhören, anhören

overdose [ower'dɔse] a Überdosis

ovo ['owu] o Ei, ovo estrelado ['owu ßchtre'ladu] Spiegelei, ovo mexido ['owu me'ßchidu] Rührei

P

paciência [paßi'enßi̯a] a Geduld

pacote [pa'kɔte] o Packung, Paket

padaria [pada'ri̯a] a Bäckerei

padeiro [pa'dejru] o, **padeira** [pa'dejra] a Bäcker, Bäckerin

pagamento [paga'mentu] o Zahlung

pagar [pa'gar] <paga, pagou> zahlen, bezahlen

página ['paschina] a Seite

pai [pai̯] o Vater

pais [pai̯ßch] os Eltern

país [pa'ißch] o Land

paisagem [pai̯'saschẽ] a Landschaft

palácio [pa'laßi̯u] o Palast

palavra [pa'lawra] a Wort

palmito [pal'mitu] o Palmherz

panela [pa'näla] a Topf

pão [pãọ] o Brot, pão com queijo [pãọ kõ 'kejschu] Käsebrot, pão escuro [pãọ 'ßchkuru] Schwarzbrot, pão integral [pãọ ĩte'gral] Vollkornbrot

papagaio [papa'gai̯u] o Papagei

papel [pa'päl] o Papier, papel higiénico [pa'päl ischi'äniku] Toilettenpapier

par [par] o Paar

para ['para] für, zu, um zu, nach

parabéns [para'bẽßch] os Gratulation, Glückwunsch

pára-brisas ['para 'brisaßch] o Windschutzscheibe

paraíso [para'isu] o Paradies

paraquedas [para'kädaßch] o Fallschirm

parar [pa'rar] <para, parou> aufhören, halten

parceiro [par'ßejru] *o*, **parceira** [par'ßejra] *a* Partner, Partnerin

parecer [pare'ßer] <parece, pareceu> aussehen, scheinen

parecido [pare'ßidu] ähnlich

parede [pa'rede] *a* Wand

parente [pa'rente] *o/a* Verwandter, Verwandte

parlamento [parla'mentu] *o* Parlament

parque ['parke] *o* Park

parte ['parte] *a (ein Stück eines Ganzen)* Teil

participar [partißi'par] <participa, participou> teilnehmen

partida [par'tida] *a* Abfahrt, *(Sport)* Match

partido [par'tidu] *o* Partei

passagem [pa'ßaschẽ] *a* Fahrkarte

passaporte [paßa'pɔrte] *o* Reisepass

pássaro ['paßaru] *o* Vogel

passeio [pa'ßeju] *o* Spaziergang, Ausflug, passeio turístico [pa'ßeju tu'rißchtiku] Stadtrundfahrt

pastelaria [paßchtela'ri|a] *a* Café

pausa ['pausa] *a* Pause

paz [paßch] *a* Frieden, deixar (alguém) em paz [dej'ßchar (al'gẽ) ẽ paßch] (jdn) in Ruhe lassen

pé [pä] *o* Fuß

peça ['päßa] *a* Teil, peça de roupa ['päßa de 'ropa] Kleidungsstück

pedaço [pe'daßu] *o* Stück

pedal [pe'dal] *o* Pedal

pedir [pe'dir] <pede, pediu> bestellen, bitten

pedra ['pädra] *a* Stein

pegar [pe'gar] <pega, pegou> (fest)halten

peito ['pejtu] *o* Brust

peixe ['pejßche] *o* Fisch

pelo ['pelu] *o* Haar, Fell

pen [pän] *a* Speicherstick

pénis ['penißch] *o* Penis

pensão [penßãọ] *a* Pension, meia-pensão ['meja pen'ßãọ] Halbpension, pensão completa [pen'ßãọ kõ'pläta] Vollpension

pensar [pen'ßar] <pensa, pensou> denken

penso higiénico ['pensu ischi'äniku] *o* Damenbinde

pente ['pente] *o* Kamm

pentear [pen'tiar] <penteia, penteou> kämmen

pepino [pe'pinu] *o* Gurke

pequeno [pe'kenu] klein

pera ['pera] *a* Birne

percentagem [perßen'taschẽ] *a* Prozent

perder [per'der] <perde, perdeu> verlieren, verpassen

perfume [per'fume] *o* Parfüm

pergunta [per'gũta] *a* Frage

perguntar [pergũ'tar] <pergunta, perguntou> fragen

perigo [pe'rigu] *o* Gefahr

perigoso [peri'gosu] gefährlich

período [pe'ri̯udu] *o* Zeitraum, meio período ['meju pe'ri̯udu] Teilzeit, período integral [pe'ri̯udu ĩte'gral] Vollzeit

permanência [perma'nenßia] *a* Aufenthalt

permitir [permi'tir] <permite, permitiu> erlauben

permitido [permi'tidu] erlaubt

perna ['pärna] *a* Bein

pertencer [perten'ßer] <pertence, pertenceu> gehören

perto ['pärtu] nah, perto de ['pärtu de] in der Nähe von

peru [pe'ru] *o* Truthahn

pescoço [peßch'koßu] *o* Hals

peso ['pesu] *o* Gewicht

pessoa [pe'ßoa] *a* Person, pessoas [pe'ßoaßch] *as* Leute

petisco [pe'tißchku] *o* Häppchen

picada [pi'kada] *a* Stich, Biss

picante [pi'kãte] pikant

picar [pi'kar] <pica, picou> stechen

pilha ['pilja] *a* Batterie

pílula ['pilula] *a* Pille, pílula anti-concecional ['pilula ãtikõßäßiu'nal] Antibabypille

pimenta [pi'menta] *a* Pfeffer

pimento [pi'mentu] *o* Paprika(schote)

pingo ['pĩgu] *o* Tropfen

piolho ['piolju] *o* Laus

pior [pi'ɔr] schlechter

piquenique [pike'nike] *o* Picknick

pires ['pireßch] *o* Untertasse

piscina [pißch'ßina] *a* Schwimmbad, piscina infantil [pißch'ßina ĩfã'til] Planschbecken

pista ['pißchta] *a* Spur, Fährte

pizza ['pisa] *a* Pizza

pizzaria [pisa'riɐ] *a* Pizzeria

placa ['plaka] *a* Schild

plano ['plãnu] *o* Plan

plano ['plãnu] flach

planta ['plãta] *a* Pflanze, Grundriss

plástico ['plaßchtiku] *o* Plastik

plataforma [plata'fɔrma] *a* Bahnsteig

pneu ['pneu] *o* Reifen

pobre ['pɔbre] arm

pobreza [pu'bresa] *a* Armut

poder [pu'der] *o* Macht

poder [pu'der] <pode, pôde> dürfen, können

pólen ['pɔlẽ] *o* Pollen

polícia [pu'lißia] *a* Polizei

política [pu'litika] *a* Politik

poltrona [pol'trona] *a* Sessel

poluição [pului'ßão] *a* Verschmutzung

pomada [pu'mada] *a* Salbe

ponte ['põte] *a* Brücke

ponto ['põtu] *o* Punkt, ponto final ['põtu fi'nal] Ende

pontual [põt'ual] pünktlich

pontualmente [põtual'mente] pünktlich

por [pur] durch

pôr [por] <põe, pôs> stellen, setzen, legen

porque ['purke] weil

porquê [pur'ke] warum

porco ['porku] *o* Schwein

porção [pur'ßão] *a* Portion

pôr do sol [por du ßɔl] *o* Sonnenuntergang

porta ['pɔrta] *a* Tür

porta-bagagens ['pɔrta ba'gaschẽßch] *o* Kofferraum

portanto [pur'tãtu] also

portão [pur'tã̯o] o *(Eingang)* Tor
porteiro [pur'tejru] o, **porteira**
[pur'tejra] a Pförtner, Portier;
Pförtnerin
porto ['portu] o Hafen
Portugal [purtu'gal] Portugal
português [purtu'geßch] o, **portuguesa** [purtu'gesa] a Portugiese,
Portugiesin
português [purtu'geßch] portugiesisch
possível [pu'ßiwäl] möglich
posto ['poßchtu] o Stelle, Arbeits-
platz; posto de gasolina
['poßchtu de gasu'lina] Tankstelle
pouco ['poku] wenig
povo ['powu] o Volk
praça ['praßa] a Platz
praia ['prai̯a] a Strand
prata ['prata] a Silber
prateleira [prate'lejra] a Regal
prato ['pratu] o Teller, Gericht,
prato do dia ['pratu du 'dia]
Tagesgericht, prato principal
['pratu prĩßi'pal] Hauptspeise,
prato pronto ['pratu 'prõtu] Fertiggericht
prazer [pra'ser] o Vergnügen, com
prazer [kõ pra'ser] gern
precisar [preßi'sar] <precisa,
precisou> brauchen
preço ['preßu] o Preis
preconceito [prekõ'ßejtu] o
Vorurteil
prédio ['prädi̯u] o Gebäude
preencher [pre'enßcher]
<preenche, preencheu> ausfüllen

preferir [prefe'rir] <prefere,
preferiu> vorziehen
preferido [prefe'ridu] Lieblings-
prego ['prägu] o Nagel
preocupado [pri̯oku'padu] besorgt
presente [pre'sente] o Geschenk
preservativo [preserwa'tiwu] o
Kondom
pressa ['präßa] a Eile, estar com
pressa [ßchtar kõ 'präßa] <está,
esteve> in Eile sein
prestação [preßchta'ßã̯o] a Rate
presunto [pre'sũtu] o Schinken
preto ['pretu] schwarz
prezado [pre'sadu] sehr geehrter
primo ['primu] o, **prima** ['prima] a
Cousin, Cousine
primavera [prima'wära] a Frühling
♂ **primeiro** [pri'mejru], ♀ **primeira**
[pri'mejra] erster, erste, erstes
primeiramente [primejra'mente]
zuerst
principal [prĩßi'pal] Haupt...
prisão [pri'sã̯o] a Gefängnis
problema [pru'blema] o Problem
procurar [proku'rar] <procura,
procurou> suchen, versuchen
produto [pru'dutu] o Produkt
professor [prufe'ßor] o, **professora** [prufe'ßora] a Lehrer,
Lehrerin
profissão [prufi'ßã̯o] a Beruf
programa [pru'gräma] o Programm
proibido [prui̯'bidu] verboten
promoção [prumu'ßã̯o] a Sonderangebot
pronto ['prõtu] fertig

proprietário [pruprie'tariu] *o*, **proprietária** [pruprie'taria] *a* Besitzer, Besitzerin; Vermieter, Vermieterin

♂ **próprio** ['prɔpriu], ♀ **própria**
['prɔpria] eigener, eigene, eigenes

prospeto [prußch'pätu] *o* Prospekt

proteger [prute'scher] <protege,
protegeu> schützen

protestar [pruteßch'tar] <protesta,
protestou> protestieren

protetor [prutä'tor] *o*, **protetora**
[prutä'tora] *a* Beschützer,
Beschützerin, protetor diário
[prutä'tor di'ariu] Slipeinlage, protetor solar [prutä'tor ßu'lar] Son-
nenschutzcreme

♂ **próximo** ['prɔßimu], ♀ **próxima**
['prɔßima] nächster, nächste,
nächstes

público ['publiku] *o* Publikum

público ['publiku] öffentlich

pudim [pu'dĩ] *o* Pudding

pular [pu'lar] <pula, pulou> springen

pulmão [pul'mãu] *o* Lunge

pulôver [pu'lowär] *o* Pullover

puro ['puru] rein

Q

quadril [kua'dril] *o* Hüfte

quadro ['kuadru] *o* Bild

qual [kual] welcher, welche, welches

qualidade [kuali'dade] *a* Qualität

quando ['kuãdu] wann, wenn, als

quantidade [kuãti'dade] *a* Menge

quarentena [kuaren'tena] *a* Quarantäne

quarta-feira ['kuarta 'fejra] *a* Mittwoch

quarto ['kuartu] *o* Viertel, Zimmer,
quarto duplo ['kuartu 'duplu] Doppelzimmer, quarto individual
['kuartu indiwi'dual] Einzelzimmer

quase ['kuase] fast

que [ke] dass; *(Relativartikel)* der,
die, das; *(bei Vergleichen)* als

queda de água ['käda de 'agua] *a*
Wasserfall

queijo ['kejschu] *o* Käse

queimadura [kejma'dura] *a* Brand,
queimadura solar [kejma'dura
ßu'lar] Sonnenbrand

quem [kẽ] wer

quente ['kente] warm bis heiß

querer [ke'rer] <quer, quis> wollen

querido [ke'ridu] lieber

queixo ['kejschu] *o* Kinn

quilo(grama) ['kilu'(grãma)] *o*
Kilo(gramm)

quilómetro [ki'lɔmetru] *o* Kilometer

quinta ['kĩta] *a* Farm, Bauernhof

quinta-feira ['kĩta 'fejra] *a* Donnerstag

R

rádio ['radiu] *o/a (mask.)* Radio,
(fem.) Radiosender

raiva ['rajwa] *a* Tollwut, Wut

rapaz [ra'paßch] *o* junger Mann

rápido ['rapidu] schnell

raquete [ra'käte] *a* Schläger

raramente [rara'mente] selten

raro ['raru] selten

raspar [raßch'par] <raspa, raspou> rasieren; reiben, rubbeln

ratazana [rata'säna] *a* Ratte

rato ['ratu] *o* Maus

Real [ria̱l] *o* brasilianische Landeswährung

real [ria̱l] wirklich, echt; königlich, Königs...

realista [ria̱'lißchta] realistisch

receber [reße'ber] <recebe, recebeu> erhalten

receita [re'ßejta] *a* Rezept

recibo [re'ßibu] *o* Quittung

reciclar [reßi'klar] <recicla, reciclou> recyceln

reclamação [reklama'ßão] *a* Beschwerde

recomendar [rekumen'dar] <recomenda, recomendou> empfehlen

rede ['rede] *a* Netz, Hängematte

rédea ['rädia̱] *a* Zügel

redondo [re'dõdu] rund

reencontro [reien'kõtru] *o* Wiedersehen

refeição [refej'ßão] *a* Mahlzeit

reformado [refur'madu] *o*, **reformada** [refur'mada] *a* Rentner, Rentnerin

refrigerante [refrische'räte] *o* Erfrischungsgetränk, Softdrink

região [reschi'ão] *a* Gegend

registar [reschißch'tar] <regista, registou> anmelden

relaxar [rela'ßchar] <relaxa, relaxou> entspannen

religião [reli'schião] *a* Religion

relógio [re'lɔschiu̱] *o* Uhr

relva ['rälwa] *a* Rasen

relvado [räl'wadu̱] *o* Wiese

remédio [re'mädiu̱] *o* Medizin, Medikament

remetente [reme'tente] *o/a* Absender, Absenderin

remo ['remu] *o* Ruder

requerimento [rekeri'mentu] *o* Antrag

rés do chão [räßch du ßchão] *o* Erdgeschoss

reserva [re'särwa] *a* Reserve, Reservierung, Reserviertheit, reserva natural [re'särwa natu'ral] Naturschutzgebiet

reservar [reser'war] <reserva, reservou> reservieren, zurückhalten

resfriado [reßchfri'adu] erkältet

responder [reßchpõ'der] <responde, respondeu> antworten

resposta [reßch'poßchta] *a* Antwort

restaurante [reßchtau̱'räte] *o* Restaurant

reto ['rätu] gerade

réveillon [rewej'õ] *o* Silvester

revelação [rewela'ßão] Entwicklung, Enthüllung

revelar [rewe'lar] <revela, revelou> *(Fotografie)* entwickeln; aufdecken, enthüllen

revista [re'wißchta] *a* Zeitschrift

riacho [ri'aßchu] *o* Bach

rico ['riku] reich

rio [riu̱] *o* Fluss

rir [rir] <ri, riu> lachen

ritmo ['ritmu] o Rhythmus
rochedo [ru'ßchedu] o Fels
roda ['rɔda] a Rad, Kreis
rolha ['rolɐ] a Korken
rosa ['rɔsa] a Rose
rosa ['rɔsa] rosa
rosé [rɔ'se] o Rosé
rosto ['roßchtu] o Gesicht
rota ['rɔta] a Route
roteiro [ru'tejru] o Route
rótulo ['rɔtulu] o Etikett
roubar [ro'bar] <rouba, roubou> klauen
roulotte [ru'lɔte] a Wohnwagen
roupa ['ropa] a Kleidung, passar roupa [pa'ßar 'ropa] bügeln, roupa de cama ['ropa de 'kãma] Bettwäsche
rua ['rua] a Straße
ruim [ru'ĩ] schlecht, minderwertig
ruína [ru'ina] a Ruine

S

sábado ['ßabadu] o Samstag
saber [ßa'ber] <sabe, soube> wissen, können
sabonete [ßabu'nete] o Seife
sabor [ßa'bor] o Geschmack
saco ['ßaku] o Tüte
saia ['ßaia] a Rock
saída [ßa'ida] a Ausgang, Ausfahrt; Abfahrt
sair [ßa'ir] <sai, saiu> ausgehen
sal [ßal] o Salz
sala ['ßala] a Zimmer, sala de aula ['ßala de 'aula] Klassenzimmer, sala de espera ['ßala de 'ßchpära] Wartezimmer, sala de estar ['ßala de ßchtar] Wohnzimmer, sala de jantar ['ßala de schã'tar] Esszimmer, sala de reuniões ['ßala de riuni'õißch] Konferenzraum
salada [ßa'lada] a Salat
salário [ßa'lariu] o Lohn
salgado [ßal'gadu] salzig
salsicha [ßal'ßißcha] a Wurst
salvar [ßal'war] <salva, salvou> retten
salva-vidas ['ßalwa 'widaßch] o/a Bademeister, Bademeisterin
samba ['ßãba] o Samba
sandália [ßã'dalia] a Sandale
sanduíche [ßã'duißche] a Sandwich
sangue ['ßãge] o Blut
sapataria [ßapata'ria] a Schuhgeschäft
sapato [ßa'patu] o Schuh
sarampo [ßa'rãpu] o Masern
satisfeito [ßatißch'fejtu] satt, zufrieden
saudável [ßau'dawäl] gesund
saúde [ßa'ude] a Gesundheit, saúde! [ßa'ude] prost!
se [ße] sich, man, ob
secar [ße'kar] <seca, secou> trocknen
seca ['ßäka] a Dürre
seda ['ßeda] a Seide
sede ['ßede] a Durst, estar com sede [ßchtar kõ 'ßede] <está, esteve> Durst haben
seguinte [ße'gĩte] folgender, folgende, folgendes; nächster, nächste, nächstes

segunda-feira [ße'gũda 'fejra] *a* Montag

segundo [ße'gũdu] *o* Sekunde

♂ **segundo** [ße'gũdu], ♀ **segunda** [ße'gũda] zweiter, zweite, zweites

segurança [ßegu'rãßa] *a* Sicherheit

segurar [ßegu'rar] <segura, segurou> halten, stützen

seguro [ße'guru] *o* Versicherung, seguro de saúde [ße'guru de ßa'ude] Krankenversicherung

seguro [ße'guru] sicher

seio [ßeju] *o* Brust, Busen

sela [ßäla] *a* Sattel

self-service [ßälf 'ßerwiße] *o* Selbstbedienung

selo [ßelu] *o* Briefmarke

sem [ßẽ] ohne

semáforo [ße'mafuru] *o* Ampel

semana [ße'mãna] *a* Woche, semana passada [ße'mãna pa'ßada] letzte Woche

sempre [ßempre] immer

senhor [ße'njor] *o*, **senhora** [ße'njora] *a* Herr, Frau, o senhor [u ße'njor] *(höfl. Anrede Mann)* Sie, a senhora [a ße'njora] *(höfl. Anrede Frau)* Sie

sentar-se [ßen'tarße] <senta-se, sentou-se> sich setzen

ser [ßer] *o* Wesen, ser humano [ßer u'mãnu] Mensch

ser [ßer] <é, foi> sein

serra [ßärra] *a* Gebirge

setembro [ße'tembru] *o* September

seu [ßelu], **sua** [ßula] sein, seine; ihr, ihre; Ihr, Ihre

sexo [ßäkßu] *o* Geschlecht, Sex

sexta-feira [ßejßchta 'fejra] *a* Freitag

shopping center [ßchɔpĩ 'ßenter] *o* Einkaufszentrum

significar [ßignifi'kar] <significa, significou> bedeuten

silencioso [ßilenßi'osu] ruhig, leise

sim [ßĩ] ja

simpático [ßĩ'patiku] nett, sympathisch

simples [ßĩpleßch] einfach

simplesmente [ßĩpleßch'mente] einfach

skate [ßkejte] *o* Skateboard

só [ßɔ] nur

sobre [ßobre] über, auf

sobremesa [ßubre'mesa] *a* Nachspeise

sobrinho [ßu'brinju] *o*, **sobrinha** [ßu'brinja] *a* Neffe, Nichte

sofá [ßu'fa] *o* Sofa

sogro [ßogru] *o*, **sogra** [ßɔgra] *a* Schwiegervater, Schwiegermutter

sol [ßɔl] *o* Sonne

soldado [ßol'dadu] *o*, **mulher soldado** [mu'ljär ßol'dadu] *a* Soldat, Soldatin

soletrar [ßule'trar] <soletra, soletrou> buchstabieren

solteiro [ßol'tejru] ledig

solução [ßulu'ßãọ] *a* Lösung

som [ßõ] *o* Ton

somar [ßu'mar] <soma, somou> addieren

249

sonho ['ßoɲ̍u] *o* Traum
sopa ['ßopa] *a* Suppe
sorrir [ßu'rrir] <sorri, sorriu> lächeln
sorte ['ßɔrte] *a* Glück
sorvete [ßur'wäte] *o* (Speise)eis
sozinho [ßɔ'siɲ̍u] allein
sua ['ßu̯a] →*seu*
suar [ßu'ar] <sua, suou> schwitzen
suave ['ßu̯awe] mild
subida [ßu'bida] *a* Steigung
subir [ßu'bir] <sobe, subiu> steigen
sublinhar [ßubli'ɲ̍ar] <sublinha, sublinhou> unterstreichen
subterrâneo [ßubte'rrãɲ̍u] *o* Untergeschoss
subúrbio [ßu'burbiu] *o* Vorort
suco ['ßuku] *o* Saft
Suíça [ßu'ißa] *a* Schweiz
suíço [ßu'ißu] *o*, **suíça** [ßu'ißa] *a* Schweizer, Schweizerin
suíço [ßu'ißu] Schweizer, schweizerisch
sujo ['ßuschu] schmutzig
sul [ßul] *o* Süden
sumo ['ßumu] *o* Saft
supermercado [ßupärmer'kadu] *o* Supermarkt
surdo ['ßurdu] taub
surpresa [ßur'presa] *a* Überraschung

T

tabaco [ta'baku] *o* Tabak
taça ['taßa] *a* Kelch, Sektkelch; Pokal
taco ['taku] *o* Schläger, Stock, Queue

talco ['talku] *o* Babypuder
talher [ta'ljär] *o* Gedeck
talvez [tal'weßch] vielleicht
tamanho [ta'mãɲ̍u] *o* Größe
também [tã'bẽ] auch, ebenfalls
tanque ['tãke] *o* Tank
tapete [ta'pete] *o* Teppich
tarde ['tarde] *a* Nachmittag, à tarde [a 'tarde] nachmittags
tarde ['tarde] spät
te [te] dich, dir
teatro ['ti̯atru] *o* Theater
teclado [tä'kladu] *o* Tastatur
técnica ['täknika] *a* Technik
teleférico [tele'färiku] *o* Seilbahn
telefonar [telefu'nar] <telefona, telefonou> telefonieren
telefone [tele'fɔne] *o* Telefon
telefonema [telefu'nema] *o* Anruf
telemóvel [tälä'mɔwäl] *o* Handy
televisão [telewi'sãͦo] *a* Fernseher, televisão a cabo [telewi'sãͦo a 'kabu] Kabelfernsehen, ver televisão [wer telewi'sãͦo] <vê, viu> fernsehen
temperado [tempe'radu] *(Essen)* gewürzt, *(Klima)* gemäßigt
temperatura [tempera'tura] *a* Temperatur
tempestade [tempeßch'tade] *a* Sturm
templo ['templu] *o* Tempel
tempo ['tempu] *o* Zeit, tempo livre ['tempu 'liwre] Freizeit
temporada [tempu'rada] *a* Saison, alta temporada ['alta tempu'rada] Hochsaison, baixa temporada

['baißcha tempu'rada] Nebensaison

tentar [ten'tar] <tenta, tentou> versuchen, ausprobieren

ter [ter] <tem, teve> haben, ter de [ter de] müssen

terça-feira ['terßa 'fejra] *o* Dienstag

terço ['terßu] *o* Drittel, Gebetskette

terraço [te'rraßu] *o* Terasse

tesoura [te'sora] *a* Schere

testar [teßch'tar] <testa, testou> prüfen

tétano ['tätanu] *o* Tetanus

teto ['tätu] *o* Dach

tia ['tila] *a* Tante

tigela [ti'schäla] *a* Schüssel

tímido ['timidu] schüchtern

tio ['tiu] *o* Onkel

típico ['tipiku] typisch

tipo ['tipu] *o* Sorte, Art

tirar [ti'rar] <tira, tirou> ziehen

título ['titulu] *o* Titel

toalha ['tualja] *a* Handtuch, toalha de praia ['tualja de 'praia] Strandtuch

tocar [tu'kar] <toca, tocou> spielen, anfassen, tocar a campainha [tu'kar a kãpa'ïnja] klingeln

todo ['todu] gesamt, ganz

todos ['todußch] alle

tofu [to'fu] *o* Tofu

tomar [tu'mar] <toma, tomou> trinken; (zu sich) nehmen, einnehmen; nehmen, ergreifen

tomate [tu'mate] *o* Tomate

torneira [tur'nejra] *a* Wasserhahn

tornozelo [turnu'selu] *o* Knöchel

torre ['torre] *a* Turm

torta ['torta] *a* Roulade

tosse ['toße] *a* Husten

touca ['toka] *a* (Bade)mütze

toucinho [to'ßinju] *o* Speck

trabalhar [traba'ljar] <trabalha, trabalhou> arbeiten

trabalho [tra'balju] *o* (Arbeits)stelle

tradutor [tradu'tor] *o*, **tradutora** [tradu'tora] *a* Übersetzer, Übersetzerin

traduzir [tradu'sir] <traduz, traduziu> übersetzen, traduzir simultaneamente [tradu'sir ßimultãnia'mente] dolmetschen

transbordo [träßch'bordu] *o* Umsteigen, fazer transbordo [fa'ser träßch'bordu] <faz, fez> umsteigen

transferir [träßchfe'rir] <transfere, transferiu> überweisen, übertragen

trânsito ['träsitu] *o* Verkehr

transmitir [träßchmi'tir] <transmite, transmitiu> senden, übermitteln; anstecken

transportar [träßchpur'tar] <transporta, transportou> transportieren

transporte [träßch'porte] *o* Transport, Verkehrsmittel

travão [tra'wão] *o* Bremse

travar [tra'war] <trava, travou> bremsen

travesseiro [trawe'ßejru] *o* Kopfkissen

trazer [tra'ser] <traz, trouxe> bringen, dabeihaben
tribunal [tribu'naɫ] o Gericht
trilho ['triʎu] o Schiene
trimestre [tri'mäßchtre] o Vierteljahr, Quartal
triste ['trißchte] traurig
trocar [tru'kar] <troca, trocou> wechseln, (um)tauschen
troco ['troku] o Wechselgeld
tudo ['tudu] alles
turismo [tu'rißchmu] o Tourismus, fazer turismo [fa'ser tu'rißchmu] <faz, fez> als Tourist unterwegs sein

U

♂ **último** ['ultimu], ♀ **última** ['ultima] letzter, letzte, letztes
♂ **um** [ũ], ♀ **uma** ['uma] ein, eine
unha ['uɲa] a (Finger)nagel
unir [u'nir] <une, uniu> verbinden, zusammenfügen, vereinigen
universidade [uniwerßi'dade] a Universität
usar [u'sar] <usa, usou> benutzen, verwenden
uva ['uwa] a Traube

V

vaga ['waga] a freie Stelle, Platz; vaga de estacionamento ['waga de ßchtaßiu̯na'mentu] Parkplatz; vaga de trabalho ['waga de tra'baʎu] Arbeitsstelle
vagão [wa'gãͅo] o Zugabteil, vagão-restaurante [wa'gãͅo reßchtau̯'räte] Speisewagen

vagina [wa'schina] a Vagina
vale ['wale] o Tal, vale de compras ['wale de 'kõpraßch] Geschenkgutschein
válido ['walidu] gültig
valioso [wa'li̯osu] wertvoll
vantagem [wã'taschẽ] a Vorteil
vara [wa'ra] a Wanderstock
varanda [wa'rãda] a Balkon
variedade [warie̯'dade] a Vielfalt
vaso ['wasu] o Gefäß, (Blumen)topf
vazio [wa'si̯u] leer
vegetariano [weschetari'ãnu] o, **vegetariana** [weschetari'ãna] a Vegetarier, Vegetarierin
vegetariano [weschetari'ãnu] vegetarisch
veículo [we'ikulu] o Fahrzeug
vela ['wäla] a Kerze
velho ['wäʎu] alt
vendedor [wende'dor] o, **vendedora** [wende'dora] a Verkäufer, Verkäuferin, vendedor ambulante [wende'dor ãbu'läte] Straßenhändler
vender [wen'der] <vende, vendeu> verkaufen
veneno [we'nenu] o Gift
venenoso [wene'nosu] giftig
vento ['wentu] o Wind
ver [wer] <vê, viu> sehen
verão [we'rãͅo] o Sommer
verdadeiro [werda'dejru] wahr
verde ['werde] grün
vermelho [wer'mejʎu] rot
verniz [wer'nißch] o Nagellack

véspera ['wäßchpera] *a* Vortag, **véspera de feriado** ['wäßchpera de feri'adu] Tag vor dem Feiertag

vestido [weßch'tidu] *o* Kleid

vestir [weßch'tir] <veste, vestiu> anziehen

vexame [wä'ßchãme] *o* peinliche Situation

vez [weßch] *a* Mal, **às vezes** [aßch 'weseßch] manchmal, **todas as vezes** ['todaßch aßch 'weseßch] jedes Mal

viagem ['wiaschẽ] *a* Reise

viajar [wia'schar] <viaja, viajou> reisen

vida ['wida] *a* Leben

videira [wi'dejra] *a* Rebe

vidro ['widru] *o* Glas

vinho ['winju] *o* Wein, **vinho branco** ['winju 'bräku] Weißwein, **vinho tinto** ['winju 'tĩtu] Rotwein, **vinho seco** ['winju 'ßeku] trockener Wein, **vinho suave** ['winju 'ßuawe] lieblicher Wein

violar [wiu'lar] <viola, violou> vergewaltigen

vir [wir] <vem, veio> kommen, herkommen, mitkommen

visitar [wisi'tar] <visita, visitou> besuchen

vista ['wißchta] *a* Aussicht, **vista para o mar** ['wißchta 'para u mar] Meeresblick

visto ['wißchtu] *o* Visum

viúvo [wi'uwu] *o*, **viúva** [wi'uwa] *a* Witwer, Witwe

viúvo [wi'uwu] verwitwet

viver [wi'wer] <vive, viveu> leben

vizinho [wi'sinju] *o*, **vizinha** [wi'sinja] *a* Nachbar, Nachbarin

voar [wu'ar] <voa, voou> fliegen

você [wɔ'ße] Sie

vocês [wɔ'ßeßch] ihr, Sie

volta ['wɔlta] *a* Rückkehr, **de volta** [de 'wɔlta] zurück

voltar [wol'tar] <volta, voltou> zurückkehren

voluntário [wulũ'tariu] freiwillig

vontade [wõ'tade] *a* Lust, **ter vontade (de)** [ter wõ'tade (de)] Lust haben (auf)

voo ['woᴜu] *o* Flug, **voo direto** ['woᴜu di'rätu] Direktflug, **levantar voo** [lewã'tar 'woᴜu] <levanta voo, levantou voo> abfliegen

voz [wɔßch] *a* Stimme

X

xadrez [ßcha'dreßch] *o* Schach

xadrez [ßcha'dreßch] kariert

xarope [ßcha'rɔpe] *o* Hustensaft

Z

zero ['säru] *o* Null

Alles gepackt?

Gesundheit

Verbandszeug
Blasenpflaster
Tabletten (Schmerztabletten ...)
Andere wichtige Medikamente
Sonnenschutzmittel
Insektenschutzmittel
Ersatzbrille
Kontaktlinsen, Linsenflüssigkeit usw.
Sonnenbrille
Ohrstöpsel

Dokumente

Ausweise (Reisepass, Führerschein)
Grüne Versicherungskarte
Auslandsreiseversicherung
Geld in der Landeswährung
Kreditkarte, Debitkarte

Elektronik

Handy
PDA
Fotoapparat, SD-Karte, Akku (Ladekabel, Ersatz SD-Karte,
Ersatzakku)
Rasierapparat
Ladegeräte, Kabel und Adapter für alle elektronischen Geräte

Reiseinformationen

Hueber Sprachführer
Landkarten
Reiseführer

21	vinte e um [wĩti'iũ]
22	vinte e dois [wĩti'doĩßch]
23	vinte e três [wĩti'treßch]
24	vinte e quatro [wĩti'kuatru]
25	vinte e cinco [wĩti'ßĩku]
26	vinte e seis [wĩti'ßejßch]
27	vinte e sete [wĩti'ßäte]
28	vinte e oito [wĩti'oitu]
29	vinte e nove [wĩti'nɔwe]
30	trinta ['trĩta]
40	quarenta [kua'renta]
50	cinquenta [ßĩ'kuenta]
60	sessenta [ße'ßenta]
70	setenta [ße'tenta]
80	oitenta [oi'tenta]
90	noventa [nu'wenta]
100	cem [ßẽ]
1.000	mil [mil]
1.000.000	um milhão [ũ mi'ljão]

Wichtige Adressen
Wichtige Telefonnummern (z. B. die Hotline des Kreditkarteninstituts für Notfälle)
Schreibzeug
Reiseliteratur (Buch, Zeitung)

Körperpflege

Handtücher, Waschlappen
Shampoo
Conditioner
Seife
Spiegel
Rasierwasser
Rasierschaum
Rasierer und Klingen
Kamm, Haarbürste, Haargummis
Badeschlappen
Gesichts- und Körpercreme
Nagelschere, Nagelfeile
Zahnbürste, Zahnpasta
Reinigungstabletten
Tampons, Binden
Wattestäbchen
Toilettenpapier
Taschentücher

Kleidung

Jacke
Mantel
Handschuhe
Halstuch, Schal
Pullover
T-Shirts
Hemden
Lange Hosen, kurze Hosen
Kleider
Röcke

Blusen
Sportkleidung
Unterwäsche (Unterhosen, Unterhemden, BHs)
Badehose, Badeanzug
Sonnenhut
Regenbekleidung
Schuhe (Sportschuhe, Wanderschuhe)

Fürs Zelten

Zelt
Heringe
Plane
Hammer
Spaten
Zeltlampe
Taschenlampe
Schlafsack
Isomatte
Strandmatte
Klappstuhl
Geschirr
Holzbrett
Besteck
Scharfes Messer
Regenschirm
Essgeschirr
Spülmittel
Geschirrtücher
Topfset
Gaskocher
Gaspatronen
Feuerzeug

Sonstiges

Regenschirm
Reisewaschmittel

Zahlen
Números

U01	0	zero ['säru]
U02	1	um [ũ]
U03	2	dois [doißch]
U04	3	três [treßch]
U05	4	quatro ['kuatru]
U06	5	cinco ['ßĩku]
U07	6	seis [ßejßch]
U08	7	sete ['ßäte]
U09	8	oito ['oitu]
U10	9	nove ['nɔwe]
U11	10	dez [däßch]
U12	11	onze ['õse]
U13	12	doze ['dose]
U14	13	treze ['trese]
U15	14	catorze [ka'torse]
U16	15	quinze ['kĩse]
U17	16	dezasseis [dsa'ßejßch]
U18	17	dezassete [dsa'ßäte]
U19	18	dezoito ['dsoitu]
U20	19	dezanove [dsa'nɔwe]
U21	20	vinte ['wĩte]

U22
U23
U24
U25
U26
U27
U28
U29
U30
U31
U32
U33
U34
U35
U36
U37
U38
U39
U40